此教材受中央财经大学学科建设专项资金和中央财经大学研究生优质

谋　道

打造一流企业的
十堂**国学课**

莫林虎　著

企业管理出版社
ENTERPRISE MANAGEMENT PUBLISHING HOUSE

图书在版编目（CIP）数据

谋道：打造一流企业的十堂国学课 / 莫林虎 著
— 北京：企业管理出版社，2018.10
ISBN 978-7-5164-1801-7

Ⅰ.①谋⋯ Ⅱ.①莫⋯ Ⅲ.①中华文化－应用－企业管理－研究
Ⅳ.①F272

中国版本图书馆CIP数据核字(2018)第232368号

书　　　名：	谋道：打造一流企业的十堂国学课
作　　　者：	莫林虎
责 任 编 辑：	陈　静　于湘怡
书　　　号：	ISBN 978-7-5164-1801-7
出 版 发 行：	企业管理出版社
地　　　址：	北京市海淀区紫竹院南路17号　邮编：100048
网　　　址：	http://www.emph.cn
电　　　话：	编辑部 (010) 68701661　发行部 (010) 68701816
电 子 信 箱：	1502219688@qq.com
印　　　刷：	三河市荣展印务有限公司
经　　　销：	新华书店
规　　　格：	700毫米 × 1000毫米　16开本　20.5印张　250千字
版　　　次：	2018年11月第1版　2018年11月第1次印刷
定　　　价：	68.00元

版权所有　翻印必究·印装有误　负责调换

序

从2004年起，我就开始讲授"中国传统文化与现代管理"课程。到现在，从课程形式上看，既有面向博士生的课程，也有面向学术型硕士研究生的课程，还有面向MBA、MPAcc学生的课程，当然更大量的是面向企业、政府和事业单位管理人员的培训课程。从授课情况看，仅培训课程已超过千场，面授五六万人次。

在进行"中国传统文化与现代管理"这一课题的研究、教学中，我深刻感受到，中国传统文化活生生地流淌、生存于我们每日每时的生活、工作中，并且在我们当下民族复兴的伟大事业中继续发展、进化着。《易传·系辞》说《易经》的真谛是"百姓日用而不知"，就是这个意思。

正是基于这样一种认知，我每次都会在上课的时候与学生、学员充分沟通，听取他们的反馈，找到中国传统文化和现代人生、现代管理之间的相通之处。很多学员，特别是有较为丰富人生阅历、职场经验、管理心得的企事业高管、政府部门干部，在与我交流的过程中，给了我很多宝贵的启发，提供了很多难得的案例。根据这些反馈，我的授课内容和授课方式不断更新，研究范围也从最初的儒家思想与管理的关系，逐渐扩展到道家、黄老思想、法家、兵家、佛家、禅宗、王阳明心学与管理的关系。也正是因为有了这样一个基础，我在2015年与解放军原总装备部副部长张建启中将合作撰写出版了《〈周易〉智慧与战略思维》一书，市场反应不错，这给了我进一步研究写作的信心。

2016年下半年，应企业管理出版社陈静女士之约，我开始撰写《打造一流企业的十堂国学课》。这次写作，使我有机会对十四年的"中国传统文化与现代管理"课题研究、教学工作进行一次系统、全面的梳理、升华。经过一年多的写作、修改，现在终于完成了。

总结中国传统文化在管理实践中的价值，笔者认为有如下几条。

第一，心性修炼是中国管理思想的核心。儒家讲正心和洗心、道家讲清心、佛家讲明心，中国传统管理思想的本质是东方心理学。正心和洗心是为了树立正确的价值观，最终目的是立德、立功、立言；清心是为了保持内心的宁静淡泊，真正的目的是"宁静以致远，淡泊以明志"；明心是为了使内心的光芒照亮整个世界，使肉身凡胎的芸芸众生修炼到超凡入圣的智慧境界。儒道释思想从根本上说是相通的，都是强调通过心性修炼达到"内圣外王"的境界。

第二，"群经之首"的《易经》可以说是世界上最早的一部案例教学教材，它的卦辞、爻辞只是授课提纲，真实的教学过程是周文王、周公结合案例将周民族的政治智慧和人生智慧传授给下一代的统治精英。

第三，中国传统文化的核心是永不停歇的创新创造精神。《易传》说："易，穷则变、变则通、通则久。"只要原来的发展模式到了天花板，就要积极主动地变革、全面深化地改革。中国的创新创造从来都没有固定的范本，中国人从来都是因地制宜、因时制宜，根据时代、人民、市场的需求寻找确定最能解决"痛点"的方式、方法。"小步快走、快速迭代更新"正是这种深接地气的创新创造精神的体现。

第四，中国管理思想的方法论是在最短的时间内找到问题的关键，并以创造性的方法加以解决。因此，中国传统思想极端重视领悟能力，也就是天才性的直觉、顿悟能力，这种思维方式往往伴随着强烈的生命体验。道家思想和禅宗思想之精髓都在于此。

第五，孔孟为代表的早期儒家思想的价值在于为中华民族确立了核心价值观和终极信仰：格物致知，诚意正心，修身齐家治国平天下。但这些思想的不足是无法在现世功业上展示其实际功效。王阳明心学的价值就在于将儒家的价值观和道家、禅宗的方法论以及创新创造潜力有机结合，使中国传统社会中的精英得以真正实现"内圣外王"的理想，达到内在修为至于圣者，现世功业上彪炳史册。

第六，中国传统思想在春秋之前是浑然一体的，《易经》等经典中包含着儒、道、兵、法等各家思想的基因。春秋战国时期，"道术将为天下裂"，为了解决迫在眉睫的"礼崩乐坏"的问题，本来浑然一体的思想分化为儒、道、兵、法等不同的思想流派。各家思想各有短长，仅仅使用任何一家，很难有效解决现实问题。因此，唐宋之后，中国传统思想逐步走向重新融合的道路。现代管理中，杰出的领导者往往都是将儒、道、兵、法、佛诸家思想融会贯通后"运用之妙存乎一心"的。

第七，中国成功的领导者往往都是"菩萨面相，霹雳手段"。"菩萨面相"是因为他有菩萨的慈悲胸怀，要普度众生。"霹雳手段"是以刚猛威严消除、约束人性之恶，使人心向善。没有菩萨之心难以服众，没有霹雳手段难以立威。成功的领导者往往都是以霹雳手段行菩萨之心。

第八，中国传统管理思想在心性修炼、战略思维、追求实效、创新导向、直觉顿悟等方面具有极大的优势，这是到当下乃至未来中国传统思想仍能发挥作用的关键所在。但中国传统思想也存在不足，比如在规范化管理、制度化管理、精细化管理等方面存在明显的欠缺。因此，我们必须积极吸收国外优秀文化和先进管理思想，通过吸收融合，对中国传统管理思想进行创造性转化和创新性发展。

各位读者现在看到的这本书，就是对以上八个方面的具体展开。

孔子有言："吾十有五而志于学，三十而立，四十而不惑，五十而知天命，六十而耳顺，七十而从心所欲不逾矩。"我已过知天命之年，此前的经历完全符合孔子的描述。我理解所谓"五十而知天命"，意思是五十岁的人已经有足够的人生阅历，书本知识这本"小书"和人生这本"大书"都已经开始品出滋味，由入门阶段进入了登堂入室阶段。但要达到"通古今之变，究天人之际"的境界，还需时日。

因此，不揣冒昧，抛出《谋道：打造一流企业的十堂国学课》这块砖，我衷心希望得到学界、商界同仁方家的批评指正。

莫林虎

2018年7月15日于北京上地一是斋

目 录

第一讲 | 中国传统文化的现代价值 | 1

中国传统文化是一套管理理论 | 2

中国企业家自觉运用传统文化经营管理企业 | 5

日本企业家融合中国传统文化经营管理的成功案例 | 14

中国传统文化在现在和未来的运用空间 | 17

第二讲 | 《易经》——中国文化最精深玄奥的宝藏 | 19

郁郁乎文哉，吾从周——周文化是中国管理文化的源头活水 | 20

《易经》两种语言系统的意义 | 23

中国人为什么那么喜欢琢磨"数" | 28

《易经》思维是一种战略思维 | 31

《易经》的变易与创新思想 | 36

《易经》阴阳对立统一的和谐思想 | 43

《易经》的辩证思维 | 50

第三讲 | 儒家文化——信仰的力量 | 53

混沌的故事 | 54

孔子创立儒家学派的本意 | 55

仁——儒家思想的核心价值 | 58

礼——儒家思想的社会规范体系 | 62

仁礼学说的实质 | 67

从儒家文化中寻找现代管理的合理基因 | 73

日本工商管理模式的优势与短板 | 78

家族企业的自新之路 | 84

第四讲 | 道家文化——炉火纯青的中国管理智慧 | 89

道家代表人物及其著作 | 90

《周易》精髓的继承者与发扬者 | 91

上善若水的智慧 | 103

"无为"的现代价值 | 109

"天下神器，不可为也" | 120

刘永行企业经营管理中的道家智慧 | 123

第五讲 | 法家思想——制度管理的威力 | 145

法家思想的产生和代表人物 | 146

法家勇于进取、敢于担当、打破常规、开拓创新的思想 | 148

制度建设与制度化管理：法家文化中最闪光之处 | 153

法、术、势结合的管理效能 | 160

法家思想在现代环境下的创造性转化与创新性发展 | 164

第六讲 | 《孙子兵法》——中国战略管理思想的渊薮 | 173

孙武与《孙子兵法》| 174

《孙子兵法》的价值 | 176

《孙子兵法》的大战略思想：全争与和平 | 186

《孙子兵法》对将帅素质的强调 | 194

知己知彼，百战不殆：从战略高度探讨情报信息工作的重要性 | 201

《孙子兵法》"势"论的价值 | 207

第七讲 | 佛家文化——精神彻悟后的最高智慧 | 215

佛教的起源和佛学基本思想 | 216

对佛家思想的基本评价 | 221

工商管理中佛学思想的体现 | 227

佛学智慧与吴清友及其诚品书店 | 243

第八讲 | 禅宗思想——中国式创新精神 | 247

六祖慧能与南禅宗的创立 | 248

六祖慧能创立南禅宗的革命意义 | 251

禅宗思想是一种世俗性思想和平民化思想 | 256

禅宗思维方式的特点：直觉顿悟与自由创造、突破颠覆以及删繁就简 | 260

禅宗与乔布斯 | 269

第九讲 │ 王阳明心学——思想如何转化为绝世功业 │ 273

王阳明生平 │ 274

王阳明的悟道历程 │ 275

王阳明心学的内容：知行合一、致良知 │ 280

王阳明心学的现世功用 │ 284

王阳明心学的现代价值 │ 289

稻盛和夫："二手"心学打造出来的日本"经营之圣" │ 295

第十讲 │ 辉煌在未来 │ 301

中国传统文化运用于企业经营管理中的优势与不足 │ 302

企业经营管理中中国传统文化的创造性转化与创新性发展 │ 306

中国传统文化在未来的发展前景 │ 311

参考文献 │ 315

第一讲　中国传统文化的现代价值

中国传统文化是一套管理理论

中国企业家自觉运用传统文化经营管理企业

日本企业家融合中国传统文化经营管理的成功案例

中国传统文化在现在和未来的运用空间

中国传统文化是一套管理理论

和其他文明文化不同，中国传统文化从一开始就是为了解决迫在眉睫的现实问题而形成的。

伏羲八卦与《易经》

中国传统文化源自伏羲八卦，公元前一千年前后，周文王姬昌在伏羲八卦的基础上进一步推演，形成了《易经》。《易经》启发了后来的儒家、道家、兵家、法家等思想的形成。

伏羲创立八卦体系，是为了分析预测大自然的变化，以保护早期华夏民族生存繁衍。姬昌将伏羲八卦推演成六十四卦，是为了总结和保存周民族的政治智慧和人生智慧，为了使周民族在仍处弱势的情况下积蓄力量。《易经》实际上是周民族上层集团的政治教科书，蕴含着周民族一系列重大战略思想。因此，《易经》被称为"群经之首"，在中国古代社会被认为是治国安邦的"帝王书"。

春秋、战国时期是中国原创思想基本成熟的时期，儒家、道家、兵家、法家思想都在这一时期出现。

儒家思想简述

儒家思想受到《易经》和周公礼乐思想的影响，主张依靠仁、礼思想治国安邦。儒家认为，每一个人内心中都有良善正直的种子，只要善加培育，就可以使其长成参天大树。儒家主张，士大夫作为社会精英应当首先不断修炼道德品行，使自己成为能够担当社会责任的君子，然后以此教化民众，再辅以礼教，就可以实现社会和谐、国治民安。

儒家思想在汉武帝之后成为古代中国主流的意识形态，影响着古代中国传统政治观念、政治运作，影响着从士大夫到普通百姓的价值取向和日常生活，塑造了传统社会中国人的民族性格和处世之道。中国精英阶层对社会职责的担当（"自反而缩，虽千万人吾往矣")、对仁和大同社会的追求("仁者爱人""六亿神州尽舜尧")、对君子人格的不懈塑造("好学近乎知，力行近乎仁，知耻近乎勇")……都与儒家思想有关。

道家思想关注的是宇宙自然和人类社会的运行规律，其核心思想主要来源于《易经》，其"推天道以明人事"的思维方式也源于《易经》。道家创始人老子生逢春秋后期，当时整个社会竞争日趋激烈，因此，他所著的《道德经》比起《易经》来，在行文上更加通晓明易，也更加犀利深刻。

《道德经》的主旨是"君王南面之术"，但深通易理的老子非常清楚，治国理政关涉方方面面，直达天人之际，绝非粗陋浅薄的人力人心所能够完全把握的。因此，老子在书中反复强调要"顺势而为"，要"弃圣绝智""清心寡欲"，要去"甚"、去"泰"、去"奢"，要通过不断的自我修炼，达到与根本大道融为一体，进而达到"无为而无不为"的境界。

道家思想是中国传统文化中的高级智慧，大量中国一流政治家、企业家都从道家思想中得到了滋养。后来的禅宗思想、王阳明心学思想都从道家思想中获益。

> 道家思想简述

兵家思想在春秋战国时期的代表是《孙子兵法》，它是中国古代军事理论的最高成就。

> 兵家思想简述

《孙子兵法》全文只有短短七千余字，却把人类博弈的最激烈的形式——战争的实质分析到了鞭辟入里的境界。

《孙子兵法》的价值在于，它从战略的高度研究分析战争问题，将影响战争的最重要因素，包括战略谋划、战争过程、将帅素质、取胜之道、情报工作等重要问题做了提纲挈领的论述，这些论述，在两千余年后的今天，仍然给我们深刻启迪。二战时期成功领导了英国对德国"空潜战"的英国空军元帅斯莱瑟曾说过："孙子引人入胜的地方在于,他的思想是多么惊人的'时新'——把一些词句稍加变换,他的箴言就像是昨天刚写出来的。"①

由于作者高瞻远瞩,《孙子兵法》早已超越狭隘的军事领域,具有了更广泛的适用性和启发性。日本企业是最早意识到《孙子兵法》在企业经营管理中的价值的,现在也有越来越多的中国企业家认识到了《孙子兵法》的意义。

法家思想简述　法家思想是儒家思想和道家思想融合后在战国时代形成的一个创新性思想流派。法家将儒家的积极有为的思想和道家遵循规律的精神加以融合,法家思想贯穿着注重遵循规律、注重"参验"、注重发展进化、强调创新、倡导积极有为敢于担当的精神,成为战国时期最具管理效能的思想体系。后来中国历史上致力改革的人物,大都会从法家思想中汲取思想养分。

从上面的简要阐述中我们可以看到,中国原创思想根源于伏羲八卦,直接受益于《易经》。从精神实质上,中华民族的祖先是为了解决现实问题而创立各家思想,在古代主要用来解决政治问题和军事问题。春秋战国时期有诸子百家学说,其主旨都是"经世致用""治国安邦"。从这个意义上,我们说中国传统文化是一套管理理论是没有问题的。

春秋战国之后,中国传统文化仍有创新。

禅宗与王阳明心学　初唐时期六祖慧能传承禅宗,是对印度佛学的吸收和创新性发展。六祖慧能的禅宗思想,对印度佛学思想中厌世悲观的部分进行了创造性改造,将其转换为肯定世俗人生的创新思想体系。慧能禅宗的真正价值在于,将中国文化本来就有的直觉顿悟和删繁就简的思维方式,以一种极端简便易行的方式普及到普罗大众之中,为中

---

① 洪兵. 孙子兵法与经理人统帅之道[M]. 北京:中国社会科学出版社,2005.

国创新思想的平民化做出了贡献。

明朝正德、嘉靖年间的王阳明创立的心学，则是中国传统文化在春秋战国时期分化后重新融为一体的成果。王阳明以其独特的经历，在长期紧张的思想探索、心性修炼后，在机缘和合的情况下，通过强烈独特的巅峰体验，将儒家、道家、禅宗思想有机融为一体，把中国传统文化推到了一个新的发展高度。

王阳明心学解决了明朝中期以来士大夫的信仰危机问题，解决了程朱理学空疏清谈之弊，将中国传统文化自强不息、经世致用、自由创新的精神重新激活，影响了明朝中期之后中国的仁人志士：曾国藩、左宗棠、孙中山……

中国企业家自觉运用传统文化经营管理企业

中国企业家将中国传统文化运用于企业经营管理，到目前为止，已经有三个阶段的发展历程。第一阶段是从19世纪末到中华人民共和国建立前的中国近现代企业家的初步探索，第二阶段是近代以来台港澳企业家的探索，第三阶段是改革开放以来企业家的探索。

第一个阶段以张謇、荣宗敬荣德生兄弟、范旭东、穆藕初、刘鸿生、卢作孚、陈光甫等企业家为代表。这些人的出身、身份、文化程度各有不同，但在企业经营管理方面都自觉融入了中国传统文化因素，将中国传统文化智慧运用于企业文化建设、企业经营策略中，取得了较好的成效。但由于这一阶段中国政局动荡、社会不稳、战争频仍，这些企业家的经营活动范围和经营管理能力都受到很大限制，中国传统文化与企业经营管理的结合也同样难以深入。

因为本书后面的章节里分析的案例主要集中在第二、三阶段，因此我们在这里仅对第一阶段企业家运用传统文化经营管理企业的

> 第一个阶段

情况略做陈述。

范旭东及"永久黄"

在第一阶段的企业家群体中，范旭东及"永久黄"企业经营管理团队具有重大意义。

"永久黄"是范旭东及其经营团队共同建立的化工企业及研究机构，包括永利制碱公司、久大精盐公司、黄海化学工业研究社。范旭东及"永久黄"企业经营管理团队的成员大多拥有科技背景，他们或者是留学归国人员，或者是国内高校毕业生，在当时都属于高科技人才。这样一个精英团队，在军阀混战、外敌入侵、政治腐败、社会动荡的不利环境下，从无到有、由弱变强，将"永久黄"打造为集科研、产品开发、生产制造为一体的优秀企业，并培养出了一批杰出的化工人才，为我国化学工业打下了一定的基础。之所以能做出这样的业绩，其根本原因在于范旭东及其团队将中国传统文化中士大夫的理想主义精神、社会担当意识以及自强不息和创新精神与西方的科学理性精神、企业经营管理方法有机结合，打造出了具有鲜明中国特色的企业家精神，然后用这种企业家精神来影响、塑造全体员工，从而铸就了"永久黄"的辉煌。

第一阶段的企业家，是在中国内忧外患的环境下出现的，受残酷现实的刺激，他们绝大多数都有强烈的传统士大夫社会担当意识和爱国情怀。但能将这种社会担当意识和爱国情怀成功转化为现代企业家精神、使企业走上正确发展轨道的为数不多。范旭东及其团队以其高起点，将传统文化的优势与西方规范化、精细化的企业经营管理优势有机融合，在极其艰苦的环境下，走出了一条依靠企业文化为灵魂、科技创新为动力、规范管理为保障的发展之路，为此后中国科技企业发展树立了榜样。正因为如此，毛泽东在谈到中国工业发展时曾说，有四个人不能忘记：讲重工业，不能忘张之洞；讲轻工业，不能忘张謇；讲交通运输，不能忘卢作孚；而讲化学工业，则不能忘范旭东。

与范旭东及其团队有异曲同工之效的是上海纺织业领军人物穆藕初。穆藕初出身贫寒，但他深知当时西方科学技术及企业管理水平处于世界前列。34岁时，穆藕初变卖家产，多方筹措资金，到美国自费留学。从1909年到1914年，穆藕初在美国数所高校学习农学、纺织和企业管理等专业，获得伊立诺伊大学农科学士学位和得克萨斯农工专科学校农学硕士学位。

穆藕初在美国留学期间，正好是美国著名管理学家泰勒的企业科学管理理论成熟之时，穆藕初系统学习了泰勒的著作，还亲自拜访了泰勒，当面向他请教企业管理问题。回国后，他将泰勒的著作译成中文，取名为《工厂适用学理的管理法》，1916年11月由中华书局出版。

穆藕初将泰勒的科学管理理论成功地移植到自己的企业管理中，制订了《工人约则》《厂间约则》《罚例》等一整套厂规细则。更值得一说的是，穆藕初在学习吸收泰勒理论的同时，也看到了泰勒理论的不足，并在其企业管理中有意识地加以弥补，使外来的理论更加契合中国实际。

泰勒的科学管理理论是在此前麦卡勒姆、普尔、汤姆、哈尔西、梅特卡夫、史密斯等人的管理理论基础上继承发展而来的。这一理论将西方管理思想中的科学化、规范化、精细化的优点做了最大程度的发挥，使管理从传统的低效状态转变到社会化大生产的水平，是世界管理史上的一次革命。

但泰勒管理思想的不足之处是，泰勒将工人假定为"经济人"，泰勒思想以追求效率为基本出发点，为了追求效率可以忽略人性因素，把人当作肉体机器。正因如此，泰勒在推行其管理思想时，与工人发生了长达三年的对峙，尽管泰勒取得了最终的胜利，

<aside>穆藕初与美国著名管理学家泰勒的企业科学管理理论</aside>

却也因此背负上了"暴君"的骂名。

穆藕初充分认识到泰勒科学管理理论的意义，同时也意识到了工作中人性因素的重要性。他将泰勒思想中最有价值的部分移植到企业管理中，同时自觉地将中国传统文化中柔性管理、人性化交流的优势有机融入科学管理中，从一开始就进行着中西管理思想的融会贯通工作。

穆藕初提出科学管理五点原则：纪律化、标准化、专门化、简单化、艺术化。在这五点原则中，纪律化、标准化、专门化、简单化这四个原则都来源于泰勒思想，而艺术化则源于中国传统文化精神。

中国传统文化是一种人文思想，各思想流派都着眼于人性、人与人的关系、人与社会的关系。体现在管理思想中，就是强调对组织中成员的思想塑造、文化引领，在肯定制度化管理的同时，也强调柔性管理。穆藕初在留学美国之前，已经在职场上打拼了很长时间，深通中国传统文化人性引导、柔性管理之理。穆藕初认为：艺术化就是让工人不觉得工作是痛苦的，而能感觉到乐趣，那么工人工作效率自然能够提高。

为了实现企业管理的艺术化，穆藕初着重在"人的因素"方面发力，成体系地对企业管理人员的品格修养和管理技能提出了要求。穆藕初在1919年就对自己创办的德大、厚生两个纱厂的管理进行了总结，写了《纱厂组织法》，就"用人""培养人才"做了两个专门章节的论述，在"管理""贸易"等节中也时时提到人的问题。穆藕初在企业内创办夜校教育青年员工，使夜校成为企业的人才培养、选拔的平台。在一次讲话中，穆藕初说："鄙人之视众工人皆至尊重，以工人之精神为我业之资本，以待兄弟之心待工人，

穆藕初科学管理中的艺术化

故幸不至于失工人心。"①

可以说，穆藕初在吸收泰勒思想的同时，已经将泰勒对工人"经济人"的定位转换为"社会人"，从而使科学管理理论更加人性化，更符合管理实际，也更能提高管理效率。

而在西方，直到1945年，美国管理学家梅奥才在其《工业文明的社会问题》一书中提出了人际关系学说，不再把工人看成单纯的"经济人"，而看作是"社会人"。

值得一说的是，在第一代企业家中，并非只有穆藕初一个人意识到了工人"社会人"的性质，而在管理中充分发挥思想塑造、文化引领、柔性管理的作用，上文提到的各位杰出企业家，都采用了类似穆藕初的做法。由此可见中国传统文化对企业家的深刻影响。

范旭东、穆藕初都是留学归国人员，他们的企业管理中有着比较强烈的科学管理烙印，中国传统文化的融入使来自西方的管理理论和方法能更顺畅地扎根于中国大地。而在刘鸿生的企业经营管理中，中国传统文化长于战略、精于计谋的优势则转化成为商战智慧。

刘鸿生以经营开滦煤炭起家，后又将资本投入火柴、毛织、水泥等行业，成为集"煤炭大王""火柴大王""毛纺大王""水泥大王"等于一身的"企业大王"，经营领域遍布轻重工业、运输业、商业和金融业，创立了近代中国数一数二的民族企业集团。1956年公私合营时，刘鸿生是当时中国仅次于荣氏家族的最富有的企业家。

> 刘鸿生的商战智慧

中国传统文化中，道家、兵家、法家、纵横家都专注于博弈竞争的理论，这几家思想都强调，在激烈残酷的竞争中，必须具备战略思维能力，通过缜密布局，击败对手。说到根本，中国的战略竞

---

① 穆家修. 社会责任：手段还是目的 穆藕初的社会价值观[EB/OL]. http://www.daonong.com/g/9/mind/20100917/22939.html，2010-09-17.

争思想，是一种布局理论。在这方面，刘鸿生深得其精髓。

刘鸿生在火柴业和水泥业对外商战的胜利，就是运用中国传统博弈理论获得成功的典型案例。

1927年，世界火柴巨头瑞典火柴集团携其"凤凰"品牌之威，低价向中国市场倾销，企图压迫刘鸿生等退让，国内不少火柴厂因而相继倒闭。面对国际竞争，刘鸿生意识到，必须采取同业合并的策略，划区销售，减少内部竞争，共同抵御洋火柴的侵入。1930年，荧生、中华、鸿生三大公司合并成立大中华火柴有限公司，当年销量占全国总量的22.25%。到1934年，大中华火柴有限公司扩张成为一个拥有七个火柴制造厂、一个梗片厂的企业集团，资本总额365万元，年产15万箱以上，约占华中地区（苏、浙、皖、赣、湘、鄂等省）全部火柴产量的50%，约占全国火柴总产量的15%，成为全国规模最大的火柴公司。

为了更好地解决中国民族火柴企业的生存发展问题，刘鸿生决定采取"联华制夷、联美制日，发展全国火柴产销联营"的策略，以达到限制生产、制止倾销、稳定价格的目的。1935年7月，刘鸿生邀集国产火柴制造同业成立联合办事处，然后与美国火柴公司达成协定，成立了华中地区火柴产销管理委员会，并制订了相应的火柴生产、销售限制办法。其后，刘鸿生又以中华火柴同业联合会首席代表名义，与日商在华火柴同业会谈判。日商迫于华商联合会与华中管理委员会的一致行动，最终不得不加入中华全国火柴产销联营社。

20世纪30年代前中期，刘鸿生纵横捭阖，缜密布局，终于将瑞典、日本等国火柴企业各个击破，有效地抵御了外资企业的进攻，维护了民族企业的利益。

刘鸿生在水泥业的商战策略，与火柴业大致相同，限于篇幅，不再赘述。

在第一代杰出企业家中，陈光甫是金融业的代表人物。

和范旭东、穆藕初一样，陈光甫也是留学归国人员。陈光甫1881年出生于江苏镇江，17岁时进入汉口邮政局工作。这段经历使陈光甫得以近距离感知现代企业的运营方式，为此后他创立上海商业储蓄银行打下了基础。陈光甫22岁时随中国代表团参加美国国际博览会，会后留学美国，进入美国宾夕法尼亚大学沃顿商学院，1909年毕业回国。回国后不久，陈光甫被江苏巡抚程德全任命为江苏银行总经理。1915年6月，陈光甫创办了上海商业储蓄银行，资本从最初的7万元发展到后来的500万元，分支机构遍布全国。陈光甫也由此荣任上海银行公会会长，成为上海金融界的领袖。

陈光甫创办上海商业储蓄银行之所以能够成功，与他的办行理念有很大关系。有一次到美国一家银行洽谈业务，见该银行大楼高耸入云，气势恢宏，使人望而生畏，陈光甫深受触动。陈光甫认为，作为一家小银行，上海商业储蓄银行没有官僚资本、外国资本的背景，资金来源于中小企业和普通民众，服务对象也是中国的民族工商业和普通民众，因此应当坚持平民化经营作风，让银行与中国当时的经济形势、生存环境有机融合、深接地气。

因此，陈光甫摒弃"官商"办银行的传统，坚持"服务社会，顾客至上"的宗旨，走专业化金融创新和平民化金融服务之路。为了实现这一目标，在银行创办之初只有7名员工的情况下，陈光甫任总经理，亲力亲为各种琐细业务，白天拉存款、跑工厂、做贷款，晚上还要给银行青年员工做培训。为了筹集资金，1917年，上海商业储蓄银行设立了储蓄处，致力于小额存款的吸收。银行提出了"信用巩固，声誉卓著，提倡俭德，服务周到"的经营原则，注重对顾客的服务，提出"服务顾客""顾客是衣食父母"等口号，促进员工服务质量的提高。

金融业代表人物陈光甫

陈光甫坚持"人争近利，我图远功；人嫌细微，我宁烦琐"，他把"服务"定为上海商业储蓄银行的行训，并提出六条原则：要不辞琐碎，不避劳苦，不图厚利，为人所不屑，从小做起，时时想办法。当时一般钱庄对小额存款看不上眼，对银圆存款甚至不给利息。陈光甫则认为大量小额存款反而比少量大存户稳定性强，因此提出一元即可开户的宣传。曾经有人拿了500元要求开500个存折，银行不惧烦琐，热情接待。上海商业储蓄银行"服务社会，顾客至上"的声誉得以远扬。

<small>上海商业储蓄银行的诸多第一</small>

上海商业储蓄银行围绕"服务"这一核心理念，不断进行金融创新，使该行在中国现代金融史上造就了诸多第一：第一个推出各种新型储蓄品种，如零存整取、整存零取、存本付息、子女教育储蓄基金、养老储金和婴儿储蓄，发行储金礼券——分红色和素色两种，用于婚丧嫁娶红白喜事；第一个在银行中设立调查部；第一个从事外汇业务和农业贷款；第一个使用机器记账；第一个将银两与银圆并用，第一个经营外汇业务。此外，上海商业储蓄银行还开创了货物抵押贷款……

<small>陈光甫"服务社会"的宗旨</small>

正是坚持"服务社会"的宗旨，上海商业储蓄银行注重向民族工业放款，以扶持其发展。张謇的大生集团，荣宗敬荣德生兄弟的申新集团——申新纱厂和福新面粉厂，都是上海商业储蓄银行的服务对象。1934年，荣氏兄弟的申新纱厂因债务过重，到期无法偿还，陷入困境。陈光甫联合几家华商银行组成银团，以申新纱厂的资产做抵押，继续放款，帮助申新纱厂度过了一次严重危机。

陈光甫"服务社会"的宗旨得到了中国民族实业家的认同，也使陈光甫的上海商业储蓄银行与民族工商业结成了患难与共的战略联盟。该行的股东名单里，有这些当时的工商界巨子：商务印书馆大股东夏仲芳、中国近代实业家徐静仁、糖业大王黄静泉……还有张謇和荣氏兄弟。

为控制银行风险，陈光甫强调放款时要重点考察企业有没有实力、是不是规范经营。陈光甫要求对所有放款对象进行诚信和财产调查，摸清他们的家底，为放款提供可靠的依据。

控制银行风险

北洋政府总理段祺瑞的女婿奚东曙在天津经营商号，许多银行为了巴结段祺瑞，纷纷贷款给他。陈光甫却通过调查得知，此人暗中从事投机生意，随时可能破产。陈光甫严令对其防范。不久，奚东曙携款逃亡，许多银行因巨额坏账损失惨重。

美亚保险公司的老板史带，是一个到上海滩冒险的美国穷小子，曾经潦倒落魄。20世纪30年代初，史带需要贷款，多家银行将他拒之门外。陈光甫调查后发现，当时美亚保险已经有相当规模，而且经营情况良好，信誉不错。陈光甫不仅贷款给史带，还购买了不少美亚保险的股票。多年以后，史带成为"远东保险王"，其美亚保险也发展成了全球保险业的巨头——友邦保险。

正是在这样成功运营的基础上，陈光甫在银行成立了调查部，使风险防控落实到了组织结构中。

台湾著名作家高阳在《陈光甫外传·序》中写道："我的传主陈光甫先生，恰好生于光绪七年；在个人的感觉中，实在是一个意义与趣味两俱深长的巧合。这一年的人，颇多杰出之士；但对国家社会贡献之大，个人成就之多，无疑地应推'光甫先生'。"[1]

中国传统文化中，道家、禅宗、王阳明心学都十分强调对普通民众的尊重。道家认为"圣人常无心，以百姓心为心"；六祖慧能认为"上上人有没意智，下下人有上上智"；王阳明心学主张把儒学思想通过乡规民约的方式传播到普通民众心中，以此实现社会和

---

[1] 高阳.陈光甫外传[M].台北：南京出版社，1981.

谐。这种平民化思想倾向是中国传统文化中最闪亮的地方，陈光甫以其深厚的传统文化修为将这种文化精髓转化为企业精神和企业经营战略，令人十分钦佩。

值得注意的是，在企业经营中注重对中小微企业和普通民众的服务，在此后的中国企业家的经营中，被继续发扬光大。近年来阿里巴巴、腾讯、小米、京东、奇虎360等企业的经营方略，都贯穿着一条平民化路线。

> 第二个阶段

在中国企业家将传统文化用于企业经营管理的第二阶段，台港澳的企业家取得了更多的成果，其代表人物有王永庆、李嘉诚、霍英东、包玉刚、邵逸夫等。而不足是，台港澳的地域、人口、市场有限，这些企业在经营规模、涉足行业、视野、发展潜力上都受到了一定程度的限制，这也影响了中国传统文化在企业经营管理中运用的深度和广度。

> 第三个阶段

中国企业家将传统文化用于企业经营管理的第三阶段是中国社会经济全面改革开放的时期，和前两个阶段相比，中国人的创业激情和企业经营管理能力被彻底释放。在这轮企业发展的浪潮中，中国企业家的企业经营管理经历了由野蛮生长到规范运营，由不自信到逐渐自信，由虚心向发达国家学习到融会中西的过程。在这一过程中，企业家越来越发现中国传统文化在企业经营管理中的作用，他们越来越自觉地学习、吸收其中的精华和智慧，并与西方经营管理理念与方法融会贯通，创造出了有中国特色的企业经营管理思想、制度和措施。

日本企业家融合中国传统文化经营管理的成功案例

一个值得我们关注的事实是，日本明治维新以来现代化转型过程中涉及工商管理的部分，中国传统文化一直占有重要的位置。源于中国传统文化的元素被有机融合到了日本的现代企业管理中，形成了富有鲜明东方文化特色的日本管理模式。

被称为"日本资本主义之父""日本企业之父"的明治时代企业家涩泽荣一，一生参与建立了五百余家企业，被认为是"儒家资本主义的代表"。涩泽荣一对日本工商业有三大贡献：第一，引进了西方已经成熟的股份制企业制度；第二，提高了企业家的社会地位；第三，提出"《论语》加算盘"说，将源自中国的传统文化与西方资本主义精神结合起来，创造出具有日本特色的工商管理哲学。

日本明治时代的企业家涩泽荣一

涩泽荣一的"《论语》加算盘"说，奠定了日本现代工商管理哲学的基础，此后的日本企业家在基本理念上都未能超出这一藩篱。

涩泽荣一出身于亦农亦商的较为富庶的家庭，从小接受传统的儒学教育。涩泽荣一生当日本明治维新的社会巨变时期，做过幕府武士、政府官员，后辞官经商。在这样的一个社会经济转型时期，涩泽荣一深知要想发展日本经济，就必须引入西方已经成熟的工商管理体制。但当时以儒学为基础的日本传统文化，存在重义轻利的倾向，社会对工商存在很强的偏见。如何将传统文化的优势与现代工商管理有机嫁接，就成了涩泽荣一的当务之急。

所谓"《论语》加算盘"，就是对这一问题的解决方案。

"《论语》加算盘"思想

儒家思想的核心是成圣，最终实现"内圣外王"的人生终极目标。《论语》作为儒家至圣孔子的言论集，多方面展现了儒家思想对君子理想人格的定位。因此，在涩泽荣一那里，企业家的理想人格和社会责任，就是传统话语中的"义"。而"算盘"则代表企业家对经济利益的追求、对工商管理的完善，是传统话语中的"利"。在涩泽荣一看来，"义"和"利"是可以融合的，《论语》所代表的"义"不存在的话，工商活动就变成赤裸裸的逐利行为，就失去了存在的价值；同样，只有"义"而没有能产生"利"的工商活动，"义"也难以维系。

从涩泽荣一的理论中，我们明显可以看到，他创造性地将儒家思想与来自西方的现代资本主义精神做了嫁接，形成了日本式的资本主义精神。

"士魂商才"思想

按照这一逻辑，涩泽荣一很自然地提出了"士魂商才"的概念。所谓"士魂"，就是一个人要有"士"的操守、道德和理想，所谓"商才"就是这个人还要有"商"的才干与务实。"如果偏于士魂而没有商才，经济上也就会招致自灭。因此，有士魂，还须有商才。"但"只有《论语》才是培养士魂的根基"，因为"所谓商才，本来也是要以道德为根基的。离开道德的商才，即不道德、欺瞒、浮华、轻佻的商才，所谓小聪明，绝不是真正的商才"。

涩泽荣一的"《论语》加算盘"和"士魂商才"思想，在此后的日本工商管理中被发扬光大，在20世纪六七十年代结出了丰硕的成果，形成了具有鲜明日本文化特色的日本工商管理模式。当这种管理模式所表现出的管理效能猛烈冲击以美国为代表的西方管理模式时，美国学者开始关注、研究日本管理经验。他们的研究成果形成了20世纪80年代的企业文化理论，威廉·大内的《Z理论——美国企业界怎样迎接日本的挑战》、帕斯卡尔和阿索斯合著的《日本的管理艺术》都是其中的代表作。

儒家文化可以生发出很多管理思路，如对权威的强调、对身份地位的区分、通过仁爱的实施激发员工创造性、通过类似家庭式温馨氛围的营造进行组织文化的建设、对社会责任的担当等。这些文化优势在日本的工商管理中被实实在在地实现了，这是我们中国人必须要加倍学习的。

在成功的日本企业中，即使像松下电器公司这类并非典型家族式的企业，不讲求严格的血缘纽带，也特别注重将家族式的伦理精神融入企业精神中，营造浓郁的家庭式感情和氛围，在员工中培养出与领导者共命运的情感，这与美国把组成企业的人分为股东、经营者、工人三部分的理念是很不相同的。被称作"日本式经营三大神器"的终身雇佣制、年功序列制和企业内工会，其核心的精神支柱就在于"忠诚"与"人和"两大价值观，这实际上正是儒家思想的日本现代工商管理呈现方式。

中国传统文化在现在和未来的运用空间

从以往的情况看，中国传统文化运用到企业经营管理中已经结出了一大批丰硕的成果，尤其是改革开放以来，中国新一代企业家的崛起，更是将中国传统文化在企业经营管理中的潜力做了空前的发掘，并产生了良好的效果。

中国传统文化产生于中国大地，它的运用及发展创新也应当主要在中国本土。1978年以来的改革开放，是中华民族开始以整个民族为单位不受外敌侵扰、专心致志于经济建设的时期。正是因为有了这样的环境，中国企业家在积极吸收西方发达国家科学技术和企业经营管理理论和方法的同时，开始将中国传统文化运用于企业管理中。这种运用最初是不自觉的，发展到21世纪初，中国企业家群体日益产生出一种文化自觉和文化自信。于是，对儒家、道家、兵家、法家、佛学、禅宗和王阳明心学等各家各派思想的重视都开始不断升温，对传统文化的认识、理解也不断深入、全面，一些企业家也开始结合传统文化梳理、总结自己的管理思想，而学者们也开始对此进行系统研究。

我们认为，中国传统文化的实质是经世致用、自由创新，这种精神在上述三个阶段企业家的实践中已经得到了较为充分的发挥。随着中国综合国力的不断提升，在中华民族实现复兴梦的新的发展阶段，中国企业将向更广泛的产业领域拓展，中国制造也将从中低端向中高端发展，中国企业的跨国经营也将日益常态化。在这种新形势下，中国传统文化在企业经营管理中将获得更大的运用空间，中国式企业经营管理的理论和方法也将在这种格局下诞生，并产生世界影响。

第二讲 《易经》——中国文化最精深玄奥的宝藏

郁郁乎文哉，吾从周——周文化是中国管理文化的源头活水

《易经》两种语言系统的意义

中国人为什么那么喜欢琢磨"数"

《易经》思维是一种战略思维

《易经》的变易与创新思想

《易经》阴阳对立统一的和谐思想

《易经》的辩证思维

郁郁乎文哉，吾从周
——周文化是中国管理文化的源头活水

周代与周文化的重要性

了解周文化，要先了解这样几个史实。

商纣王时期，商西部附庸小国周部落的首领姬昌因遭谗言诬陷被关押于羑里7年之久，后因周的谋臣散宜生等营救被释放。姬昌担任周部落首领50年，广积善德，使周成为西部地区最具号召力的部落国家。姬昌去世后，姬发即位。他又用了11年时间积蓄力量，最终率领各部落国家盟军以4.5万人的弱势兵力在牧野之战中击溃了商17万人(另说70万人)的大军。历史进入周代，姬昌和姬发也就是周文王和周武王。

文王武王内修盛德、外强实力，积61年之功创立的周延续了近八百年，要知道，所谓强汉盛唐，实际上东西两汉加起来四百余年，而中国古代历史中鼎盛的唐朝则只有289年。

周文化的代表作品《周易》，被称为儒家经典的"群经之首"，也是被翻译为外文最多的中国传统典籍。两千五百年前，儒家至圣孔子说"周监于二代，郁郁乎文哉！吾从周"(《论语》八佾第三)。这句话的意思是，周代继承借鉴了夏和商两代的文化传统，发展出博大精深的周文化，因为周文化太精妙了，因此我要将周文化继续发扬光大。孔子说这句话的时候，周文化最灿烂的时候已经过去了，面对"礼崩乐坏"的世界，孔子要"克己复礼"，重铸周文化当年的辉煌。

为什么周文化那么重要？为什么我们讲中国传统文化要从周文化的奠基性经典《周易》开始？原因就是：周文化是中国传统文化的源头活水，周文化留下的典籍规范了后来中国文化的基本框架和基本思维模式。

中国传统文化在文本形式上具体体现为经、史、子、集。我们以排在第一位的"经"为例，所谓经，就是儒家经典，最早的儒家经典是"六经"，唐代扩大为"九经"，南宋进一步扩大为"十三经"。不管怎么扩大，"六经"都被公认为是儒家最基础的经典，它们分别是《诗经》《尚书》《礼记》《易经》《乐经》和《春秋》。这六本经典的核心内容都成型于周(包括春秋战国)。

周代管理思想中最重要的经典是《易经》，《易经》是一本超越了思想派系藩篱的管理奇书。中国传统思想中最重要的四个流派——儒、道、兵、法都与《易经》有着千丝万缕的联系，但又有重大不同。从《易传》行世之后，历代学者对《易经》的经文和传文不断研究，前后有三千多种研究著作，比对其他儒家经典的研究著作的总和还要多。

管理奇书《易经》

因此，要研习中国传统管理思想，必须上溯到《易经》才能找到源头。

作为儒家六经之首的《易经》包括《易经》经文和《易传》两个部分，《易传》是对经文的解释。

八卦由伏羲创立，"文王拘而演周易"，将八卦演化为六十四卦，这是传统的说法。真实的情况是，《易经》以及书中的六十四卦是周代初年学者对周及周以前的占筮及占筮结果进行汇编、整理的结果。

我们现在所说的《易经》又称《周易》，是因为这是周人对占筮及占筮结果的汇编、整理；夏人的"易"称为《连山易》；商人的"易"称为《归藏易》，这三种"易"，就被称为"三易"。之所以夏商周三代都有一个"易"，是因为在人类智力、能力还十分贫弱的时候，占筮就成为重要的国家大事，占筮活动集中了当时最有文化、最聪明的知识精英。而占筮的方法、占筮的结果、对占筮的认识评价就成为一个时代的重要"科技"工程。

到目前为止，三易中的《连山易》《归藏易》都已失传，留下来的是周的《易经》。《易经》能够历经数千年而流传下来，我想应该有"物竞天择，适者生存"的因素在吧？

《易经》的核心内容是六十四卦，包括六十四卦的卦象、爻象、卦辞、爻辞。因此，易学学者认为，《易经》这本书有两套语言系统：一套是周人占筮时的卦象、爻象符号系统，可称为占筮语言系统；另一套是卦辞、爻辞系统，也就是用语言对卦象、爻象进行描述、解说的系统。从文字篇幅上看，《易经》不超过5000字。

一般认为，《易经》是在周代初年完成的。但由于占筮活动本身的神秘性，要正确地解读《易经》这本书是有较大难度的。同时，《易经》在占筮的形式下蕴含的创造性思维方式、积极进取的文化精神，也需要有知识精英来加以解读。于是，大约在战国中后期，就陆续出现了解读《易经》的传文，它们是：《彖传》上下、《象传》上下、《文言》、《系辞传》上下、《说卦传》、《序卦传》、《杂卦传》，共计七种十篇。这些传文都是对《周易》卦爻象和卦爻辞的解释，如本经之羽翼，故称之为"十翼"，后世统称《易传》，它们和《易经》经文一起，被列入儒家六经，并成为群经之首。

《易经》一书经历了八百年左右的编撰、加工、阐释，并非一人所作，而是周代八百年历史酝酿、淘洗的结果。

<!-- 边注：《易经》的语言系统和《易传》 -->

《易经》两种语言系统的意义

《易经》有两套语言系统：一套是卦象、爻象符号系统，另一套是卦辞、爻辞解说系统。正是这两套系统的相互配合、相互阐发，使得《易经》在结构、表述形式、思维方式上都具有与众不同的特点，数千年来吸引无数知识精英前赴后继地加入阐释、解读《易经》的事业中，至今未绝。

首先从占筮形式看。我们知道，商代的占卜主要使用的是牛胛骨和龟甲，龟甲来自南方多水之地，牛胛骨来自屠宰后的牛，二者都是较为昂贵的材料。用甲骨进行占卜，一般是在甲骨上钻孔，然后在火上炙烤，使其产生裂纹，占卜之人根据纹路说出卜辞，并刻于甲骨之上。用甲骨进行占卜，仅仅根据甲骨纹路进行判断，占卜过程较为简单，思维过程也未能进一步精细化。

周族发源于今陕西，在其推翻商之前，只是一个小部落。财力有限的他们在占筮时既用甲骨占卜的方式，也采用了蓍草占筮法。到《易经》成书的周代初期，蓍草占筮法已经成为主流的占卜方法。

说得简单一点，蓍草占筮法就是通过数蓍草的草棒来预测凶吉。蓍草是菊科蓍属植物，可以入药，在陕西中南部和我国很多省份都可以生长。之所以选择蓍草，是因为传说蓍草"生千岁(才)三百茎"（《说文解字》），"一千岁上有紫气，下有灵龙神龟伏于下"（《易纬·乾凿度》引古《经》）。另外，这种草在当时周族所居之地漫山遍野皆是，成本当然也会很低。

蓍草占筮法

周民族的这一有意无意的选择，却带来了占卜方法的重大变化，也带来了思维方式的进步！

《易传·系辞传》中介绍了用蓍草占筮的方法。

> 大衍之数五十，其用四十有九。分而为二，以象两；挂一，以象三。揲之以四，以象四时。归奇于扐，以象闰；五岁再闰；故再扐而后挂。……四营而成易，十有八变而成卦。

具体的起卦过程

具体的起卦过程是这样的，取蓍草茎五十根，演卦时抽掉一根，只用四十九根。先将四十九根蓍草茎任意一分为二，左右手分别持握，其中一份象征"天"，一份象征"地"。然后再从两堆蓍草中任取一根，以象征"人"。这样就形成天、地、人"三才"的格局。

然后，以四根为一组分别在"天""地"两堆蓍草中数数。一组一组地数完后，两边的蓍草茎余数必有一定规律："天"余一，则"地"余三；"天"余两，则"地"亦余两；"天"余三，则"地"余一；"天"余四，则"地"亦余四。这样，将象征"人"的那一根和这些余数相加，结果非五即九，再用总数四十九相减，结果必为四十四或四十。到此为止，完成了蓍草演算的第一步，古称"第一变"。

"一变"之后，去除左手的余数，又将两手所持的四十四或四十根蓍草茎按"一变"的同样方法和顺序进行演算。结果是四十，或三十六，或三十二。如此"三变"之后的结果是三十六，或三十二，或二十八，或二十四。然后以四相除，就可以得出九、八、七、六这四个数字。根据奇数为阳，偶数为阴的原则，九、七是阳爻，八、六是阴爻。这样，经过三次演变，终于得到一个"爻"。

一个卦共有六个爻，所以总共需要经过十八次的演算变化，将每爻按照从下到上的顺序排列，才能得到一个"卦"。

对比蓍草占筮和甲骨占卜

我们看到，《周易》的起卦过程是十分复杂的，一般情况下，起一个卦需要一个小时左右。但花费这么多时间确实是有价值的。朱伯崑《易学哲学史》在对比甲骨占卜和蓍草占筮的差异时有如下的分析。

其一，钻龟取象，其裂痕是自然成纹，而卦象是手数蓍草之数，按规定的变易法则推衍而成。前者出于自然，后者靠人为的推算。其二，龟象形成后，便不可改易，卜者即其纹，便可断其吉凶。但卦象形成后，要经过对卦象的种种分析，甚至逻辑上的推衍，方能引出吉凶的判断，同观察龟兆相比，又具有较大的灵活性和更多的思想性。这两点都表明，占筮这一形式的形成和发展意味着人们的抽象思想能力提高了，卜问吉凶的人为因素增加了。

我们来看一个卦就可以理解朱伯崑这段论述的意思了。六十四卦中六十一卦的中孚卦，其卦爻象和卦爻辞如下。

中孚：豚鱼吉。利涉大川。利贞。

初九：虞，吉。有它不燕。

九二：鹤鸣在阴，其子和之。我有好爵，吾与尔靡之。

六三：得敌，或鼓或罢，或泣或歌。

六四：月几望，马匹亡。无咎。

九五：有孚挛如。无咎。

上九：翰音登于天。贞凶。

前面我们已经讲过，《周易》的卦爻象和卦爻辞是周人对以往得到验证的占筮结果的汇编整理，因此，被编入《周易》之前的卦有可能是没有名字的，《周易》在编辑这些卦时才给它们命名。按照学者们的研究，绝大部分的卦名和卦爻辞有关，因此，可以说卦名是一个卦的主题。但我们这里讨论的中孚卦却是个例外，从卦爻辞来看，只有九五爻的爻辞"有孚"与"孚"有关，其他内容都看不出与"中孚"有明显的关系。我们来看《易传》以及后来的学者是怎样解释这个卦的，从这些解释中，我们可以具体而微地发现中国传统思维方式是如何运行和怎样成熟的。

按照《易传》的解释，中孚卦是一个讨论诚信之道的卦。《易传》中的《彖》是解释卦辞的，它这样解释的。

> 《彖》曰：中孚，柔在内而刚得中。说而巽，孚乃化邦也。豚鱼吉，信及豚鱼也。利涉大川，乘木舟虚也。中孚以利贞，乃应乎天也。

傅佩荣先生在《解读周易》中翻译了这段话。《彖传》说，中孚卦，柔顺者在内而刚强者取得中位。喜悦而随顺，诚信才可感化邦国。猪与鱼吉祥，是说诚信及于猪与鱼。适宜渡过大河，是说乘坐木船还有空位。内心诚信而适宜正固，则是顺应天之道。

《彖》为什么这样来解说卦辞"豚鱼吉。利涉大川。利贞。"呢？明显可以看到，《彖》的解释既不脱离卦辞原文，但又根据卦象和爻象的情况做了补充和发挥。

所谓"柔在内而刚得中"，说的是在中孚卦的六个爻中，从下往上数，初爻、二爻、五爻、上爻都是阳爻，也就是刚爻，而三爻、四爻都是阴爻，也就是柔爻，柔爻处于整个卦的中间位置，这是"柔在内"。同时，中孚卦是由巽卦☴和兑卦☱上下两个单卦构成的，因此，在分析卦象时还要分析上下两个单卦的卦象。中国传统文化崇尚"中和"，因此，在单卦中第二爻是中位，也就是最好的位置，在中孚卦中，这两个位置都由阳爻(刚爻)占据，这就是"刚得中"。

所谓"说而巽，孚乃化邦也"，说的是巽卦☴和兑卦☱上下两个单卦组合为中孚卦后形成的新含义。兑卦☱的含义是"喜悦"，巽卦☴的含义是"随顺"，二者相加当然就是百姓"说(喜悦)而巽(随顺)"了，诚信到这种程度，当然就会"孚乃化邦也"！

因此，我们发现，"柔在内而刚得中。说而巽，孚乃化邦也"

<small>中孚卦是一个讨论诚信之道的卦</small>

这些话完全是战国中后期《易传》的作者发挥出来的，而这个发挥出来的意思，背后正是依靠卦爻象的特点和潜藏的逻辑关系加以创造性发挥并进而形成的《周易》式思维方式。

《易传》的这一套独特的思维方式在战国中后期形成后，并未结束其发展，后世研究《周易》的学者按照这样一个基本思路继续将其深化、完善。我们再来看傅佩荣先生在《解读周易》中是怎样解释中孚卦六三爻的爻象和爻辞的。

> 六三在下卦中终，面临上卦，可谓棋逢敌手。六三在互震（九二、六三、六四）中，震为雷，引申为击鼓作战；又在互艮（六三、六四、九五）中，艮为止，引申为休兵罢战；六三在下卦兑中，兑为寇，为悦，引申为歌唱；它又面临上巽，为号，引申为哭泣，于是形成爻辞的一段生动描写。
>
> 六三之种种犹疑状态，来自它的不中不正之位。

傅佩荣解释的是六三爻的爻辞："得敌，或鼓或罢，或泣或歌。"说的是遭遇对手，或者击鼓相斗、高歌以进，或者疲惫败退、涕泣不已。从爻辞原文看，是一个不好的爻。

对此，傅佩荣结合爻辞，同时将六三这个爻放在了下卦、上卦、互震、互艮的错综复杂的关系中去考察，于是写出了上面那两段文字。这里所谓的互震、互艮，是说，我们不仅要看一个卦是由哪两个单卦组合而成的，还要看第二、第三、第四爻，第三、第四、第五爻又能形成什么样的单卦，这些下卦、上卦、互震、互艮都对六三爻的生存处境产生着微妙复杂的影响。

傅佩荣对中孚卦六三爻象和爻辞的解释，充分体现出《周易》思维的精妙之处：永远将事物放在各种关系、环境中去分析考察。这里说的关系既指各种社会关系、社会条件，也包含自然环境、自然条件。这样的一种思维方式，使中国人在考虑问题时能保证全方

《周易》思维的精妙之处

位多侧面的、灵活的、与时俱进的、因地制宜的特质。

各位读者不妨联系自己的人生经历,回顾一下遇到的各种情况,看看傅佩荣先生的这种解释方式是不是很有启发性。

需要特别指出的是,中孚卦在最初成卦时,六爻之间的爻象与爻辞的关系也许未必完全如《易传》和傅佩荣先生解释的那样,但这六爻爻象之间的象、数关系,爻象与爻辞之间的关系,在基本框架上是按照我们上面分析的逻辑来构建的。同时,中孚卦的卦爻象一旦在《周易》中成形,后世的解释者也是按照同样的逻辑加以解说的,而这种解说因为卦爻象本身的基本框架以及卦爻象在表现形式上的象征性,也具有了很大的发挥空间。

从这个例子的分析我们就可以看到,《周易》占筮方法隐含着创造性思维的基因,是中国传统的"象"思维的经典范例。吕绍刚先生在《周易阐微》中认为,《周易》由卜筮转变为哲学的突破口是占筮法,这个说法十分精当。

中国人为什么那么喜欢琢磨"数"

"气数""定数""命数""路数""招数""有数""变数""异数"这些词,各位读者朋友一定十分熟悉。

当我们说某大人物已经穷途末路、日薄西山的时候,我们就说:"某某气数已尽,没几天活头了。"

当我们认为某人的悲催命运有其必然原因时,就会说:"这是他的命数(定数)!"

当我们好奇某人的来历或背景时,就会问:"他是什么路数?"

当我们要说某人手段、计谋非凡时,就会说:"这人的招数太厉害了!"

当我们想让别人放心时，就会说："放心，这事我有数。"

当我们说到某件事情还可能有变化时，就会说："这事变数很大。"

当我们形容一个人出类拔萃时，就会说："此人乃异数也！"

……

中国人为什么那么爱"数"呢？这和《易经》有关！

前面我们已经讲到了，《易经》的占筮方法是数数，这套数数的方法中其实蕴含着中华民族祖先的极高智慧。

> 《易经》的占筮方法是数数

《易传》的《系辞》上有这样一段话。

天一，地二，天三，地四，天五，地六，天七，地八，天九，地十。天数五，地数五，五位相得而各有合。天数二十有五，地数三十。凡天地之数五十有五，此所以成变化而行鬼神也。

这段话十分重要，对我们理解《周易》六十四卦的由来和占筮方法的精妙有很大的帮助。这里的"天数""地数""天地之数"其实说的是涵盖世间所有事物的宇宙人生，人是从天地之间的动物进化而来的，因此"人"也归属在这"天地之数五十有五"中。

《周易》认为，世界万事万物的秘密就隐含在一到十这十个基本数中。在这十个数中，一、三、五、七、九是奇数，《周易》把它归为"天数"，二、四、六、八、十是偶数，《周易》把它归为"地数"。所有奇数相加结果是二十五，所有偶数相加结果是三十，因此，要想理解宇宙人生的所有真谛，就必须从"天地之数五十有五"中着手。

《周易》的起卦是用四十九根蓍草来操作的，为什么不是五十五呢？是的，天地之数是五十五，但周易的卦由六个爻组成，这六个爻既然已经成为最终的占筮结果参与到实际的预测活动中了，当然要被减掉，55－6=49，因此起卦时就只能用四十九根蓍草。这是吉林大学易学大家金景芳教授经过艰辛考证得出的结论。

同样的道理，前面我们在介绍数蓍草起卦的时候，还讲到每次数数都要在象征"天"或"地"的蓍草堆里拿出一根代表"人"的蓍草，这就是《周易》哲学中"天""地""人"最早的理论根据，这可是在周代初年人们占筮之时就已经建立的基本操作框架。

前面我们还讲到，每三次数数形成一个爻，最终就可以得出九、八、七、六这四个数字中的任何一个数字，这个数字就是阴爻或阳爻的依据。九、七当然是阳爻，八、六当然就是阴爻。但是，《周易》还不止于此，它还进一步将九、八、七、六做了更为细密精致的分类，这就使得整个《周易》思想体系变得更为精微灵动。

"本卦"与"变卦"

《周易》认为：九、八、七、六这四个数字，分别对应老阳、少阴、少阳、老阴不同的阴阳状态，所谓老、少，就是事物发展的巅峰和早期状态。事物一旦发展到巅峰状态，就意味着开始走下坡路了，即所谓"登到绝顶处，便是下山时"，这个时候，老阳"九"就可能向"阴"的方向转化，反之老阴"六"就可能向"阳"的方向转化。因此，《周易》确立了这样一个规则：当三变之后得到的数为"九"或"六"而成老阳或老阴，根据物极必反的规律，老阳变为阴爻，老阴变为阳爻，这样就会得到另一卦，称为"之卦"，也就是"变卦"。未变爻的原卦则称为"本卦"。如果没有"变爻"出现，也就是六个爻中没有"九"和"六"，那么就没有"之卦"（"变卦"）。

在乾卦和坤卦中，六个爻解释完以后，都另外加了一个"用九"或"用六"，这就和"之卦"（"变卦"）有关。

所谓"用九"就是说，如果形成乾卦的六个爻都是"九"的话，就应当按照"用九"的原则处理。所谓"用六"就是说，如果形成坤卦的六个爻都是"六"的话，就应当按照"用六"的原则处理。

《周易》六十四卦就是在这种复杂的推算中建立起来的。

《易经》思维是一种战略思维

《易经》的核心是"一阴一阳之谓道",阴阳观念是《易经》思维的基础。阴阳观念是高屋建瓴地从宏观角度去观察宇宙人生的思维方式,是一种大处着眼的战略视角,它将宇宙万物分析到抽象出阴、阳两种元素,又使这种战略视角具有了小处着手的特性,从而可以进行具体操作。

《易经》的核心是阴阳观念

在《易经》的理论中,阴和阳是宇宙人生中最基本的两大元素,阳可以代表阳刚、积极、主导、男性、父亲、领导、鼎盛状态、正面因素……,阴可以代表阴柔、守成、顺从、女性、母亲、下属、萌发状态、负面因素……,阴和阳相互感应、互动,就会产生出世界的千变万化。因此,真正读懂了《易经》的人就应当是将"一阴一阳之谓道"的精髓化为精神血脉,并能够在现实世界中灵活运用的人。

所谓"道",就是《易传·系辞上》第十二章所说的"形而上者谓之道","道"指的就是世界的根本规则和基本规律。这个道,和老子所说的道是高度一致的。从政者,要有政道,从商者,要有商道,治学者,要有为学之道,掌握了根本大道,就可以无往而不胜。得道者知道怎样在阴阳之间保持动态平衡,帮助天地万物顺应规律发展壮大,并且基业长青。

在《易经》的核心思想中,根本大道的表现形式可以千变万化,但核心理念是不变的,这就是《易经》之"易"的"变易"和"不易"的意思。

《易经》的六十四卦是一个完整的关于宇宙人生的分析框架,用在人类社会中就是一个关于国家或社会组织的战略框架。具体在

从战略思维角度理解六十四卦模型

周文王那里，就是宏观分析周部落国家实力、周商力量对比、国际形势的战略框架。

《易经》六十四卦每一个具体的卦则是战略框架中的具体构成部分，类似于具体的管理主题。这些管理主题在《易经》中是以象数形式呈现出来的。《易经》通过象数的形式来象征宇宙人生中各种力量的对比和配置情况。

每个卦又由六个爻构成，通过对六个爻的构成情况进行分析，结合所处的环境，我们就可以对自己的处境有所领悟，对客观形势做出正确判断，由此确定应对之策。

因此，从战略思维的角度去理解《易经》六十四卦模型，可以从三个层次把握其理论架构：第一层次是对宇宙人生最高层次的宏观把握，体现为六十四卦的结构和顺序；第二层次是中间层次的把握，体现为六十四个具体的卦；第三层次是基础层面的把握，体现为六十四卦每个卦中的六个爻，也就是总共三百八十四个爻。

我们先来看最高层次的宏观把握。这一层次的重点在于六十四卦的结构和顺序，通过对六十四卦结构和顺序的理解和把握，我们可以对一个国家、一个组织、一个家族、一个家庭或一个人的历史、现状和未来有一个全面完整的理解，从而做出战略预测，确定战略方针。

《易经》中六十四卦分为上经和下经两部分，上经从乾坤两卦开始，到坎离两卦结束，共三十个卦；下经从咸恒两卦开始，到既济未济两卦结束，共三十四个卦。

上经

乾卦 ䷀ 第一	坤卦 ䷁ 第二	屯卦 ䷂ 第三	蒙卦 ䷃ 第四	需卦 ䷄ 第五
讼卦 ䷅ 第六	师卦 ䷆ 第七	比卦 ䷇ 第八	小畜卦 ䷈ 第九	履卦 ䷉ 第十
泰卦 ䷊ 第十一	否卦 ䷋ 第十二	同人卦 ䷌ 第十三	大有卦 ䷍ 第十四	谦卦 ䷎ 第十五
豫卦 ䷏ 第十六	随卦 ䷐ 第十七	蛊卦 ䷑ 第十八	临卦 ䷒ 第十九	观卦 ䷓ 第二十
噬嗑卦 ䷔ 第二十一	贲卦 ䷕ 第二十二	剥卦 ䷖ 第二十三	复卦 ䷗ 第二十四	无妄卦 ䷘ 第二十五
大畜卦 ䷙ 第二十六	颐卦 ䷚ 第二十七	大过卦 ䷛ 第二十八	坎卦 ䷜ 第二十九	离卦 ䷝ 第三十

下经

咸卦	恒卦	遯卦	大壮卦	晋卦
第三十一	第三十二	第三十三	第三十四	第三十五

明夷卦	家人卦	睽卦	蹇卦	解卦
第三十六	第三十七	第三十八	第三十九	第四十

损卦	益卦	夬卦	姤卦	萃卦
第四十一	第四十二	第四十三	第四十四	第四十五

升卦	困卦	井卦	革卦	鼎卦
第四十六	第四十七	第四十八	第四十九	第五十

震卦	艮卦	渐卦	归妹卦	丰卦
第五十一	第五十二	第五十三	第五十四	第五十五

旅卦	巽卦	兑卦	涣卦	节卦
第五十六	第五十七	第五十八	第五十九	第六十

中孚卦	小过卦	既济卦	未济卦
第六十一	第六十二	第六十三	第六十四

关于六十四卦卦序的问题，《易传》在《序卦传》中做了阐释。《序卦传》从乾坤两卦开始解释，最后到未济卦结束。在《序卦传》的理论中，《易经》在编纂出六十四卦的卦序时就已经是一个具有完整逻辑的体系，这个体系从万物生长的最初形态天地乾坤开始，经过六十多个主题(卦)的演化，在六十三卦既济卦那里完成了一个完整的过程，而六十四卦未济卦则是一个新的发展过程的开始。

卦与卦之间也有逻辑关系，《序卦传》中对此有阐述。通过研读这些阐述，可以得出这样的认识：万物起于毫末、卑微，人类是从大自然中发展出来的。人类的发展从争取食物开始，由此结成不同的利益集团进行竞争。结成不同利益集团的人们需要建立规则来约束和规范言行。事物发展的基本规律是盛极而衰、否极泰来。

《序卦传》中最重要的一个思想是"盛极而衰、否极泰来"，《序卦传》认为这是可以涵盖宇宙人生的基本规则。但是《序卦传》又认为，作为万物灵长的人类在认识到这个基本规则后，通过修炼智慧是可以尽可能地规避灾难和不幸，实现基业长青的。而认识规则、修炼智慧的手段和途径就在六十四卦之中。

六十四卦实际上是以象数形式构造而成的六十四种人类社会竞争博弈的主题和分析模型。比如，乾卦就是讨论如何做一把手、如何做领导的模型，坤卦就是讨论如何做副手、如何做下属的模型，否卦就是讨论一个人处于逆境时应当怎么办，泰卦是讲一直处于顺境可能会怎么样……

《易经》以阴、阳两种因素观察分析世界的思维方式奠定了中国战略思维的基本特征，中国后来的战略思想家往往能从纷繁复杂的世界表象中迅捷地找到关键因素，做出关系全局的重大决策，就与此有关。道家、禅宗以及王阳明心学在思维方式上都强调删繁就简、大道至简，是对《易经》战略思维方式的进一步提炼与升华。

> 企业家可以运用《易经》战略思维方式进行经营管理

企业家在运用《易经》战略思维方式进行经营管理时，要注意以下几个问题。

第一，企业家要从《易经》六十四卦模型的三个层次思考和运用《易经》战略思维方式去观察宏观经济形势、产业环境，搞清楚本企业在宏观、中观环境中的地位，搞清楚本企业的资源禀赋和发展前景，确定正确的企业战略。

第二，《易经》是中国战略思维萌芽期的产物，其很多思想精华是以一种晦涩、神秘的方式表达出来的，需要有足够的人生阅历、管理经验以及良好的悟性才能正确读解。孔子是晚年才完全读懂《易经》的，《论语·述而》说："加我数年，五十以学易，可以无大过矣。"作为普通人的我们，更需谨慎耐心。

第三，《易经》的精华在于其方法论上的价值，而不在于细枝末节上的意义。学习、运用《易经》，一定要完整准确地理解《易经》的核心思想和思维方式。

《易经》的变易与创新思想

早在三千多年前，商汤的《盘铭》上就有"苟日新，日日新，又日新"的话，其意就在于自我激励，要不断革新，勇往直前。由此可见，中国传统文化极端重视创新，《易经》在此基础上做了系统的总结和强调。

> 《易经》的核心思想就是变易

《易经》的"易"有三个意思：简易、变易和不易。简易说的是将纷繁复杂、变化无穷的宇宙自然和人类社会简化为阴、阳两种元素。变易说的是从最简单的阴、阳两爻中，首先演化出八卦二十四爻，然后又由八卦演化为六十四卦三百八十四爻。不易说的是这个世界唯一不变的就是变易这样一种状态。由此可见，《易经》的核心思想就是变易。

正因为世界是不断变易的，就要研究变易之理，并将变易引向对人类、对己方有利的方向。因此，说《易经》贯彻着创新精神是毫无疑问的。

我们从《易经》六十四卦模型的三个层次看，每个层次都处于不断变动的状态。比如第十一卦"泰"。泰的卦辞是"小往大来，吉亨。"《易传·序卦传》的解释是"泰者，通也"，可见这个卦就是通达、顺畅之意，可以理解为一个组织、一个企业发展的第一个高峰期。这个卦前面五个爻都是吉爻，但到了第六爻变成了凶爻"城复于隍，勿用师。自邑告命，贞吝。"意思是，城墙倒塌在壕沟里，不能出动军队，从城中传出命令，占问的结果不吉利。泰卦告诫我们：物极必反，盛极而衰。一个组织在其蓬勃发展之时要特别注意找到风险点并及时清除。

> 泰卦和否卦体现出的变易之理

由于第十一卦泰的第六爻变成凶爻，紧接着的第十二卦就变成了否。否就是不顺，就是灾祸。但否卦的六个爻也在不断变易，前四个爻是指在不顺畅的环境下不懈努力，到了第五爻，努力获得了各方认可，因此"否休，大人吉"。第六爻更进一步"倾否，先否后喜"，终于守得云开见月明，实现了否极泰来。

我国著名企业家褚时健的经历就很好地阐释了第十一卦泰和第十二卦否的变易之理。

褚时健1979年被任命为云南玉溪卷烟厂厂长，经过十多年努力，褚时健将一个地方小厂建设成红塔山集团。1994年，褚时健当选为全国"十大改革风云人物"。在事业巅峰之时，褚时健的人生之路偏离了方向。1999年，71岁的褚时健因经济问题被处无期徒刑、剥夺政治权利终身，后减刑为有期徒刑17年，最终减为12年。

> 褚时健和"褚橙"

2002年保外就医后，74岁的褚时健与妻子在哀牢山承包2400亩荒山引种冰糖橙，开始了第二次创业。之所以二次创业，一是褚时健出身农家，勤劳为本，不做事情心里憋屈；二是希望能为自己和家人留下一些财富；三是要证明自己当年能将企业做好不仅仅是依靠政府政策支持，而是有着别人不具备的企业家素质。之所以要进入农业领域，一是因为农业领域门槛相对低一点，二是水果种植需要长期投资、精细化管理，最能体现出企业家的经营管理水平。

褚时健二次创业，全身心投入到了橙子种植事业中。十年时间里，他不断学习、观察、思考，成为名副其实的橙子种植专家。十年后的2012年，84岁的褚时健种植的"褚橙"因品质优良成为高端水果品牌，供不应求。褚时健终于从人生谷底再创辉煌。

美国巴顿将军有一句话说，衡量一个人成功的标准，不是看这个人站在顶峰的时候，而是看这个人从顶峰跌落谷底之后的反弹力。褚时健就是这种从顶峰跌落谷底之后还有强大反弹力的人。

2015年，在接受《中国青年报》采访时，褚时健说："我40来岁的时候，几乎所有希望都不存在了。当你抱着很大希望的时候，失望很多；当看不到希望之后，希望又好像慢慢看得着一点。"[1] 经历了世事沧桑后，褚时健进入了天高云淡的人生化境，已经接近于《易经》的智慧境界。

因为世间万物不断变易，因此我们要居安思危，保持忧患意识。

李嘉诚的稳健策略

"华人首富"李嘉诚对工商环境的变幻莫测有很深刻的理解，李嘉诚曾经说过："先父生前曾与我谈久盛必衰之理，我常常以此检验世间之事，多有应验。"[2] 正因为如此，李嘉诚在进行重大项目投资时，会把这个项目可能发生的最坏的情况系统梳理一遍，用

---

[1] 庄庆鸿.褚时健：年轻人太急了，我80岁还在摸爬滚打[EB/OL]. http://www.vccoo.com/v/79e7d4?source=rss, 2015-10-17.
[2] 赵明磊.长江实业企业文化解码[M].北京：对外经济贸易大学出版社，2006.

李嘉诚的话来说就是"往往花90%的时间来考虑失败"。在资产负债率方面，李嘉诚一贯坚持稳健原则，一般都不超过30%，不做高杠杆业务。因此，李嘉诚的公司从1950年开始，几乎没有碰到资金紧张的问题。

1958年，李嘉诚进入香港房地产业。当时香港的房地产商为了提高资金使用效率、获取更高利润，采取的是销售楼花和分期付款的售楼方式。卖楼花也就是期房预售，就是在新楼盘还只有设计图纸时，买家先交纳一定数额的定金预购楼房，余额分期支付。这一商业模式由霍英东在1954年创立，被戏称为中国四大发明之后的"第五大发明"，对华人房地产产业发展模式影响巨大。实事求是地说，销售楼花和分期付款方式确实促进了房地产产业的发展，对提高房地产商的资金使用效率具有积极作用。但这一商业模式创新需要辅之以良好的风险防范意识和风险防控手段才能较好运行。

李嘉诚进入该行业时，香港房地产产业已经风生水起，建造和销售都十分兴旺。李嘉诚冷静分析了楼花销售和分期付款模式之后认为，房地产是一个风险较高的产业，楼花销售和分期付款模式固然能够降低房地产商一时的资金压力，但也因此导致房地产商过多依赖银行，风险太高。同时，楼花销售本质上是用很少的自有资金去获得高额利润，投机性很强，这种商业模式会刺激房地产市场的炒作之风，导致房价飙升，而一旦价格泡沫破灭，后果不堪设想。考虑清楚后，李嘉诚决定，不采用楼花销售方式快速回笼资金，尽量不在银行抵押贷款，物业只出租不销售。从这里可以看到，李嘉诚采取的是稳健策略，杜绝冒进。事实证明，李嘉诚的稳健策略使他躲过了后来卖楼花房企导致的房地产金融危机。

李嘉诚曾经说过，一个企业家的战略性投资，"就像军队的统帅必须考虑退路。例如一个小国的统帅，本身拥有两万精兵，当计划攻占敌方城市时，他要多准备两倍即六万的精兵。因为战争一旦爆发，会出现很多意料不到的变化；一旦战败退守，国家也有超过正常时期一倍以上的兵力防御外敌。"① 这段话不经过数十年商场血战是绝对说不出来的。

与变易紧密联系的是《易经》的积极主动创新的思想。

> 革卦、鼎卦、既济卦和未济卦体现出的创新思想

《易经》第四十九卦是革卦，第五十卦是鼎卦。《易传·系辞》对此的评论是："易，穷则变，变则通，通则久。"《易传·杂卦》则说："革，去故也；鼎，取新也。"《象》赞扬革卦义说："天地革而四时成，汤武革命，顺乎天而应乎人。革之时，大矣哉！"又说："革而当，其悔乃亡。"综合以上阐释，这两个卦的意思是，当事物发展到极度成熟后，其思想、体制、机制一定会出现僵化、停滞的弊端，此时，必须通过全面深化的改革，建立新的思想观念和体制机制，才能自我更新、自我净化、自我提高能力，走向新的繁荣。

不仅革卦积极倡导创新思想，《易经》最后两卦既济卦和未济卦中同样存在创新思想，而且被浓墨重彩地强调出来。

既济卦是《易经》的第六十三卦，其卦象是☵☲，上面是坎卦，象征水，下面是离卦，象征火。水的特性是向下流动，火的特性是向上升腾，当水在上而火在下时，两个卦就构成了感应关系：或者是水势很大，把火浇灭了；或者是火势很大，把水烧干或烧开了。不管是哪种情况，总会有一个结果，因此这个卦就被命名为"既济"。"既"是完成之意，"济"是渡河之意，二者合在一起就是某件事情已经完成了的意思。

第六十四卦未济卦则正好相反，其卦象是☲☵，上火下水，离卦

---

① 老徐．李嘉诚：用90%的时间考虑失败[EB/OL]．http://xushaolin827.blog.163.com/blog/static/68760780201062817559401，2010-07-02．

和坎卦没有发生感应，因此是未济卦。

既济卦的意思是，一个组织的第一代领导人完成了他此生的使命。但第一代领导人使命的完成并不意味着这个组织事业的结束，对他的接班人来说，恰恰是"事业尚未成功，后人还需努力"，因此最后一个卦就是未济卦。

《易经》六十四卦以未济卦结束，包含着深刻含义。它告诉我们，任何一个组织，当它把自己定位为永续发展、不断创新的组织时，其每一次标志性的进步、每一次发展高峰，既是既济卦，又是未济卦。只有不断把自己归零，才能永续发展、不断创新，才能保证组织的基业长青。《易经》六十四卦以未济卦结束，还暗藏着另外一个意思，那就是《易经》是一个开放的体系，只有广泛吸收各种养分，才能永续发展、不断进步。

《易经》的积极主动创新的思想，后来被儒、道、兵、法、禅宗、王阳明心学继承发展，成为中国传统思想中一个极其重要的方面。

《易经》变易与创新思想对企业经营管理的启示如下。

第一，《易经》变易的思想告诫我们要有强烈的忧患意识，时刻防范风险，在企业发展的关键时刻要认清形势，权衡各方面关系，做出正确决策，使企业始终处于健康发展的道路上。

> 要有忧患意识，时刻防范风险

我国改革开放以来的企业发展史上，健力宝、TCL、联想改制的不同命运给了我们深刻的启迪。

李经纬是一个有着过人经营能力的企业家，他在20世纪八九十年代将三水酒厂由一个年销售额二三百万元的小厂打造为年销售额54亿元的企业，拥有中国运动饮料第一品牌——健力宝。当此时，李经纬达到了其人生事业的巅峰，但"登到绝顶处，便是下山时"。1997年，健力宝达到巅峰的时候，李经纬和三水区政府的关系开始逐步紧张。双方沟通不畅，最终矛盾激化，2002年1月，健力宝被卖给了不适宜的买主，导致健力宝从中国一流饮料品牌阵营中出局。

就在李经纬的健力宝改制失败前后，同是民营企业、同样身处广东的李东生却带领TCL成功改制。这又是为什么呢？

就在李经纬与三水区政府关系不断紧张的时候，李东生也在思考着TCL的改制问题。李东生既看到了企业家以及创业团队在TCL发展中的贡献，同时也认识到作为国有企业，在TCL的发展过程中，当地政府也给予了企业各方面的支持和帮助。李东生充分认识到，在改制过程中要平衡好各方面的关系和利益，才能使企业走上健康发展之路。

为此，李东生专程到北京走访了联想，向柳传志取经。联想改制七年拐大弯的经历给了李东生深刻启迪。回到惠州后，李东生与TCL高级领导层商量后，马上向惠州市主管经济的副市长汇报TCL的改制思路：TCL存量资产不动，从当年起对TCL利润部分进行分配，大头交给政府，小头由TCL创业团队和员工分配。这一改制方案，兼顾了国家、集体和个人的利益，得到了惠州市政府的认可。TCL得以顺利改制。

台湾著名学者傅佩荣认为，《易经》有三个指导人行为的概念："时""位"与"中"。所谓"时"是指时间，引申为人生的阶段、客观的情势、主客之间形成的时机等；所谓"位"是指空间，引申为个人的地位及处境以及他与其他人之间的关系；而"中"则是指中庸之道，强调人在天地社会间，做人做事要兼顾各方面的关系与利益，既不要做过头，也不要做得不到位。傅佩荣认为，人的吉凶祸福，一半由"时"与"位"决定，另一半由当事人自己对"时"与"位"的体认以及由此采取的行动决定，曾国藩所谓"半由人力半由天"即此意。

第二，应对变易的最佳方法就是积极主动创新。

《易经》的核心思想是变易，它强调的是，无论自然宇宙还是人类社会，其核心特质都是变动不居。所谓的强者就能够在瞬息万变的环境中坦然应对，始终立于不败之地。

《易经》的思想在移动互联网、大数据、云计算等技术深刻渗透到人类社会各个层面的时代，更显示出其前瞻性和深刻性。

哥伦比亚大学商学院教授丽塔·冈瑟·麦格拉思在《竞争优势的终结》中破解了"核心竞争力"的迷思。麦格拉思指出：(1)所有的优势都是暂时的，不可维持；(2)能追求的是新业态下的短暂优势；(3)业态风水轮转，保持期权一样的变"态"能力很重要；(4)灵活转型、业态切换能力是王道。

麦格拉思的观点与海尔张瑞敏的观点不谋而合。张瑞敏认为，在IT技术和互联网时代，跨界竞争成为主流，此时，企业必须具备在不同形态之间来回变换的能力，也就是变"态"能力。

海尔青岛创牌中心的南广场正中是一红一蓝两个伏羲八卦的卦象，南边的红色卦象是寓意光明的离，北边蓝色的卦象是寓意艰险的坎。由南向北望去，离在前，坎在后，为既济；由北向南望去，坎在前，离在后，为未济。海尔借此告诉自己，成功时不要忘记背后的危机，身处困境也不要轻言放弃，突破困境，就会迎来光明。

秉持这样的理念，海尔从2012年开始积极主动地向互联网+的方向转型，到目前已经取得了初步成功。

《易经》阴阳对立统一的和谐思想

《易经》六十四卦理论体系的最基本要素就是阴和阳，在卦象中体现为阴爻- -和阳爻—，《易经》用这两种元素来概括、分析宇

以积极主动创新应对变易

宙人生的万事万物。

  《易经》阴阳观念在发展中自然演化出太极图，尽管太极图并不是战国时代的产物，但它是《易经》阴阳观念精确而直观的表达。据说太极图是宋朝道士陈抟传出，原叫无极图，后来由周敦颐撰写《太极图说》加以解释，现在我们看到的太极图是周敦颐所传。

> 从阴阳观念演化出太极图

  太极图告诉我们，阴阳是世界存在的基本元素，二者是相反相成的关系。阴和阳的分界线是波浪形的，说明阴、阳永远在变动之中，二者始终保持着动态平衡的状态，无论阴阳哪一个元素过度发展，都会带来不良后果。而且，白色鱼中的黑点和黑色鱼中的白点都提示我们：阴中有阳，阳中有阴，世界万事万物从来都不可能有纯然精粹的时候。要追求纯然精粹，一定会导致"水至清则无鱼，人至清则无徒。"

  太极图以直观的方式还告诉我们：阴和阳既对立冲突，又相辅相成，它们的对立冲突促使事物进化跃迁，对立冲突到最后，一定是阴阳平衡调谐，达到"保合太和""万国咸宁"的理想境界。

  因此，《易经》作为一部具有战略思维内容的传统文化典籍，其战略思维的终极目的是实现人与自然、人与社会、民族与民族、国家与国家的和谐共处、和平发展，也就是"保合太和""万国咸宁"。

> "保合太和""万国咸宁"的思想

  《易经》的"保合太和""万国咸宁"思想最明晰的表述是在《易经》乾卦的《象传》中。

大哉乾元，万物资始，乃统天。云行雨施，品物流行。大明终始，六位时成，时乘六龙以御天。乾道变化，各正性命，保合太和，乃利贞。首出庶物，万国咸宁。

这段话的基本意思是，乾卦是万物借以生长的一个主导性卦象，乾卦的核心功能就是引发变化，在变化中让万物各自发展自己的本性和命运，以达到整个自然宇宙和人类社会的最和谐状态，这就是最理想的了。乾卦为首，创生出万物，世界各国都可以获得安宁。

需要特别指出的是，《易经》从来不认为"保合太和""万国咸宁"是可以自然获得的，也不是无原则的委曲求全的结果，而是通过对矛盾、冲突的引导、转化才朝向更高一级和谐发展的过程。而且每一个和谐都只是进一步发展的阶梯，发展是没有止境的。

《周易》"保合太和"的和谐思想对春秋战国时期的思想影响很大，我们认为，儒、道、兵家思想都继承了这一思想传统，并做了进一步发挥。

儒家思想把主要关注点集中在人类社会上，孔子尤其关注社会关系。孔子主张继承西周的"礼乐"制度，主张高层统治者应当具备"仁者爱人"之心，通过关爱百姓，施行仁政，获得普通百姓的支持拥护，这样礼制就可以和谐运作了。因此，孔子说："礼之用，和为贵。"（《论语·学而》）孟子进一步发挥了孔子这一思想，他认为，和谐社会的建成关键在于高层领导者。他说："君之视臣如手足，则臣视君如腹心；君之视臣如犬马，则臣视君如国人；君之视臣如土芥，则臣视君如寇仇。"（《孟子·离娄下》）

道家思想完整地继承了《周易》推天道以明人事的思维方式，道家讨论的和谐首先是大自然的和谐运行，接着是人与自然、人与社会、人与人的和谐。道家认为，和谐状态的实现，首要一点是对事物发展规律的深刻体察，无论对大自然还是对人类社会，都是如此。基于对事物发展规律的极度尊重，道家提出了"无为而无不为"的思想，认为这是实现人与自然、人与社会、人与人和谐的根本大道。《道德经》第二章中说："是以圣人处无为之事，行不言之教。万物作焉而弗始，生而弗有；为而不恃，功成而弗居。"道家认为，人类是从大自然中产生出来的，在大自然面前，人类应当有谦卑自抑之心。而在政府管理、社会治理方面，道家同样强调对规律的重视和对人民意愿的尊重。"治大国若烹小鲜"，说的是对政府管理规律的重视，管理国家不能变着花样折腾。《道德经》第四十九章说："圣人无常心，以百姓心为心。"就是说政府应当有所为有所不为，要尊重人民的意愿。道家思想与现代自由市场经济思想有共同的旨归：提倡小政府，鼓励构成社会整体的个体自由自然发展。

兵家思想中也同样有着"保合太和"的和谐思想，《孙子兵法》中"慎战"的思想、"不战而屈人之兵"的思想，都是其在军事领域的应用和发展。

《易经》阴阳对立统一的和谐思想对企业经营管理有以下启示。

第一，企业文化建设。

中国传统文化尤为重视组织文化建设，这一优势在我国近现代企业经营管理中体现得十分突出。民国时期的陈光甫、荣氏兄弟、卢作孚等都十分注重企业文化建设，有力地促进了企业发展。日本企业在二战后迅速崛起，其中一个重要做法也是吸收了中国传统文化重视组织文化建设的优势，从而创造出具有鲜明日本特色的企业管理模式。

<aside>日本企业文化建设的缺失</aside>

但是企业文化建设既要形成团结一致的氛围，又要保持足够的创新活力，在这个方面，日本企业的企业文化建设存在缺失，这也成为日本企业在20世纪80年代达到巅峰后逐渐走向衰落的原因之

一。日本企业文化建设中的重要制度包括终身雇佣制、年功序列制和企业内工会等。这些做法在日本经济起飞前后的几十年时间里是有其合理之处的，对凝聚员工精神，保持企业和谐稳定、团结一致起到了积极作用。但这些做法本身就含有压抑个性、不鼓励创新、过于刻板僵化的缺陷，而日本企业在其发展过程中对此几乎没有太多自我反省的意识和改进的行动，导致在20世纪90年代后走入了积重难返的泥淖。

日本是一个单一民族国家，几乎是在一个较为封闭的单纯的环境中长期自给自足生存发展的。这样一种历史文化背景，使日本人在思维方式上容易走上非此即彼、缺乏自省的道路。在对中国文化的吸收上，日本人主要吸收了容易理解的儒家思想和禅宗思想，而对更加复杂深奥的《易经》、道家、兵家思想则有意无意选择了忽略。

笔者近十几年来一直研究中国传统文化与中日企业经营管理的关系，发现日本企业家对中国传统文化的理解十分粗浅。如著名的松下幸之助声称他是《孙子兵法》的铁杆粉丝，但他对《孙子兵法》的理解主要局限于企业文化建设方面，而对《孙子兵法》更重要的大战略思想、创新思想几乎没有感觉。又如，稻盛和夫的管理思想来源于佛教思想和王阳明心学，但其思想几乎没有深度，更没有理论上的创新。日本企业界学习中国传统文化最重要的一个经验是：日本人极端认真、严谨、踏实，他们将学到的很粗浅的中国传统文化落地到企业经营管理中，创造出了令世界瞩目的成就。

中国传统文化是一种与西方文化差异极大的文化体系，无论是思维方式、价值理念，还是行为方式，中国文化都有自己独特的追求。这就是为什么在1840年西方文化强力进入中国后，中国在很长一段时间里找不到方向的根本原因。因为两种文化差异太大，中国文化在应对西方文化冲击时，需要更长的时间，先要吸收、消化外来文化，然后反省、批判、扬弃，在此基础上才能创造出既非原来的传统文化，又非完全的西方文化，而是积极吸收扬弃了传统文化和外来文化之后的全新的中国现代文化。著名历史学家唐德刚在1997年完成的《晚清七十年》一书中曾经提出"历史三峡说"，他认为从1840年起，中国开始第二次大转型，其实质是由"帝制社会"转为"民治社会"，这需要两百年左右的时间，笔者认为，这个说法是有道理的。

因此，当今中国第一流企业的企业文化建设中，可以看到有明显的传统文化烙印，同时也有现代的革命文化烙印，还有西方文化因素，正是这种海纳百川的胸襟造就了华为、阿里巴巴、腾讯、海尔、京东等杰出企业的文化精神，造就了它们令世人瞩目的业绩。

比如，在华为的文化精神中，阴阳对立统一的和谐思想被提炼转化为"开放、妥协、灰度"的管理哲学。这一思想是任正非管理经验的升华，也是他融会中西管理思想后的思想创造。

从《易经》阴阳思想的角度看，任正非的"开放、妥协、灰度"从逻辑上是对其一脉相承的，无论开放、妥协还是灰度，任正非强调的都是不要固守一隅、固执己见、非白即黑，而是要放开心怀、换位思考、"叩其两端执其中"，躬行中庸之道。

阴阳思想的内容十分丰富，其中包括阴阳相生思想。所谓阴阳相生，就是说单阴或单阳都无法创生出新的事物，只有阴阳放在一起，让它们相互对立、冲突，在这种或激烈或缓和的互动之中才会生发出全新的事物。这样一个阴阳相生思想，在老子的《道德经》中就进一步发展出奇正思想，《孙子兵法》则对奇正思想再度发展，形成军事领域的创新思想。因此，在《易经》中尽管没有"开放"这样的字词，但阴阳相生的理念中已经包含了开放心怀之意。如果固守一隅、固执己见、非白即黑，如何容得下阴阳共处共生呢？事实上，自《周易》奠基的中国传统文化从其价值取向上是既有创新思想，也有开放精神的。

任正非的"开放、妥协、灰度"让我们发现中国传统文化中那些可以和现代文明、现代管理思想、普世价值观相互激发、相互融会的内容。同时，任正非"开放、妥协、灰度"的提法，也给了我们一个路径与方法，指引我们在传统文化中含英咀华，创造出适应现代社会环境的管理思想，建立中国式管理思想体系。

第二，正确处理与企业外部环境的关系。

运用《易经》阴阳对立统一的和谐思想，企业可以正确处理与企业外部环境的关系，这些外部关系包括与政府的关系、与产业链上下游的关系、与同行竞争的关系、与用户的关系等。

按照《易经》阴阳对立统一的和谐思想，企业与政府是既相对独立又相互依存的关系。一方面政府作为管理者、公共政策的制定者和公共事务的裁决者，对企业发展起着重要作用；另一方面，企业通过提供就业、缴纳税款对政府工作也起到支持作用。因此，企业一方面应当保持与政府的畅通沟通，向政府提出改善企业发展环境的意见和建议；另一方面又要洁身自好，依法经营、依法纳税，与政府官员保持必要的距离，使企业与政府的关系保持在清廉的状态。

对于与产业链上下游的关系，一个有远见的企业家应当要了解，产业链是一个完整的商业生态系统，任何一个环节受损，都会影响到其他环节的生存发展。台塑集团王永庆对此就很有远见，他把1500多家下游企业看成是台塑集团的"命运共同体"，台塑与它们生死相依、盛衰与共。作为产业链上的龙头企业，台塑确实做到了"乾道变化，各正性命，保合太和"，主动承担起龙头企业的责任，由此打造了台塑的辉煌业绩，王永庆也因此被誉为台湾地区的"经营之神"。

中国互联网及互联网相关产业之所以在进入21世纪后实现了弯道超车，其中一个原因也是中国互联网龙头企业将"保合太和""和合共生"的中国智慧应用到了实践当中，使无数的中小微企业和普通人依靠阿里巴巴、腾讯、百度等平台获得了迅猛发展的机会。而阿里巴巴、腾讯、百度等平台则因为海量的用户和创业者的聚集，打造出了生机勃勃的互联网商业生态系统。

在处理与同行竞争的关系上，毋庸讳言，中国的企业竞争极其残酷激烈，仅近年来在互联网及互联网相关产业中就不乏其例。所幸的是，这些你死我活的激烈竞争，大多在政府的干预协调下得到较为妥善的解决。

在与用户的关系上，由于移动互联网、云计算、大数据的发展，我国企业在对用户的服务上已经走到了世界前列。移动互联网的普及，使网络人际交流日益接近传统中国人的社交方式和社交习惯。在传统中国人的社交习惯中，圈子交往、频繁交往、注重和谐、注重礼尚往来是典型特征，这些特征在互联网产业中被转化为一种极端重视用户需求、快速因应用户诉求的企业文化。这种文化让中国互联网及互联网相关产业完成了弯道超车，我们相信，这种文化还会让中国互联网及互联网相关产业继续发展。

《易经》的辩证思维

六十四卦中的"非覆即变"与辩证思维

在《易经》六十四卦中，每两个卦形成一个小单元，相互之间构成某种关系。这一规律最早是唐代学者孔颖达发现的，他指出，这些两两成对的卦，之间的关系是"非覆即变"。

所谓"覆"，就是两个卦的卦象正好是完全颠倒的，比如屯卦和蒙卦☷☳、需卦☵☰和讼卦☰☵、师卦☷☵和比卦☵☷等。这样的卦在六十四卦中共有28对56个卦。覆类的卦后来又被称为"综卦"。

所谓"变"，就是两个卦卦象的六个爻是完全相反的，比如乾卦☰☰和坤卦☷☷、颐卦☶☳和大过卦☱☴、坎卦☵☵和离卦☲☲、中孚卦☴☱和小过卦☳☶，共4对8个卦。变类的卦后来又被称为"错卦"。

看到这里，相信很多读者会很自然地想起一个词——错综复杂，是的，《易经》六十四卦的基本框架就是这样一个错综复杂的结构。《易经》通过构建这样一个结构来破解宇宙人生的奥秘，让有志者可以通过对六十四卦的研读获得超卓之修为、澄澈之智慧，实现人生功业！

《易经》六十四卦中的这种"非覆即变"的关系，事实上就是以一种直观的方式告诉我们什么是辩证思维。所谓辩证思维就是将对象看成一个整体，从它内在矛盾的运动、变化及各个方面的相互联系中考察，从本质上系统、完整地认识这个对象。

辩证思维是中国最有特色的思维方式，在《易经》中已经发展得很成熟。辩证思维一般被认为是与逻辑思维相对立的一种思维方式。西方主流思维方式是逻辑思维，在逻辑思维看来，事物一般是"非此即彼""非真即假"，而在辩证思维中，事物可以在同一时间里"亦此亦彼""亦真亦假"。

正是中国人这种从事物内在矛盾的运动、变化及各个方面的相互联系中进行考察的辩证思维方式，使中国人在看待任何问题时都更加全面、站位更高、更谦虚谨慎又更积极乐观、更具创新意识和创造激情。

企业经营管理在运用《易经》辩证思维时应当注意以下问题。

第一，融通传统文化各流派思想，结合管理实际，掌握辩证思维精髓。

《易经》辩证思维是以六十四卦的"非覆即变"的关系呈现出来的，我们可以按照《易经》的这一呈现方式结合我们的人生阅历和管理经验去咀嚼、体味。辩证思维在《易经》之后继续发展，儒家、道家、兵家、法家、禅宗等对此都有不同的表述，都值得我们去研读、吸收。

中国辩证思维主要是一种方法论，关键在于掌握辩证思维精髓去解决企业经营管理的现实问题，因此"操千曲而后晓声，观千剑而后识器"，融会贯通的功夫是不可少的。

第二，在发挥辩证思维优势的同时，积极吸收逻辑思维的长处。

辩证思维和逻辑思维各有短长，正确的做法是发挥优势、弥补短板。中国企业家长于战略规划、善于灵活机变、看问题全面深刻，但短处是精细化管理缺失、战略规划落地能力不足、思维方式上大而化之，这些必须通过积极吸收逻辑思维的长处来弥补。

中国一流企业家在这方面已经有深刻认识，王石、任正非、刘永行、马云等都以言行扎扎实实地做着补课工作。因为后面的章节中还有这些企业家的相关案例，此处不再赘言。

第三讲　儒家文化——信仰的力量

混沌的故事

孔子创立儒家学派的本意

仁——儒家思想的核心价值

礼——儒家思想的社会规范体系

仁礼学说的实质

从儒家文化中寻找现代管理的合理基因

日本工商管理模式的优势与短板

家族企业的自新之路

说到儒家思想，几乎每个中国人都能说出一些儒家的经典名言，如"仁者爱人"（《孟子·离娄下》），"君君臣臣父父子子"（《论语·颜渊》），"己欲立而立人，己欲达而达人"（《论语·雍也》），"己所不欲，勿施于人"（《论语·颜渊》），"父母在，不远游"（《论语·里仁》）等。在现实生活中，儒家思想也仍然发挥着重要的作用，无论是人际关系、家庭生活、政府管理、工商管理，儒家思想都如同空气般笼罩在我们周围，在我们时尚、现代的表象背后，是儒家思想的深刻印记。

混沌的故事

一般认为，孔子是儒家思想的创立者，儒家学说和其他的诸子百家一样，都是在春秋战国时代出现的。《庄子·应帝王》中有这样一个故事。

> 南海之帝为儵，北海之帝为忽，中央之帝为混沌。儵与忽时相与遇于混沌之地，混沌待之甚善。儵与忽谋报浑沌之德，曰："人皆有七窍以视听食息，此独无有，尝试凿之。"日凿一窍，七日而混沌死。

这个故事是说，南海之帝儵、北海之帝忽和中央之帝混沌是好朋友，混沌对儵和忽很好，儵和忽感念混沌的善意，看到混沌囫囵一片，没有眼睛鼻子等七窍，十分怜悯他，决定为他"开窍"。这样每天给他凿出一窍，七天之后七窍凿好了，混沌也就呜呼哀哉了。

这个故事十分著名，但它究竟是什么寓意则言人人殊。笔者的理解是，可以把这个寓言当作中国学术思想从远古到春秋战国的发展隐喻：春秋之前的中国学术就如同混沌一样，浑然一体，并没有儒家、道家、法家等区别，但这个混沌一体之中隐含着后世诸子

中国学术思想从远古到春秋战国的发展隐喻

百家的基因，一旦机缘和合，这些基因就会演化出有鼻子眼睛的儵或忽之类的新品种。《庄子·天下》将这个意思表述得十分清楚："后世之学者不幸不见天地之纯，古人之大体，道术将为天下裂。"说的是春秋之前，中国学术(儒、法、道等)本是一家，只是迫于春秋战国的礼崩乐坏，方才各自将本身是一体的古"道术"在某一个方向上加以强调，形成了百家争鸣的格局。

混沌故事的结局并不美妙，被凿出了七窍的混沌最终死去。这实际上告诉我们，春秋战国时期产生的诸子百家是将本身是一体的古"道术"在某一个方向上强调发挥而成，因此这些思想几乎从一开始就具有偏颇性、不完备性，无论是到汉武帝时开始被确定为主流意识形态的儒家思想，还是在传统政治领域中运用得相当彻底的法家思想，还是强调"无为"的道家思想，都无法独立地满足一个王朝、一个社会的全部思想文化需要。因此，从战国后期到汉武帝独尊儒术之前，儒、法、道、阴阳等重要的思想体系又经历了一个在新的发展水平上的进一步融合的过程。汉武帝之后，从管理学的角度看，形成了儒、法、道再加上外来的佛学思想既分立又互动融合，相互补充的管理学体系。

我们研习中国传统文化，对此一定要有一个清晰的把握。在研习任何一家思想时，要了解它的核心内容、它的优点和缺陷，了解它在实际的管理中具有什么优势、功能，在整个传统管理学框架中处于什么位置，把这些东西搞清楚了，学习就会事半功倍。

孔子创立儒家学派的本意

孔子祖上本是宋国贵族，因避乱逃到鲁国，孔子虽然有贵族的血统，但父亲早丧，他早年的生活处境实际上是十分卑微的，孔子曾经说过"吾少也贱，故多能鄙事"(《论语·子罕》)。出身破落贵族的孔子，"位卑未敢忘国忧"(《论语·八佾》)。自学成才的孔子在学习的过程中确立了自己的方向"周监于二代，郁郁乎文哉，吾从周"(《论语·尧曰》)。

> 孔子发挥的是周文化对道德、信仰和礼仪制度的强调

周文化包含着丰富的内容，比如上一章我们讲到的《周易》核心思想——变易，就是讨论如何在变动不居的人类社会中获得不断生存和发展的智慧与能力。在周文化丰富的智慧中，道德、信仰、礼仪制度是非常重要的部分。而孔子所发挥的周文化精髓，其核心正是对道德、信仰和礼仪制度的强调。孔子认为，由于人类欲望膨胀，导致原来完美无瑕的"周礼"(也就是周王朝的政治制度和意识形态)受到猛烈冲击，社会呈现出物欲横流、礼崩乐坏的末世景象。要拯救这个走向堕落的世界，就应当"克己复礼"，具体的内容就是"兴灭国，继绝世，举逸民"(《论语·尧曰》)。孔子认为，在原来的周王朝的政治体制中，周天子以其高度的道德修为获得广泛尊崇，取得政治权威，由此而维护了天下秩序。而中央政府依靠礼乐制度将财政税收、地方的日常行政管理职责下放到各诸侯国，这样便调动了诸侯和诸侯下属的工作积极性，缓解了中央政府的压力。

薛涌在《学而时习之》中统计，周朝初年有诸侯国一千七百多个，春秋初期有一千两百多个，到了春秋末期降到了十几个。薛涌认为，当时的一千多个诸侯国，主要集中在现在的中原地区，估计平均每个诸侯国人口也就在一千人到几千人之间。这样的小微型国家，是以统治者的血缘亲族为核心的，国家中人与人之间往往有十分密切的血亲关系或姻亲关系。这样，讲求"仁义""礼乐"、上下尊卑的温情脉脉的儒家学说就可以大行其道了。这种政治理想，在《国语·召公谏厉王弭谤》有十分生动的表述。

故天子听政，使公卿至于列士献诗，瞽献曲，史献书，师

箴，瞍赋，蒙诵，百工谏，庶人传语，近臣尽规，亲戚补察，瞽、史教诲，耆、艾修之，而后王斟酌焉，是以事行而不悖。

这段话的意思是，君王处理政事，让三公九卿以至各级官吏进献讽喻诗，乐师进献民间乐曲，史官进献有借鉴意义的史籍，乐师诵读箴言，盲人吟咏诗篇，诵读讽谏之言，掌管营建事务的百工纷纷进谏，平民则将自己的意见转达给君王，近侍之臣尽规劝之责，君王的同宗都能补其过失，察其是非，乐师和史官以歌曲、史籍加以谆谆教导，元老们再进一步修饰整理，然后由君王斟酌取舍，付诸实施，这样，国家的政事得以实行而不违背道理。

在以血缘亲族为纽带的小微型国家中，在统治者上层能够高度自律的情况下，实施这种制度是完全可能的。但这两个最重要的前提条件——国家规模小和上层统治者高度自律恰恰都很难实现。

首先，从规模上看，随着社会经济发展，任何一个小微型国家都可能发展为中小型国家，中小型国家继续发展就可能成为大型、巨型国家。事实上，中国历史的发展轨迹就是如此，而现代工商业的发展也证明这是一个基本发展趋势。

其次，周礼强调长幼尊卑的血缘等级制度，尽管有一定程度的原始民主成分，但最高领导者仍然掌控核心权力。在这种情况下，让一个有权力的人在缺乏有效制度制约的情况下始终依循礼制，就是要求这个人成为没有七情六欲的"圣人"（"成圣"是儒家思想的终极目标），而这种圣人几乎不存在。

因此，孔子一生栖栖遑遑，周游列国，奔走于各国君王间，最终"累累若丧家之犬"（《史记·孔子世家》）。

孔子的政治理想确实有十分温情、美好的方面，但是也有保守的方面。《庄子·田子方》对儒家有"中国之君子，明乎礼义而陋于知人心"之评，甚为确当。

> 实现孔子政治理想的两个重要条件

孔子的理想主义精神是我们应当发扬的，他对仁义的追求构成了中华文化最核心的价值观，对中华民族性格、思想的塑造是深刻和持久的，这是孔子学说的最伟大之处。但孔子的保守，则是我们要抛弃的。

仁——儒家思想的核心价值

孔子对周代礼乐制度的重大发展在于，他把原本就存在于中国文化中的民本思想、仁政思想进一步凸显为仁礼思想，将"仁"置于"礼"之前，突出"仁"的至高无上的终极价值意义。

孔子之前的民本和仁政思想

在孔子之前，中国传统文化中已有民本思想、仁政思想产生，并且影响深远。如《尚书·五子之歌》中就有记载，早在4000年前，大禹就对他的子孙说过"皇祖有训：'民可近，不可下；民唯邦本，本固邦宁。予视天下，愚夫愚妇，一能胜予。'"《尚书·泰誓》中也记载周武王说："天视自我民视，天听自我民听。"

儒学是伦理-政治信仰体系

儒家思想是孔孟等人为那些慨然有"澄清天下志"的仁人志士准备的一套伦理-政治学说，但为了能够让这些仁人志士在理想被不断摧毁的惨烈现实中生存下去，儒学从孔子开始就具有强调信仰的成分，到了孟子、《大学》和《中庸》，更是将对信仰的强调提高到了前所未有的程度。

然而，儒学从来都不只是一套伦理-政治学说，它同时也是一个完整的伦理-政治信仰系统，它要求所有的士大夫不仅要从知识上了解它，还要喜欢它，更要将之身体力行于每日每时的言谈举止中。

因此，唐君毅、牟宗三、钱穆等人认为儒学是"人文的宗教"或"道德的宗教"。李泽厚则认为，儒学不是宗教，但在历史上起着"准宗教"的作用。

与儒学的宗教色彩紧密联系的，是对道德心性的修炼，注重对君子人格的锻造。这部分内容在现代社会中，仍然具有十分重要的现实意义和实践价值。

经历了春秋无义战的历史洗礼后，战国时代的政治军事博弈变得更加残酷，儒家所提倡的"仁礼"学说更加没有实施的可能性了。

在现实与理想发生剧烈碰撞，而且在可见的未来都看不到有解决希望的晦暗阴霾的时刻，儒学精英们选择了自我心理强化、自我人格锻造，通过超强度的心理强化和人格锻造以对抗荒谬、无耻的世界，以实现"为天地立心，为生民立命，为往圣继绝学，为万世开太平"（《张子语录·中》）的伟大理想。

儒家的思想优势在于，诉诸个体的廉耻良善之心，可激发其使命感和责任感。《孟子·公孙丑上》记载曾子引述孔子的话："子好勇乎？吾尝闻大勇于夫子矣，自反而不缩，虽褐宽博，吾不惴焉？自反而缩，虽千万人，吾往矣。"

在儒家思想中，"仁"是一个核心价值，仁在《论语》中出现了109次，儒家学说可以称作是"仁学"。仁的基本内涵是对他人和社会的关爱、关怀与关心。因此，孔子在回答樊迟"什么是仁"的问题时，回答是"爱人"（《论语·颜渊》）。

成书于东汉的《说文解字》是这样解释仁的："仁，亲也，从人从二。"这个解释告诉我们，仁是一个会意字，由"二"和"人"构成，是对人与人之间关系的强调。而"仁，亲也"是指人与人之间的亲善、友爱关系。但这里的"亲"不仅仅是一般意义上人与人之间的亲善、友爱关系，而首先是指血缘亲属之间的亲善、友爱关系，然后推而广之，到"泛爱众"的境界。

我们来看看儒家经典中是如何表述这一思想的。

《孟子·梁惠王上》：老吾老以及人之老，幼吾幼以及人之幼。

儒学思想强调君子人格的锻造

儒学思想中的"仁"

《孟子·离娄上》：仁之实，事亲是也。

《论语·学而》：孝弟也者，其为仁之本欤！

《孟子·尽心上》：亲亲而仁民，仁民而爱物。

《中庸》：仁者，人也，亲亲为大。

……

因此，儒家所说的仁是基于血缘关系的人与人之间的仁爱关系。这种仁是一种有等差的情感，是由亲至疏、由内而外的。

理解这一点是十分重要的，因为仁的这种特点长期以来影响了中国人的思想性格和行为处事原则。并且，在我们后面要讲到的现代管理案例中可以看到，这一特点既可以发挥积极作用，也可能会造成不良的结果。

孔子认为，在礼崩乐坏、世风日下、人情浇薄的时代，真正的救世之道就是道德建设，这可以使人们回归到仁的本源性状态中，也就可以恢复周公时代的礼乐制度，世界就会和谐美好。

如何实行"仁"道

孔子认为应当遵从推己及人的原则推行"仁"道。对此，他从积极和消极两个方面做了阐释。

从积极方面说，就要做到"夫仁者，己欲立而立人，己欲达而达人"（《论语·雍也》）。意思是，宅心仁厚的人，自己希望成功、通达，将心比心，想到别人也会有这样的意愿，因而在为自己的成功创造条件时，也要为自己的朋友、同事和下属等创造和提供成功的机会。

从消极方面说，就要做到"己所不欲，勿施于人"（《论语·颜渊》）。意思是，自己不喜欢的事情，就不要强加在别人身上。

这两方面结合起来，就是"忠恕"之道，也就是"仁"道，这是一种宽容、与人为善的精神。

通过道德修为达到"仁"的境界

如何达到仁的境地，《论语·学而》中说："吾日三省乎吾身，为人谋而不忠乎？与朋友交而不信乎？传不习乎？"意思是，我一天反复省视自己的所作所为，替人谋划事情有无欺诈隐瞒之事？和朋友交往有无不诚信之事？老师教了功课有没有不复习的情况？

儒家认为仁是至高无上的圣人境界，必须通过无止境的、艰苦的道德修为才能达到，并由此推出了格物、致知、诚意、正心、修身、齐家、治国、平天下的"内圣外王"路径。其中"内圣"就是格物、致知、诚意、正心、修身的道德修炼功夫，是"外王"的基础，齐家、治国、平天下是"内圣"的自然延伸。"内圣"与"外王"二者结合，就是中国传统文化所推崇的"三立"："太上有立德，其次有立功，其次有立言，虽久不废，此之谓不朽。"（《左传·襄公二十四年》）

毋庸置疑，儒家由仁的思想所推导出来的"内圣外王"的成圣路径对中华民族的影响是巨大的，它构成了中华文化价值观的基础，中国历史上仁人志士都以此作为自己生命追求的底色。而在现代工商业中，也同样如此。

> 儒家仁学思想对现代工商管理的启示

上海著名的荣氏财团创始人荣德生把实业家的正心修身视为创业、守业的根本之计，他说："古之圣贤，其言行不外《大学》之'明德'，《中庸》之'明诚'，正心修身，终至国治而天下平。吾辈办事业，亦犹是也，必先正心诚意，实事求是，庶几有成。若一味唯利是图，小人在位，则虽有王阳明，亦何补哉！不自勤俭，奢侈无度，用人不当，则有业等于无业也。"[①]

上海商业储蓄银行总经理、"民国"时期著名金融家陈光甫曾在美国宾夕法尼亚大学商学院学习了六年，因此他在银行的管理上基本采取西式方法，但他也充分注意到儒家思想对企业管理的作

---

① 杜恂诚. 家族企业与企业家的尊儒（上）. [EB/OL]. http://news.ifeng.com/gundong/detail_2013_11/19/31367330_0.shtml，2013-11-19.

用，特地购买儒家典籍分送银行职工学习。晚年的陈光甫更加意识到儒家思想对企业凝聚力的作用，他说："近来金观世故，愈了解古人日常道德之训，永远是真。盖道德非他，乃维持团体合作之必要条件。忠、诚、廉、让四字，余觉其特与商业团体有关。"[1]

以一个民营航运公司而完成了1938年中国的"敦刻尔克"大撤退的著名爱国实业家卢作孚，在创办民生航运公司的过程中，吸收儒家文化精髓，培育出了民生公司的企业文化——民生精神。他在创办民生公司之初，就确立了"服务社会，便利人群，开发产业，富强国家"的经营宗旨，目标是通过事业的成功去影响社会，达到改变国家落后面貌，实现国强民富的目的。儒家修齐治平的政治理想在他这里转化为奉献社会、富强国家的实业理想。

儒家仁学思想对现代工商管理的启示是，儒学既是一套伦理-政治学说，同时也是一个完整的伦理-政治信仰系统，儒家仁学思想奠定了中国传统文化的核心价值观。因此，中国工商业界的杰出人物，几乎一无例外都有着深厚的儒家仁学底蕴，都把"仁者爱人""内圣外王"作为企业经营管理的精神源泉，并通过创造性的发展将这些价值理念转化为企业文化和可操作的管理制度。

礼——儒家思想的社会规范体系

儒家学说的实质是仁礼学说。一说到"礼"，很多人就将之与文明礼貌、礼仪之邦联系起来。这个联想不能说完全不对，但如果仅仅这样去理解儒家所说的礼，就不免将儒家思想肤浅化、表面化了。

---

[1] 杜恂诚. 家族企业与企业家的尊儒(下). http://news.ifeng.com/gundong/detail_2013_11/26/31561756_0.shtml，2013-11-26.

黑格尔曾经在《哲学史讲演录》第一卷中说过："在中国人那里，道德义务的本身就是法律、规律、命令的规定……这道德包含臣对君的义务，子对父、父对子的义务以及兄弟姊妹间的义务。"[1]黑格尔的这段议论是针对孔子学说也就是针对仁礼学说而发的，应该说这个评论是正确的。

儒家的礼首先是国家政治制度方面的规定，其次才是礼仪上的规定。由于中国在社会形态上是家国一体的模式，所谓的国在某种意义上就是放大了的家，所谓的家就是缩小了的国，因此礼既包括各种伦理、政治制度，也包括各种不成文的习俗、惯例，它是规范社会的政治秩序和等级制度。

> 儒家学说中礼的内涵

孔子所推崇的礼是周公所制定完善的礼乐制度，也就是周礼。前文提到过，按学者薛涌的推算，周代初年大约有一千七百多个诸侯国，平均规模大约在几千人以内，因而一个诸侯国内的人往往都可能有或近或远的血缘关系。在这样的背景下，实行以血缘亲族为基础的礼乐制度当然是可行的。孔子"兴灭国、继绝世、举逸民"的目的也就一目了然了。

礼在《论语》中出现了74次，被孔子认为是治国安邦的重要方略和手段。

《论语·先进》：为国以礼。

《礼记·哀公问》：为政先礼，礼其政之本欤！

……

在孔子看来，仁和礼的关系是：仁是出发点，是终极价值所在；礼是仁在实现中要达到的目标，是仁的表现，是实现仁的途径。因此《论语·八佾》中说："人而不仁，如礼何？人而不仁，

---

[1] 黑格尔.哲学史讲演录(第一卷)[M].贺麟，王太庆，译.北京：商务印书馆，1983.

如乐何？"

笔者认为，"君君臣臣父父子子"这一说法在某种意义上就可以最直观、最深刻地表达儒家礼的内涵。孔子将中国社会的伦理、政治关系中最重要的两组关系——"君臣"关系和"父子"关系特别加以强化，这两组关系实则正是中国社会盘根错节的社会关系的根本大纲。"父子"是血缘亲族内人伦关系的核心，"君臣"则是以血缘为基础的政治关系的核心，"父子"关系是"君臣"关系的基础，"君臣"关系是"父子"关系的模拟。这样，整个社会就自然形成了由宗法家族关系到国家政治制度的完整体系。

在"君臣父子"这四个字中，"臣"字是揭示儒家礼乐制度实质的关键字，把它的真实面目搞清楚，有助于我们理解儒家的仁礼学说。

甲骨文　　金文　　小篆

臣的甲骨文、金文和小篆的字形如上。从造字的方式上看，臣字是以象形为基础的会意字。在《说文解字》中，许慎解释臣字："牵也，事君也。象屈服之形。"意思是，臣是被绑缚伏地的人形，是为君王服务的奴隶。许慎将臣解释为臣仆奴隶是正确的，但说臣是被绑缚伏地的人形则有误。郭沫若则将"臣"的解读推进了一步，他在《甲骨文字研究·释臣宰》中说："以一目代表一人，人首下俯时则横目形为竖目形，故以竖目形象屈服之臣仆奴隶。"郭沫若认为臣实则是竖立的眼睛的形状，作为臣仆奴隶，他们经常的姿势是低头，而低头时人的眼睛就自然地由横着的形状变成了竖立的形状了。郭老是诗人型学者，在推断时有时只顾快意不顾逻辑和事实，这个解释就有对也有不对。对的地方是"以竖目形象屈服

儒家学说中的"君臣父子"关系

之臣仆奴隶",不对的地方是"人首下俯时则横目形为竖目形"。笔者在郭老解释的基础上进一步完善：奴隶在君王、主人面前确实要低头，甚至要跪下叩头，而在跪下叩头时，领导要吩咐这个下属干这干那时，作为奴隶的下属为了正确理解领导意图，就要看着领导，在这个时候，他的眼睛一定是竖着的了。

儒家的仁礼学说对中国社会、中华民族思想性格的影响是极为深刻的，从古到今，中国人都脱不开这种思想的熏陶笼罩。

儒家仁礼学说的影响

《孟子·离娄下》中说："君之视臣如手足，则臣视君如腹心；君之视臣如犬马，则臣视君如国人；君之视臣如土芥，则臣视君如寇仇。"孟子心目中的君臣关系是，作为领导的"君"始终处于主导地位，而处于被支配地位的"臣"也就是下属，他们对领导的态度是翻倍的。也就是说，领导对下属友善，下属就会加倍回报领导，领导漠视甚至冷遇下属，下属也会加倍报复领导。

这里，我们来看看一个当今正走红的餐饮公司是怎样运用孟子的教导进行企业管理的。

我们说的就是海底捞，从2008年到2010年，海底捞连续四年被大众点评网评为"最受欢迎10佳火锅店"，同时连续四年获得"中国餐饮百强企业"荣誉称号，2011年5月，海底捞商标荣获"中国驰名商标"称号。中国的主流媒体，包括中央电视台、北京电视台、上海东方卫视等都对海底捞进行专题报道，影响所及，美国、英国、日本和韩国等国外媒体也都对海底捞青睐有加。世界著名餐饮连锁店肯德基和必胜客的母公司百胜集团，还组织了两百多名大区经理来海底捞现场观摩学习。2010年，海底捞商业案例荣获《哈佛商业评论》中国最佳商业案例研究奖，使其管理经验成为世界著名学府MBA课堂的教学内容。

海底捞为什么能获得这样的成功呢？其秘诀就是：把员工当家

人看，把顾客当上帝看！在员工待遇方面，根据中国人民大学经济学院聂辉华教授的研究文章："员工的基本工资较高，在北京分店的实习生每个月的基本工资都超过3500元，还不包括住宿和其他福利；所有的员工宿舍都在离分店步行20分钟之内，并且人均居住面积不能少于6平方米，要带有空调和暖气；员工的工装是100多元一套的好衣服，鞋子是名牌运动鞋；公司给领班以上的员工父母额外发一份工资；公司为外地员工的子女建造了寄宿学校；每个员工在春节有7天带薪假期；海底捞有自己的工会、党委和大学；小区经理都要读MBA、大区经理都要读EMBA，费用由公司负担；分店店长离职时公司赠送8万元补偿金"。

在服务方面，2011年，海底捞因其周到的服务使网友自发创造出了"海底捞体"加以称颂。

2011年7月某日，新浪微博上一条"海底捞居然搬了张婴儿床给儿子睡觉，大家注意了，是床！我彻底崩溃了！"的博文引起了众多网友的关注和转播，这是一条关于海底捞"婴儿床"的故事，大意是一位网友在海底捞吃饭时，服务员特别搬来一张婴儿床给网友的儿子睡觉，正是这样一个看上去不太像在饭馆中发生的事情，让人们开始见识到海底捞在服务上的"强悍"。

此后海底捞一系列令人目瞪口呆的行动又接连被网友"爆料"了出来。从"劝架信"，到"对不起饼"，再到"打包西瓜"……海底捞的种种服务几乎已经超出了平日里受惯餐厅服务员白眼的网友们的想象力。不知何时开始，大家开始为海底捞在服务方面的"无法阻挡"加上了一个很贴切的定语"整个人类"。

一时间"海底捞体"风行，这种文体以"某天我在某海底捞吃火锅，席间我无意说了一句……(愿望、抱怨等)，在我结账时……(服务员使其愿望成真)"为格式，最后以"人类已经无法阻止海底捞"作为总结。接下来的发展有些超出海底捞的想象，当"人类已经无法阻止海底捞"的时候，海底捞也已经无法阻止网友们的热情。当越来越多不可思议的故事接踵而至时，大家在乎的已经不再是它的真实性，而是这段"海底捞体"杜撰得是否精彩了。

这家来自四川的火锅连锁餐饮店在微博平台与搜索引擎上迅速成为网友的追踪热点，话题搜索近84万，词条逾400万。①

从海底捞的经验中，我们可以得到什么启发呢？

仁礼学说的实质

从上面的介绍可以知道，仁礼学说是儒家思想的核心。那么仁礼学说的根本精神究竟是什么呢？

<small>儒家仁礼学说的根本精神</small>

笔者最近十年重新研读中国传统文化的重要典籍，再深度思考中国历史和中国近现代管理案例，得出以下粗浅认识。

第一，仁礼学说的本质是在谨守上下尊卑的身份等级规则的前提下，对他人的友善仁爱。

第二，仁礼学说始于宗法家族规则，继而延伸到家族之外的社会层面，成为社会规则和行政规则。

第三，在中国当下的环境里，这种规则常常以隐规则的方式广泛存在并生机勃勃。

我们来看看人类学家、社会学家的相关研究结果。

---

① 吴健. 案例分析：海底捞借微博营销引爆病毒传播. http://www.weiboyx.com/case/201202231856.html，2012-06-15. 文字有改动。

"尊卑"和"亲疏"

有社会学家认为，在中国的人际关系中，地位上的"尊卑"和情感上的"亲疏"是两个最基本的维度。

中国人的尊卑关系维度是由家族关系衍生到家族外社会关系而形成的。中国传统中所说的"三纲五常"(三纲：君为臣纲、父为子纲、夫为妇纲；五常：君臣、父子、夫妇、兄弟、朋友)就是中国人的尊卑关系维度的基本内容。这种关系维度十分强调下属顺从的责任，强调以"敬"规范情感。

亲疏关系维度也是由家族关系衍生到家族外社会关系而形成的。20世纪30年代，著名社会学家费孝通根据田野调查结果，提出了"差序格局"的概念。他发现中国人往往以自己为中心，将周围的人根据亲疏关系画出几个同心圆。离中心越近的人，属于自己最亲近的人，便对他们越好；离中心越远的人，属于与自己越疏远的人，对他们也越淡漠。

宗法制度的本质

北京大学张岱年教授在《中国文化概论》中认为宗法制度的本质就是家族制度政治化。在中国古代，家天下自周代确立，一直延续到清代，可以说一部中国史就是一部家族史。张岱年教授还指出，宗法原则、孝悌思想和纲常观念(即身份等级制度)就像一组牢不可破的遗传密码一样，成为中国超稳定的社会政治结构的遗传基因，无论怎样改朝换代，它的功能却历久弥新，每个统治者都心领神会。

仁礼学说对中国社会和中国民族性格的影响极大，这种影响延续到现在。综合目前国内外社会学家对中国社会的研究成果，可以提出以下结论。

中国工商管理领域中家长权威仍然有充分体现

第一，当西方的父权制消失时，中国社会的家长权威仍然保存得十分完好。

放眼中国当下现实，至少在工商管理领域，家长权威仍然有充分体现。国内不少民营企业都是家族企业，海外华人企业也是如此。这些企业的领军人物往往是家族中德高望重的大家长,从其企业组织架构、管理模式等方面都明显可以看到家长权威的深刻影响。

被誉为"天下第一村"的江苏省江阴市华西村,是我国新农村建设的一面旗帜,改革开放以来,在吴仁宝书记的华西村党组织带领下,华西村由一个名不见经传的小村庄,发展为一个多元化集团公司,并于1999年上市。2011年华西村销售收入超过了500亿元,村民人均收入超过8.8万元人民币。而我国2012年城镇居民人均收入也仅26959元,可见华西村的富裕程度。

2010年,中央党校"三农"研究中心授予华西村为全国"三农"实践基地。华西村老书记吴仁宝被选为党的十大、十一大代表,第六、七、八届全国人大代表,两次被评为"全国劳动模范"。

华西村能够取得这样的成就,与华西村领头人吴仁宝的品德修为、领导能力密切相关。吴仁宝农民出身,因为忠诚可靠、工作勤奋,被任命为华西村领导。由于出身本乡本土,吴仁宝对自己的家乡、对村民充满感情,将村里的工作当作自己最重要的事业,并对自己的家人严格要求,从而获得了全体村民的衷心拥戴。

吴仁宝的很多名言,可以明显看出儒家仁礼思想的烙印,比如"不怕群众不听话,就怕干部不听群众话;不怕群众不听话,就怕干部说错话"[1]"贫穷不是社会主义,只有少数人富也不是社会主义,一村富了不算富,先富必须带后富"[2],这些名言与儒家所推崇的"修己安人""行有不得者皆反求诸己,其身正而天下归之""不患寡而患不均"等说法是一脉相承的。

吴仁宝不仅提倡关爱民众的思想,而且身体力行。吴仁宝四儿

---

[1] 容剑锋. 细品吴仁宝的"怕"与"不怕"[N]. 中国组织人事报,2013-03-27(03).
[2] 张全景. 社会主义富华西[J]. 中华魂,2012(3):51-54.

子吴协恩的命运在很大程度上就是吴仁宝一手安排的，在吴协恩身上，既可以看到吴仁宝对华西村事业的珍视、对村民的关爱，也可以看到他作为吴家家长的绝对权威。

村民孙良庆12岁的儿子意外身亡，吴仁宝为了安抚他，将自己11岁的四儿子吴协恩过继给孙家做儿子。后来，孙家要求吴协恩成为孙家女婿，此时吴协恩已有意中人，但吴仁宝没有和吴协恩多商量，便让吴协恩入赘了孙家。

订婚后的吴协恩愤然离家参军，但在部队里，吴协恩渐渐理解了父亲："他把华西人都作为家里人来看待，他的心比我大比我宽。"[①]复员后，吴协恩回到华西村。

2002年，经过考察，吴仁宝认为吴协恩性格稳重，适宜担任村委书记，便向华西村党组织推荐吴协恩。吴协恩开始极力反抗，但最终还是服从了安排。

由于吴仁宝高尚的品德修为、过人的领导才能和卓越的业绩，他在华西村获得了无人能比的权威，《南方人物周刊》2011年11月22日的报道《吴仁宝：掌控"首富村"》是这样写的。

> 一些略带神话色彩的说法是：老书记不在家，村里就出事；老书记召集开会，从来不下雨；我们外出办事，一提华西，外面人就提老书记的名字，事情马上顺利多了；我们华西村要上市发行股票……

也正因为吴仁宝的崇高威信，使得华西村在发展过程中很自然地就演变成为吴仁宝家族控制的企业。据《北京青年报》2003年7月17日报道，有研究者统计后指出，吴仁宝四个儿子可支配的可用资金(可用资金被定义为扣除所得税后的净利润)占华西村资金总量

[①] 赵佳月. 吴仁宝的"管理"学[J]. 南方人物周刊, 2011(40): 38-48.

的90.7%。《21世纪经济报道》2003年7月16日也指出,从党内职务来看,华西村党委的50人中,"以吴家为核心的圈子达到36人,占党委总人数的72%"。

这种家族控制集体经济的现象会不会引起华西村村民的反感呢?《南方人物周刊》2011年11月22日的报道《吴仁宝的"管理"学》在最后段落中的这些评论我们认为是十分到位的。

有学者认为,从村党委改选的结果看家族权力的产生,总不免像外人一样有改选是否真正合理、公正和民主的疑问。其实,深入其境,我们可清楚意识到:无论这个村的选举过程是否民主公正,结果都可能完全相同。

因为一方面在中国社会大环境中,家族成员作为村庄自治选举的必然结果已经被不少研究所证实。华西村不会例外。推举家族成员做集体的领头人,从经济学角度讲,存在一个最小风险的道理。在乡村熟人社会,人们一向排斥外人,不轻易相信外人,因为外人从来就被当作掠夺资源的侵略者;相反,人们对土生土长的自己人、家里人有一种天然的亲和与依赖,可以在共同利益意识中达成最低成本的社区整合。

另一方面在华西村小环境内,普遍的报恩心态促成了村庄臣民对族长式人物的绝对敬仰和顺从。"书记一家人都为村庄的富裕做奉献",这句话既是村庄老少皆有的口头禅,也是他们依从权威领导的心理价码。

吴老已于2013年初走完人生之旅,但华西村,作为集体经济体,却由吴氏家族成员在其中占据主导地位,今后如何继续发展,确实是一个值得思考的问题。

第二,中国社会极端重视人际关系,中国人的行为具有关系特殊主义的特点。

<small>中国社会极端重视人际关系</small>

关系特殊主义是社会学的术语，与关系普遍主义相对。所谓关系特殊主义是指依据行为主体与对象的特殊关系及其亲疏程度而认定对象及其行为的价值高低，维护和增进特殊关系的价值思想和价值观念体系。而关系普遍主义则是独立和超越于行为主体与对象的特殊关系，以能力、效率、利润和机会均等等普遍原则为依据来制定标准和采取行动的思想和价值观念体系。说得直白一点，关系特殊主义就是，如果你和领导、和单位上层关系密切，有血缘、姻缘、地缘、学缘等关系，你的生存发展境遇、你的地位等就会与众不同。关系普遍主义则相反，重点看的是能力、水平，讲求机会平等。在这方面，曾仕强曾经用十二个字加以概括："有关系，没关系；没关系，有关系。"

这一点的负面作用，相信只要有起码的社会生活经验的人都会清楚。但任何的缺点，换个角度去看就可能是优点。在管理上也是如此，顺应这一特点，因势利导，也可以创造出管理奇迹。

第三，中国社会极端重视"角色"的最终优位。

《周易·艮》说"君子以思不出其位"，《论语·泰伯》说"不在其位，不谋其政"，都是对角色意识的强调。所谓"舞台小世界，社会大舞台"，说尽了中国社会角色文化的真谛。

传统中国社会是重视身份、等级的社会，每一个个体在社会这个场景不断变换的"大戏"中都有若干个身份角色，那些经过历史大浪淘洗而依然得到社会各阶层认可的人物，往往是对自己的社会角色理解并扮演得最深刻、最准确的人。

关公就是一个典型案例。

我们走遍中国大地，会发现几乎每个地方都有关帝庙。关公是武神、财神爷，是忠义的化身，不仅底层百姓信仰，也得到了上层统治者的推崇。比如，清朝统治者就曾为了维护与蒙古人的关系提出,满洲人是刘备,是大哥、是君王、是领导者,蒙古人就是关公,是兄弟、是下属、是辅佐者……

仔细研读《三国志》中关羽的部分,会发现关羽并不足以成为神祇式的人物,不仅放在上下五千年的中国历史中是个小角色,仅是三国时期,他也绝不是一流人物。关羽虽然勇敢、忠诚,但作为领导者缺乏应有的战略眼光、开阔的心胸以及与同僚和谐相处的能力。关羽失荆州、走麦城、命丧黄泉,都和这些缺点有关。

但关公最大的优点正在于"忠义","忠"是对领导而言的,"义"是对兄弟朋友而言的。也就是说关公尽管缺点多多,但忠义两个大优点已经足以一俊遮百丑了。

在中国现代社会中,在实际管理中,角色意识依然作用很大。联想集团的柳传志就认为,总裁就是企业的大发动机,必须要带动下面的小发动机来产生带动整个企业运转的巨大动力。无独有偶,华为总裁任正非也对普通员工明确提出"大建议不奖,小建议大奖",意思是,普通员工的职责是将本职工作做好,可以就自己负责的工作提出合理化建议,而不应当超越职责范围,提宏观的、战略性的大建议。

从儒家文化中寻找现代管理的合理基因

儒家思想中有哪些方面在我们的现代管理中仍然有着强大生命力呢?笔者认为以下两个方面是很有价值的。

首先一个方面是组织文化建设思想。

儒家的思想逻辑是:格物、致知、诚意、正心、修身、齐家、治国、平天下。先从努力学习开始,然后获得良好的品德修为,修为达到较高水平后,就开始带领团队,建立功业。在儒家的思想

儒家思想对组织文化建设的影响

中，人都是社会性的，因此作为社会精英的读书人——士——就必须依靠他的深厚修为凝聚人心，打造坚强团队。

儒家重视德治思想

儒家重视德治思想，孔子主张"为政以德"。《论语·为政》中说："道之以政，齐之以刑，民免而无耻；道之以德，齐之以礼，有耻且格。"也就是说，不能过分依靠命令和惩罚来管理，而应当注重对百姓下属的教育和引导。把君子之道以和风细雨式的方式潜移默化到百姓下属心中，他们就会自觉地朝向领导者希望的方向前进。

要达到这一目标，孔子认为领导者要以身作则，成为百姓的楷模。《论语·宪问》中说："修己以安百姓。" 为什么要"修己"？因为，"政者，正也"（《论语·颜渊》），管理要按照正确的价值观来进行，凡有不合规范者都要纠正过来。这个"正"既是"正己"又是"正人"。"正人"首先要"正己"。《论语·子路》中说："其身正，不令而行；其身不正，虽令不从。"做到"正己"之后，还要以身作则，正如《大戴礼记·子张问入官》所说："欲政之速行也者，莫若以身先之也。"

曾国藩如何打造极具战斗力的湘军

儒家的这一思想，在中国历史上最杰出的"公务员"、晚清重臣曾国藩身上得到了最好的体现。曾国藩在清廷的号召下，创立了湖南的民兵预备役组织——湘军，这支军队一无正式编制、二无粮饷、三无干部、四无经验，然而，就是在这种极其艰苦的条件下，湘军居然脱颖而出，成为晚清最具战斗力的军队之一。曾国藩的成就，连毛泽东都十分赞叹。青年毛泽东曾这样评价曾国藩："愚于近人，独服曾文正，观其收拾洪杨一役，完满无缺。使以今人易其位，其能如彼之完满乎？"[①]

曾国藩取得如此成就，正是源于其治军理念，而这些治军理念

---

① 毛泽东.毛泽东早期文稿[M].长沙：湖南人民出版社，1990.

恰恰是基于儒家思想的一次管理创新。

曾国藩严格按照儒家学说管理湘军，他自己身体力行，真正做到了严于律己，身先士卒，才由此打造出了一支能与自己同呼吸、共命运的湘军。

那么，曾国藩具体是怎么做到的呢？

儒家的德治思想包含注重对普通民众的教化这一理念，《论语·颜渊》中说："君子之德风，小人之德草，草上之风必偃。"根据这一理念，曾国藩训练湘军，十分重视给军队注入"良心"和"灵魂"，他在中国军事史上首先创造并成功实践了"政治教育"。创立湘军后，每月的三日、八日，他都要把军队召集起来，亲自进行政治动员，用"杀身成仁，舍生取义"的孔孟之道和"不要钱，不怕死"的精神激励将士，教育他们忠君爱国，不得扰民。

咸丰八年(1858年)曾国藩在江西建昌营中亲自编写《爱民歌》以教育湘军士兵，凝聚军心。

三军个个仔细听，行军先要爱百姓，

贼匪害了百姓们，全靠官兵来救生。

第一扎营不贪懒，莫走人家取门板，

莫拆民家搬砖石，莫踹禾苗坏田产，

莫打民间鸭和鸡，莫借民间锅和碗。

第二行路要端详，夜夜总要支账房，

莫进城市进铺店，莫向乡间借村庄，

无钱莫扯道边菜，无钱莫吃便宜茶，

更有一句紧要书，切莫掳人当长夫。

第三号令要声明，兵勇不许乱出营，

走出营来就学坏，总是百姓来受害，

或走大家讹钱文，或走小家调妇人。

爱民之军处处喜，扰民之军处处嫌，

军士与民如一家，千记不可欺负他。①

曾国藩的治军理念能够有效实施，是因为曾国藩自己首先对这些理念高度认同并践行。在这种精神力量的感召之下，曾国藩集聚了一批时代精英，杰出者有李鸿章、江忠源、罗泽南、左宗棠、杨载福、彭玉麟、李树斌、曾国荃等。除了这些军事政治人才之外，还有一批专业人士、科技人才，如容闳、徐寿等。因此，有人说曾国藩幕府是晚清时期的第二朝廷，由此可见曾国藩的组织文化建设对团队建设的巨大促进作用。

中国企业中，通过组织文化建设打造企业国际竞争力的案例很多，联想、万科、TCL、华为、阿里巴巴、海尔等都是其中佼佼者。

这里我们重点说一下联想。

联想"没有家族的家族企业"

联想是1984年成立的企业，最初由中国科学院计算机研究所一部分科研人员创办。1990年以挪用公款13万元的罪名被送进监狱，判刑5年，实际入狱近4年，又在出狱后的2003年成功把自己的罪名洗干净的孙宏斌，面对记者采访时说："柳总在我眼中一直是一个长者、导师，从某种意义上说，是柳传志造就了我。"② 孙宏斌的话语中明显有着感恩之情。在联想，虽然没有血缘关系，但企业运行的规则具有家族文化精神，有上下等级差序、集体意识、相互依赖、忍耐抑制、谦让顺同。其实，正如柳传志所说，他把联想打造为了"没有家族的家族企业"。"没有家族"，是因为柳传志和最初的那些创业元老约法三章，为了避免裙带关系和家族化的弊端，高管不许把自己的亲戚孩子弄进联想。而"家族企业"的意思是，联想的运行规则吸收了家族文化精神。

---

① 杨陶然. 曾国藩自编《爱民歌》[J]. 文史博览，2006(9)：59.
② 袁一泓. 孙宏斌首次披露10年前入狱往事："是柳传志造就了我"[N]. 21世纪经济报道，2003-12-10.

柳传志被称为是"中国企业家中的政治家",说的是柳传志十分了解中国传统文化和中国国情,他将中国传统文化包括儒家文化中的有益成分有选择地吸收到了他的管理理念和管理办法中,建立了具有鲜明特色的联想企业文化,把联想打造成了世界500强企业,成为中国企业的标杆。

第二个方面是"仁者爱人"思想。

儒家最有价值的思想之一就是"仁者爱人",儒家思想成为中国主导型的思想体系,与此有很大关系。可以说,儒家"仁者爱人"的思想是决定了一个人的价值观,有了这样一个价值观,他才可能成为顶天立地的人。

在中国近现代企业家中,状元实业家张謇、平民实业家荣德生,他们文化水平差异很大,但他们决定投身实业的一个重要原因,都是要完成自己应尽的社会职责,对张謇来说,是实业救国,对荣德生来说,是为了让失业的流民有一个挣钱养家之所。

荣德生文化水平并不高,但他是真正把儒家"仁者爱人"的思想贯彻到了从日常生活到企业管理的每一个细节的杰出企业家。他一生推崇仁,把仁当作立身之本,他的九个儿女,每个孩子的名字里都有一个仁字。有一次他的申新三厂失火,职工赶来救火,他让人把所有来救火的职工姓名全部记下,却不让他们去救火。他的理由是,这些人是工厂的忠臣,保护忠臣比保护工厂更重要。这些人后来都受到了重用。

荣德生60大寿时,收到亲友寿银6万。他将寿银全部捐出,建造了沟通蠡湖和太湖的宝界桥,被称为"江南第一大桥"。荣德生的儒家修为在他儿子荣毅仁身上得到了完美传承。改革开放后,荣毅仁创立了中信集团,不仅为国家创造了丰厚的经济利益,还在相当长一段时间成为中国改革开放的象征,荣毅仁事业的成功,很大程

儒家"仁者爱人"思想的影响

度上源于其父亲儒家修为言传身教的熏陶。

《周易》曰:"积善之家必有余庆,积不善之家必有余殃。"诚哉斯言!

日本工商管理模式的优势与短板

自1868年明治维新开始,日本的工商发展就走上了一条将日本传统文化与西方市场经济制度有机对接的道路,发展出了独具特色的工商管理模式。

日本工商管理一个很有特色的组织模式就是企业集团,它的主要特点是:由若干财团通过交叉持股的方式组成企业集团,企业集团内部实行资源互补、信息共享,以此抵御市场风险,获取经济利益。

在日本的企业集团的组织模式中,财团起着关键性的作用。

在明治维新时期,日本已经出现了三井、三菱、住友等财团。二战结束后,三井、三菱、住友等老财团外,又出现了富士(芙蓉)、第一劝银、三和等三大新型财团。以这些财团为核心建立的企业集团成为日本工商组织的主流模式。

作为日本工商组织的基本单位,日本财团有着鲜明的日本特色,它是日本传统文化与西方市场经济制度有机融合后的产物。对日本财团的组织与运营特点进行深入细致的分析,有助于我们理解日本工商管理模式的优势与短板。

> 财团是日本工商组织的基本单位

日本财团在组织与运营上有如下特点。

> 日本财团吸收中国儒家家族文化元素

第一,日本财团在组织结构上吸收了中国儒家家族文化元素,结合日本实际和西方现代企业制度进行了创造性转化和创新性发展。

家族不但是中国人社会、经济和文化生活的核心,同时也是政治生活的主导因素。《孟子·离娄篇》中说:"天下之本在国,国之本在家。"《礼记·礼运篇》上也记载："以天下为一家，以中国为一人。"《大学》指出，"齐家"方可"治国，平天下"。可以说，家族文化集中体现了中国传统文化的基本精神和突出特征，这一基本精神主要由儒家发扬光大。

儒家主要通过家训对家族子孙后代垂诫、训示，并建立严格的管理体制和制度，以传承优良的价值观，管理约束家族成员，保证家族的健康发展，《颜氏家训》《郑氏规范》等都是家训的代表性著作。被誉为中国传统家训重要里程碑的《郑氏规范》，将儒家的"孝义"理念转换成操作性极强的行为规范。经过几代人创制、修订，最终确定为168条，内容涉及家政管理、子孙教育、冠婚丧祭、生活学习、为人处世等方方面面。它将大家庭的管理成员，分为18种职务，形成网络式的多层结构。

日本的财团深受儒家家族文化影响，他们吸收了儒家家训文化的精髓，其企业管理制度往往以《家宪》《家法》的形式呈现。比如，三井财团第一代三井高利制订了《家宪》，第二代三井高平(宗竺)制订了家训《宗竺遗书》。明治三十三年(1900年)三井财团为适应明治政府的新体制，又制订了新的《三井家宪》，新的家宪共10章109条，明确了三井一族应有的状态，包括同族的范围、同族的义务、同族会、婚姻、养子关系、分家、财产等方面，以此维护三井一族财产的共有性。再比如，住友家族的《家宪》把企业成员分成10个等级，强调最高家长的权威。安田家族的《家宪》把同族分成4个等级，各等级均以最高家长为中心，族人各居其位，以此维护家族经营的集权性。

当然，日本财团的组织制度并不是简单地照搬中国儒家家训文化，而是将中国家训文化与日本政治历史特点相结合，同时积极吸收西方现代企业制度，真正做到了推陈出新、与时俱进。日本财团之所以会采取这种组织体制是与日本传统的政治体制有关系的。在明治维新前数百年间,日本没有形成中国那样的君主集权的政治体制,而是天皇作为日本的国家象征,幕府将军作为国家的实际管理者。日本明治维新后,尽管天皇的权威得到了加强,但日本政治体制的原有逻辑还是保存了下来。

三井等财团在早期的组织体制上非常类似于日本战国时期的政治体制,家族传人类似于天皇,而管理者(也就是职业经理人)类似于幕府将军。这样的组织体制既保证了家族财富的有效传承,又能够为家族外部的专业管理人才提供展示才华、发挥才干的空间。对于家族外部的专业人才,财团的家族领导人通过联姻、收养义子、赐姓以及股权激励将他们纳入家族内,使得财团始终处于源头活水不断循环的良性状态。

<small>日本财团管理中的武士道精神</small>

第二,武士道精神在日本财团模式中的影响。

武士道是日本封建社会中武士阶层的精神支柱,武士道就是要以不惜生命的觉悟为根本,为实现个人于集体、团体的价值,尽可能发挥自己的能力。武士道起源于日本镰仓幕府时期,后经江户时代吸收儒家和佛家思想而形成。武士道精神体现为:名、忠、勇、义、礼、诚、克、仁。武士道以"义勇奉公"为最高原则。

日本武士道精神对中国儒家文化的吸收是有选择性的,它强调对主公的"忠"而淡化了"孝",也就是"义勇奉公"的精神,这样就将武士阶层打造为极具集体意识、团队精神的群体。

日本财团在企业核心价值观上将武士道精神转化为忠于国家民族、忠于企业、敬业自律、勇于担当等价值取向,并在此基础上建立起终身雇佣制、年功序列制和企业内工会等日本式经营模式,保证了日本工商业在明治维新后直到20世纪80年代末长达一百余年的辉煌。

<small>日本财团适应时代变化</small>

第三,日本财团在发展模式、管理模式上通过不断创新以适应

时代变化。

日本财团从明治维新以来，根据外部环境变化，在发展模式、管理模式上不断更新完善，走出了一条独具特色的企业发展之路。

从明治维新到二战结束前，是日本财团组织体制、发展模式、管理模式获得长足发展的时期。二战结束后，美国为了促使日本实现非军事化，解散了日本的财团组织，但保留其银行组织。三井、三菱、住友等旧财团受到冲击。1951年起，美国出于"冷战"的需要，又逐步采取了扶持垄断资本的政策，1953年修改《禁止垄断法》，放宽了对持有竞争关系的公司的股份及兼职的限制。在这些新政策影响下，旧财团的金融机构重新聚集原来的下属企业，以金融资本、产业资本和商业资本高度融合为基础，演变成日本的新财团。

重生的日本财团，弱化了其封建性和封闭性，演化为一种新型的家族企业。日本财团不再仅凭血缘关系来建立企业架构，而主要依靠企业法人间的资本关系形成利益共同体，其组织结构也由二战前的金字塔型变为财团内各成员企业在决策运营方面保持各自的独立性。其民主性、开放性和竞争性也都有所增强。

日本财团在管理上创造了"总经理会议"的模式，使建立在交叉持股基础上的成员企业既有独立的经营决策权力，又有相互协调的机制。总经理会议是成员企业总经理定期聚会交换信息、沟通情感的场合，也是各企业决策和协调财团战略发展的中枢神经。通过交叉持股基础上的总经理会议，日本财团建立起企业联合体，财团凝聚力随着成员企业间的合作和资源整合得到不断加强。

日本财团在20世纪50年代到70年代的日本经济起飞阶段发挥了重要作用。20世纪70年代中后期以来，由于石油危机、日元升值等外部环境变化，日本财团在面对经营困境时，又开始努力寻求自新之路。20世纪80年代，日本财团开始摆脱传统模式，实施战略转型，进入了新的增长阶段。

在日本财团中，主办银行和综合商社是两个十分关键的机构。主办银行为企业集团中的企业提供金融支持，综合商社则为企业集团的发展提供信息、产品销售、物资采购与运输、招商投资、协助经营管理等全方位的服务与支持。主办银行和综合商社之间，同样采取交叉持股的方式形成紧密联系。如在三菱商事的股东构成中，三菱银行位居首位，持股7.81%。而综合商社在金融机构中也拥有大量股份，三菱商事持有三菱银行25%左右的股份。

1995年，世界500强的前4名都是日本综合商社，前10名中有6家是日本综合商社。

日本财团的经营模式有如下优点。

第一，日本财团建立企业集团，既发挥团队作战的集体优势，又发挥成员企业独立运营的积极性。

日本是一个后起的资本主义国家，它之所以能够在明治维新后短短几十年时间里一跃而为东亚强国，跟日本财团注重团队力量进行发展的模式有很大的关系。二战后，经过自我更新后重生的新财团，在保留了团队作战的集体优势的同时，还通过交叉持股的方式增强了成员企业独立运营的优势，这也促成了日本在二战后的经济起飞。

值得一提的是，韩国经济在20世纪70年代后得以发展，其中一个因素也是学习了日本的财团发展模式。

第二，日本财团的终身雇佣制、年功序列制和企业内工会等日本式经营模式和由武士道精神转化而来的忠于企业、敬业自律、精益求精等职业道德保证了一百多年来日本企业的稳定经营、企业员工的高素质、产品与服务的高品质。

但日本财团的经营模式在20世纪90年代以后开始衰落，这种衰落既体现在微观层面上，比如原来最具竞争力的家电、汽车等行业

日本财团经营模式的优点

的日本明星企业纷纷走下坡路，也造成了日本经济从20世纪90年代初开始到现在基本处于停滞状态。

日本财团经营模式衰落的原因很多，其中包括与传统文化有关的方面。

终身雇佣制、年功序列制和企业内工会与儒家文化注重稳定和谐、注重组织凝聚力的价值取向密切相关，这种制度在一定的时期内可以发挥积极作用，但从长远看，也是压抑创新的不利因素。

事实上，中国传统文化除儒家外，还有道家、法家、兵家、佛家等思想，在这些不同的思想体系中，道家、法家、兵家以及中国化的佛家思想——禅宗，都强调突破常规、勇于创新。因此，中国传统文化的各思想体系间是相克相生、相辅相成的关系，这使今天中国的管理者往往在管理思想和管理风格上有很好的柔韧性和创造性。而日本文化则远没有这种柔韧性和创造性，而更多体现为极致性，这种极致性在20世纪90年代以后呈现为保守、不知变通和僵化。

日本工商管理模式给我们的启示如下。

第一，中国传统文化在现代工商管理中的应用既要接地气，又要与现代管理理念制度相融合。

日本财团经营模式的成功之处在于，一方面将中国传统文化中能够与日本国情有机结合的部分加以吸收消化，同时又能够与来自西方的现代管理理念、制度相融合。

对我国的工商企业来说，每一家企业的资源禀赋、企业基因都有差别，在吸收传统文化时，也要充分考虑本企业的实际情况，使传统文化能够落地生根。

第二，要完整准确地理解中国传统文化，并进行创造性转化和创新性发展。

日本财团经营模式的衰落说明，传统文化有优势也有不足。日本财团经营模式将中国传统文化中注重和谐稳定、注重团队合力的优势充分发挥了出来，还通过对中国儒、禅文化的创造性继承和发展打造出精益求精、注重质量的工匠精神，这是日本工商管理的独特创造。但日本文化只吸收了中国传统文化的部分内容，而中国传统文化中最有活力的部分则是自我突破和不断创新的精神，这些思想正是中华民族历经数千年风雨屹立于东方的根本原因，也是中国改革开放后迅速崛起为世界第二大经济体的根本原因。

因此，在企业管理中，必须完整准确地理解中国传统文化，并结合企业实际，在积极吸收西方现代管理理念和管理制度的同时，对传统文化进行创造性转化和创新性发展，这样才能推陈出新、基业长青。

家族企业的自新之路

我们上面讲到，儒家文化中家族文化是其中的核心部分，家族文化精神在一个组织的创业阶段起到凝聚家族力量、建设高效团队的作用，可以使一个组织安全度过创业生存期。但家族文化也有弊端，如果长期维持传统的家族式管理，会造成对家族外人才的排挤，会造成组织中公私不分、管理混乱。从东南亚华人企业发展史来看，家族传承往往不过三代。

改革开放以来，我国的民营企业绝大部分都是以家族企业的方式建设，发展到现在，大部分家族企业也都到了创始人开始退居二线，第二代接班的时间段了。怎样保持家族企业基业长青，避免"富不过三代"的魔咒，已经成为一个十分紧迫的问题。

在这方面，百年企业李锦记给我们树立了榜样。

香港李锦记集团创建于1888年，创始人李锦裳首创蚝油，在广东珠海南水镇设立李锦记蚝油庄，1902年总部迁至澳门，1932年再度搬迁到香港。发展到现在，李锦记已经度过了一百多个年头，成了百年老店。现在李锦记畅销产品达两百余种，分销网络遍及世界一百多个国家和地区，实现了"有华人的地方就有李锦记产品"。

李锦记这家做传统酱料的中型企业，为什么能够历经百年沧桑而日益兴旺发达，它有什么秘密武器呢？

实际上，李锦记的百年长寿离不开传统文化，特别是儒家文化的滋养，但和一般传统家族企业不同的是，李锦记将传统文化与现代的管理理念、管理制度进行了创造性的有机对接，使传统文化在新的时代背景下焕发出了勃勃生机。

在2012年10月30日的"华商领袖·清华讲堂"上，李锦记第四代传人李惠民以《文化的基石》为题，讲述了"李锦记"不断壮大的秘诀："'思利及人'是我们家族的核心价值观，在考虑自己利益的同时，也从别人的角度、从更宏观的角度思考问题。""思利及人"是什么意思？其实就是儒家的"仁者爱人"和"己欲立而立人，己欲达而达人"，就是儒家推己及人思想在企业管理中的体现。

在李锦记的发展史上，第二代和第三代传人都遇到过对企业发展的理念产生分歧的问题。第二代传人李兆南与两个兄弟意见不合，采取的是高价收购两个兄弟的股份的方法来解决分歧，第三代传人李文达又与自己的兄弟发生分歧，最终诉诸法律才得以解决，但代价也很惨重。传到了以李惠民为代表的李锦记第四代，已经是20世纪80年代了，兄妹五人都在李锦记工作，和很多中国家族企业一样，在家族、股东、董事会、管理层这四个层面上是交叉含混的，一个家族成员，可能既是股东，又是董事长，又是总经理，每个人都觉得自己是老板，员工不知道该听谁的，企业管理出现混乱的迹象。

正是在这种情况下，以李惠民为代表的李锦记第四代管理层开始思考怎样避免重蹈前辈的覆辙，使家族企业免于内耗，保证家族和企业共同健康发展。

所幸的是，李锦记第四代这些家族成员既深受中国传统文化影响，又受过系统的西方文化教育，包括西方工商管理教育。因此，在他们接手家族企业管理大权后，在企业遇到新的发展难题时，很自然地采用了中西融合的方法来解决问题。经过商议，他们决定成立家族委员会。

> 李锦记设立的家族委员会

李锦记成立家族委员会的意图，首先考虑让家族健康发展，家族健康发展家族企业才能健康发展，家族企业只是家族的一个部分。在李锦记看来，一个家族的财富首先是人力资本，第二位的才是经济资本。成立家族委员会就是为了使李锦记家族的人力资本能够持续增值，人力资本能够增值，经济资本自然也能够增值。

李锦记在2003年成立家族委员会，成员包括第四代的五个兄弟姐妹及其父亲（第三代传人李文达）母亲。家族委员会每三个月开一次会，每次四天。通过家族委员会，李锦记建立起家族成员沟通平台，既讨论了家族发展大计，又增进了家族成员之间的感情交流。

李锦记的家族委员会会议有一种浓浓的亲情氛围，会上，每个家庭成员都要公布自己的"爽指数"，包括开心指数、压力指数、健康指数等，分值从1到10。公布之后，大家还要讨论，为什么这次"爽指数"降低了？下次怎样提高？通过这些环节，家族成员关系得到进一步融洽。

值得一说的是，李锦记的"爽指数"不仅局限于李氏家族内部，按照李锦记"思利及人"的价值观，这一指数还被应用于公司的内部管理。在李锦记的内部会议上，李锦记健康产品集团有限公司行政总裁李惠森也会问员工"感觉爽不爽？""你的爽指数是多少？"李锦记还将"爽指数"作为一项重要的指标，用于对企业各级管理者的考评。

在家族委员会之外，还成立了一个28人的家族议会，包括李锦记第三代、第四代、第五代家族成员，该议会每年开一天会或者组织外出旅游，是一个所有家族成员沟通的平台。通过这样的沟通平台，让全体家族成员知道家族现在的业务发展情况。

李锦记认为，家族要健康发展，必须要有一个健康的家族事业群，事业群中包括了家族企业。因此，李锦记由家族委员会来统领商议家族的发展大计，还设立了业务集团、家族基金、家族办公室、家族的投资公司和培训中心等。这样一个完整的家族事业群可以营造出健康的生态，保证家族稳健发展。

儒家思想强调柔性管理，但对制度管理、规范管理方面是有较大的缺失的。很多家族企业之所以其兴也勃其亡也忽，与制度建设不够是有很大关系的。李锦记在制度建设方面最大的创新就是制订了"家族宪法"，所有家族成员都必须遵守这一"宪法"，用李惠森的话说就是，家族成员在自家的企业里也没有"免死金牌"。

李锦记"家族宪法"规定很具体，便于操作。比如一项决议，李锦记第三代和第四代的七位家族成员中有75%通过，才可以通过。又比如，规定家族中的年轻一代要想进李锦记工作，必须先在外面工作三到五年，而且要和其他员工同样竞争，做不好也要被开除。又比如，考虑到家族成员各有不同兴趣和能力，如果年轻一代中没有合适人选管理企业，企业也可能由家族外的CEO管理。而对企业管理没兴趣的家族成员可以选择自己感兴趣的职业和工作。

基于对家族事业传承的重视，李锦记对接班人有三条特别的规定，"不要晚结婚、不准离婚、不准有婚外情"。尤其后两条，是家族成员参与企业管理的必要条件，一旦有成员违反了这两条，就要自动退出董事会。从这三条规定中我们明显看到源于儒家思想的

李锦记家族成员没有"免死金牌"

对家庭和家族责任、利益的强调。儒家所说的"天下之本在国，国之本在家"，由此得到了体现。

李锦记是中国家族企业中成功延续到第四代仍然保持良好发展态势的典型案例，它的成功秘密就在于将儒家家族文化传统与现代管理理念有机对接，这些经验值得我们学习借鉴。但是不是就可以在中国其他家族企业中推广，笔者倒觉得未必。因为管理本身带有创造性，李锦记的成功经验，放到另外一家企业未必就能成功。今天能成功的，明天后天未必能继续成功。重要的是根据自己企业的资源和需求来确定管理创新的方式和方法。搞清楚了这些道理，才能够从李锦记经验中得到应有的启发。

第四讲　道家文化——炉火纯青的中国管理智慧

道家代表人物及其著作

《周易》精髓的继承者与发扬者

上善若水的智慧

"无为"的现代价值

"天下神器，不可为也"

刘永行企业经营管理中的道家智慧

道家代表人物及其著作

老子和庄子

老子是道家思想的创始人,春秋后期人,约生活于公元前571年至前471年之间。《史记·老子韩非列传》记载:"老子者,楚苦县厉乡曲仁里人也。姓李氏,名耳,字伯阳,谥曰聃。周守藏室之史也。"从这个记载看,老子应当属于周代体制内的知识分子,"守藏室之史"大约相当于现代的国家档案馆、图书馆馆员这一类职务。

老子在世时已经建立了声誉,因此孔子才会千里迢迢前往周都向老子讨教,函谷关关令尹喜也才会在老子出关前让他写作《道德经》。作为道家思想创始人,老子建立了道家思想的基本概念和理论框架,其代表著作是《道德经》。

道家的另一位代表人物庄子是战国时代人,姓庄,名周,字子休(亦说子沐),宋国蒙人(今河南商丘东北)。庄周是宋国第十一代国君宋戴公的后代,宋戴公为庄姓始祖。庄周曾做过宋国地方的漆园吏,与孟子、梁惠王、齐宣王是同时代人。

《庄子》一书,分内篇、外篇、杂篇三部分。其中内篇一般认为是庄子本人撰写,共有《逍遥游》《齐物论》《养生主》《人间世》《德充符》《大宗师》《应帝王》七篇。外篇、杂篇则为庄子学派的其他人物所撰。

黄老之学

《道德经》《庄子》之外,道家另外一本重要著作是《黄帝四经》。《黄帝四经》是黄老学派的文集,代表着道家思想在战国中后期乃至汉初文景时代的新发展。历史学家蒙文通先生曾指出:"百家盛于战国,但后来却是黄老独盛,压倒百家。"[1]

---

[1] 蒙文通.略论黄老学[A],蒙文通.蒙文通文集[C].成都:巴蜀书社,1987(7):276.

黄老之学的"黄"指黄帝,"老"就是老子。黄老之学就是一套将老子的哲学思想用于政府管理、社会治理中的思想体系,其特点是:道法结合,以道论法,兼采百家。

有学者认为黄老之学可能有这样一个发展历程:先由老子的弟子文子初步发展,然后传给越国的范蠡,再发展为《黄帝四经》。

《太平御览》卷404所引太史公《素王妙论》:"计然者,蔡(葵)丘濮上人,其先晋国公子也,姓辛氏,字文,尝南游越,范蠡师事之。"《汉书·艺文志》道家类著录有《文子》九篇,班固自注:"老子弟子,与孔子并时。"晁公武《郡斋读书志》,北魏李暹为《文子》作注,指出文子"本受业于老子,录其遗言为十二篇。"从这些记载可以看出,文子就是《史记·货殖列传》中范蠡的老师计然,文子又是老子的弟子。范蠡运用计然的思想,首先帮助勾践灭吴,然后又泛舟五湖,辞职经商,终成"商圣"。

道家思想代表着中国本土思想在轴心时代的最高成就,其成就在于对自然与人生的、人性的、世事的深刻体悟,成为中华民族的智慧象征。

《周易》精髓的继承者与发扬者

老子是道家思想创始人,奠定了道家思想的基本格局。《道德经》一书的核心思想就是对"道"的全方位、多层次的阐发,而道就是宇宙自然以及人类社会的根本规律。

老子思想深受《周易》影响,可以说,《道德经》一书就是对《周易》精髓的哲学阐释。

我们在第二讲中已经讲到,《周易》六十四卦来源于伏羲八卦,伏羲八卦的创立是为了建立一个分析大自然变化规律的模型,

《周易》六十四卦则是在此基础上进一步发展而来的更加宏大的分析模型，其分析对象既包括宇宙自然，又包括人类社会。因此，在六十四卦中，前三十卦是上经，重点讨论天道；后三十四卦为下经，重点讨论人事。《周易》的基本原则是"推天道以明人事"。

这样一个思维模式被老子完全继承并加以发展。《道德经》也分为上下两部分，共八十一章，前三十七章为上篇道经，重点在天道的探讨；第三十八章以下属下篇德经，重点在人事的研究。和《周易》一样，老子也是"推天道以明人事"，认为人是大自然演化的结果，"天人合一"就要求人首先要顺应大自然的根本规律，不能逆天而行，而应该循序渐进、顺势而为。因此，人类在大自然面前要有敬畏谦慎之心，要时刻牢记人类的有限性。

老子对《周易》思想的第二个继承是对"变易"的深刻体察和阐述。《道德经》第五十八章说："祸兮福之所倚，福兮祸之所伏。孰知其极？其无正。正复为奇，善复为妖。人之迷，其日固久！"这段表述实则是对《周易》思想的进一步发挥。在老子生活的春秋后期，社会环境比起五百多年前周文王、周公创立《周易》的商末周初，已经更为复杂微妙，人的欲望也更加膨胀，在多方博弈、激烈竞争的态势下，社会的发展更加变幻莫测。因此，老子感慨：祸福盛衰总是如影随形、相伴相生，有谁能搞清楚它的究竟呢？它的本质就是没有定准！奇正互变、善恶转化，这种无穷尽的变化令人迷惑混淆。

既然世界的本质就是变幻莫测，那么应当如何应对才能保证自己和组织永远走在正确的道路上，使组织永续经营、基业长青呢？《道德经》第二十五章：

> 有物混成，先天地生。寂兮寥兮，独立而不改，周行而不殆，可以为天地母。吾不知其名，强字之曰道，强为之名曰

大。大曰逝，逝曰远，远曰反。

故道大，天大，地大，人亦大。域中有四大，而人居其一焉。人法地，地法天，天法道，道法自然。

老子认为，世界的本质就是不断变易、持续演化，在这种变易演化中，天、地、人都会起作用，但作为"万物之灵长"的人类要学会敬畏谦慎，要克制自己的欲望与妄念，使自己的精神状态达到"天人合一"的境界。

《道德经》第七章：

致虚极，守静笃。万物并作，吾以观复。夫物芸芸，各复归其根。归根曰静，静曰复命。复命曰常，知常曰明。不知常，妄作，凶。知常容，容乃公，公乃全，全乃天，天乃道，道乃久，没身不殆。

老子认为，人因为是"万物之灵长"，充分发展的智力使其心性常常处于欲望膨胀、唯我独尊的状态，而这种状态恰恰是违逆自然的、病态的。只有在"绝圣弃智""少思寡欲"的情况下，人才可能让自己的心性处于宁静淡泊的状态，才可能体察把握自然、社会的玄机，才能做出正确的判断，使自己和组织走在正确的道路上。

和《周易》一样，老子对宇宙自然和人类社会的演化是抱持着积极乐观的态度的。《道德经》第四十二章说："道生一，一生二，二生三，三生万物。"这里的"一"就是太极，也就是宇宙自然最本初的混沌状态。"二"就是阴阳，它是从混沌的太极中演化出来的。阴阳相克相生，演化出了宇宙星辰、江河大地，但"二"还不能产生世间万物，它必须借助于"三"，才能"生万物"。而这个"三"，既包含了自然界的"天""地"，还包含了万物之灵长——"人"。大自然按照自己的规律可以演化出各种自然物象，而"人"作为自然演化的结果，首先要遵循自然规律，在掌握了自

> 老子对宇宙自然和人类社会的演化抱持积极乐观的态度

然规律以后，又可以创造出大自然中本来没有的事物。从这里，我们可以看到《道德经》思想的积极方面。

2011年至2012年间，阿里巴巴经历了2011年1月至2月的欺诈门事件、2011年6月因支付宝剥离独立引发的公关危机、2011年10月"淘宝伤城"事件、2012年3月聚划算腐败案，两年里，马云和阿里巴巴遭遇了空前的考验。阿里巴巴究竟如何渡过了这些难关呢？

2011年1月至2月爆发的欺诈门事件，与2008年以来阿里巴巴B2B业务创新过程中管理工作未能及时跟进有关。

2007年11月6日上市当天，阿里巴巴B2B开盘价30港元、收盘价39.5港元。但到了2008年7月23日，阿里巴巴股价收报9.81港元。一名美国投行业人士认为，阿里巴巴B2B业务在产品创新和商业模式创新方面一直没有标志性突破。2008年又正值美国次贷危机引发全球经济危机，2008年11月，阿里巴巴为了进一步吸引中小企业厂商，将"金牌供应商"会员费用从每年4.98万元降低到1.98万元。这一低价策略立竿见影，2008年阿里巴巴财报显示，当年第四季度，阿里巴巴新增12192名"金牌供应商"客户。但是，也正是这一低价策略为诈骗门埋下祸根。

阿里巴巴B2B业务不同于淘宝的C2C业务，淘宝的C2C业务有支付宝这样的第三方支付担保平台。而B2B业务的外家买家对卖家的信任完全来源于阿里巴巴为这些公司打上的"金牌供应商"认证标签，一旦阿里巴巴的认证工作出现问题，买家就会遭受损失，也会损及阿里巴巴的声誉。

正是在利益的驱使下，阿里巴巴B2B业务出现了内部销售人员和外部骗子公司联手欺诈买家的问题。从2009年下半年开始，阿里巴巴就接到对"金牌供应商"的投诉，这种投诉不断增多，一直持续到2010年。2011年1月，阿里巴巴董事会成立调查小组彻查欺诈门。调查结果表明：2009年有1219家(占比1.1%)涉嫌欺诈，2010年有1107家(占比0.8%)涉嫌欺诈。阿里巴巴内部约有100人受到牵连，包括主管和一般销售人员，占阿里巴巴销售团队的2%。

马云果断地自爆家丑，并承诺赔偿。2011年2月21日，阿里巴巴B2B公司宣布，为维护客户第一的价值观，捍卫诚信原则，2010年该公司有约0.8%，即1107名"金牌供应商"因涉嫌欺诈被终止服务，该公司CEO、COO为此引咎辞职。

欺诈门事件刚刚降温，阿里巴巴又因支付宝剥离独立事件引发激烈争议。

支付宝剥离独立事件引发公关危机

支付宝是阿里巴巴旗下服务于阿里巴巴电商平台的第三方互联网支付平台，自2003年10月推出以来，发展迅猛。2010年支付宝市场份额达到51.2%。

根据2010年6月出台的《非金融机构支付服务管理办法》规定，要申请第三方支付牌照，"外商投资支付机构的业务范围、境外出资人的资格条件和出资比例等，由中国人民银行另行规定，报国务院批准"。由于支付宝市场份额已经位居中国第一，而第三方互联网支付业务涉及国家金融政策，为了规避风险，使支付宝能够合法、合规地健康运行，早在2009年和2010年8月，马云和阿里巴巴另外两个董事——控股40%的美国雅虎的杨致远及控股30%的日本软银的孙正义——经过协商同意，通过两次转让，将支付宝的全资控股股东由阿里巴巴集团全资子公司Alipay E-commerce Corp(注册于开曼群岛)，变更成了浙江阿里巴巴商务有限公司。

尽管支付宝股权转让在2010年8月已经完成，直到2011年前支付宝仍在执行协议控制。到2010年底，中国人民银行制定了《非金融机构支付服务管理办法实施细则》，马云决定终止支付宝的协议控制运营方式。

但在2011年讨论终止支付宝协议控制的董事会上，杨致远和孙正义都持异议。由于支付牌照申请时间紧迫，为了能获得首批非金融机构支付牌照，马云在没有达成协议的情况下，决定终止支付宝协议控制。

2011年6月10日，财新总编辑胡舒立在最新一期财新《新世纪》周刊上发表社评《马云为什么错了》。评论称，"马云，这个本世纪以来常操一口流利英文活跃于国际场合的中国企业风云人物，偷天换日，把明明属于中外合资企业阿里巴巴集团的核心资产支付宝，悄然转入自己控制的私人企业名下。"评论还称，"马云错了，错在违背了支撑市场经济的契约原则。"

由于胡舒立在中国财经新闻界首屈一指的影响力，该文一发表，马上引起了极大的社会反响，赞成者和反对者呈水火之势。

北京时间2011年6月12日凌晨1时，正在美国出差的马云给胡舒立发去短信，称胡舒立作为媒体人在"基本事实不了解的情况下就开始评论了"，并称"在尘埃未落地前就下定论，是评论者的不客观和不科学态度"。两人之间的短信交流进行了两小时，马云以诚恳、平和的态度向胡舒立介绍支付宝剥离独立的情况，得到了胡舒立的积极回应。后经马云同意，财新传媒将双方的沟通内容全文发布。

6月14日下午，刚从美国回国的马云紧急召开媒体沟通会，对胡舒立的指责进行了澄清，称支付宝事件只是商业谈判，不关乎任何所谓的契约原则，"我们做事情绝对100%合法，100%透明，阿里巴巴董事会授权处理支付宝牌照问题有董事会纪要为证，雅虎和软银不可能不知道。"

2011年7月29日晚，阿里巴巴集团、雅虎和软银宣布，就支付宝股权转让事件正式签署协议，支付宝的控股公司承诺在上市时予以阿里巴巴集团一次性的现金回报。至此，支付宝股权转移风波暂告一段落。

但2011年注定是不平静的一年。2011年10月，因淘宝网调整规则，淘宝商城被持续有组织地恶意攻击，导致部分合规经营的淘宝商城店家的正常经营秩序受到严重干扰，这就是"淘宝伤城"事件。

淘宝网调整规则，是中国电子商务发展经历了前期的野蛮生长后，开始转型升级，从鱼龙混杂的集市模式走向规范化、品牌化、品质化竞争时代的及时措施。从这个角度说，阿里巴巴是有前瞻眼光的，是符合中国电子商务发展前景的。

淘宝新规则的制订从2011年初就已开始，2011年6月，淘宝拆分为三部分：平台式购物网站淘宝商城、购物社区淘宝网和购物搜索一淘网。淘宝商城主打高品质品牌商品，主要为大中型卖家服务，因此在技术服务费和保证金上都有大幅提高。新规规定，入驻淘宝商城的卖家每年支付的技术服务年费从原先的6 000元提高至30 000元和60 000元两档，保证金从此前的10 000元提高到50 000元、100 000元和150 000元三档。淘宝网主要为小微卖家服务，延续原来的政策。

但淘宝在调整规则时，时间过于急迫，调整幅度过大，在沟通上也存在不够细致充分之处，导致众多小卖家的恐慌和愤怒，再加上竞争对手以及对淘宝心怀不满的人的煽动，最终发生了"淘宝伤城"危机事件。

2011年10月17日，阿里巴巴召开新闻发布会，马云宣布淘宝商城修改新招商规则。新规则允许老卖家享受"新规延迟制度"，并将所有商户的保证金减半，而那些不愿与淘宝商城签约的商家，可以转移至淘宝网。至此，"淘宝伤城"事件告一段落。

艰难的2011年刚刚熬过去，2012年一开春，马阿里巴巴又遇上了事：聚划算腐败案。

聚划算是从淘宝拆分出的一家公司，经营团购业务。聚划算自2010年成立以来，在阎利珉的带领下，业务飞速发展，2011年聚划算销售总额超过100亿元。但也正是在这种高速发展的情况下，聚划算在管理和制度上出现漏洞，造成聚划算领导和工作人员收受贿赂，最终被追究刑事责任的严重问题。

从2011年年中起，有关聚划算在招商过程中不规范乃至工作人员谋取不当利益的举报就接连出现。经过阿里巴巴集团廉政部、合规部等部门的联合调查，发现部分属实，部分"小二"存在严重违规问题，甚至触犯法律。2012年阿里巴巴首席风险官邵晓锋公布，2012年共完成22件案件调查，查处违规员工27人，移送司法机关6人。

面对上述问题，阿里巴巴集团在2012年年初提出了为期三年的"修身养性"，并做出了2012年全年只新增200名员工的规定。

2012年的10月，马云在杭州阿里巴巴总部接受了《时尚先生》记者李翔的采访，对2011年以来的问题进行了较为深入的反思，也提出了应对危机的思路。这次访谈是马云管理思想的一次系统、全面的展示，可从中看出传统文化特别是《周易》与道家思想对他的影响。

在这次访谈中，马云坦言上述危机事件对他造成的严重冲击，也谈到了外界的误解、抹黑、谩骂让他感到的委屈，还谈到了"高处不胜寒"的悲凉。但这次访谈最有价值的地方在于，马云在一年多艰难苦恨的成功应对后，回归到传统文化并从其精髓中获得了继续前行的力量。马云在访谈中说了下面的话。

> 这一年(2012年)整个集团的思想是修身养性。因为在经过2011年后我总结下来，假如我们不关心自己，不关心身边的人，不关心员工，你要想关心世界那是胡扯。还有，我们要让阿里人明白，我们要建立的是一个生态系统，而绝对不能建一个帝国系统。所谓养性，性命相关，性格和命运是相关的。所

《周易》与道家思想对马云的影响

以，一个人的性格决定了这个人的命运能走多久，一个公司的性格也决定了一个公司能走多久。"

……

现在我自己觉得，我静下来，公司就会静下来。慢慢去思考。有些问题在慢的时候反而会变得清晰。所谓你乱得越快，外面乱得越快，你静下来，外面自然也静下来。

……

我觉得太极拳带给我最大的是哲学上的思考。阴和阳，物极必反，什么时候该收，什么时候该放，什么时候该化，什么时候该聚。这些跟企业里面是一模一样的。你去看西方的管理哲学，是从基督教的思想过来的。包括日本的精益管理，也都有自己的哲学思想在里面的。中国公司的管理，要不就是从西方学一些管理思想过来，要不就是从日本学习一些流程管理的方法，没有一个文化根基。我认为我们必须要有一个文化根基，中国的管理才能够进入世界的管理财富中。我从太极拳里悟出了儒释道文化，很有味道的东西。我把它融入企业管理，这样我是很有根源的。否则你今天去剽窃了一下GE的六西格玛，明天去学习了一下日本的精益管理，后天再去学习下欧洲的资本运作，但人家的东西是有根基在里面的。你没有根基是不行的。

但是今天，假如你没有根基，你只是用了些人家的手段，没有用。你必须要有根基。你刚才问我太极拳的问题。我从太极拳看到道家思想，再从道家思想看到佛家思想和儒家思想。再通过学习明白整个基督教的管理思想。在这里面，假如我能从中国文化的源泉，能从这里面诞生出我们的管理哲学思想，这个公司才能持久，才能进入世界级。否则你就是个剽窃货，就是山寨。中国绝大部分企业都是山寨货。"①

马云之所以对太极拳推崇有加,就是因为太极拳本身就融会了《周易》的太极、阴阳辩证理念,其阴阳开合、刚柔相济、内外兼修的理念与《周易》和道家阴阳相克相生之理、在变易中修身养性保持定力的思想是一脉相承的。从这个意义上说太极拳是武术版的《周易》是成立的。

《周易》是在商、周两个民族的激烈博弈中诞生完善的,道家思想是在准确理解了《周易》思想的基础上,对西周乃至春秋时期权力博弈经验进一步总结的结果,二者都深刻体悟到:越是复杂的环境,越是激烈的博弈,越需要"淡泊以明志,宁静以致远"。

马云和阿里巴巴所经历的2011年、2012年,正是中国电子商务迅猛发展的时期,也是关键的转型升级期,欺诈门事件、支付宝股权转移事件、"淘宝伤城"事件、聚划算腐败案等都是高速发展与转型升级所不可避免的伴生物。而中国商业环境比起美国、西欧这些发达经济体,其竞争的激烈程度、复杂性及变易性,是有过之无不及的。因此,中国的企业家,尤其是标杆性企业的领军人物,需要具备高超的品德心性修为,具备强悍的逆商、高妙的情商、出色的智商,这样,才可能有效应对来自各方的冲击和压力。

马云在这次访谈中还讲到过下面的话。

> 今天我以从道家里学到的无为而治的思想,去培养下一代的领导人,培养生态系统,无为的生态系统。让它慢慢、慢慢生长。
>
> ……
>
> 公司是通过文化来管理。21世纪的价值观是自我管理,所

---

① 李翔.《时尚先生》专访马云:商业王国、孤独感、管理艺术[EB/OL]. http://tech.sina.com.cn/i/2013-01-06/17027951221.shtml, 2013-01-06.

以要求员工的自我管理能力，要求组织的自我管理能力，而不是管理别人的能力。

……

我敬畏未来，我敬畏我不懂的东西。我敬畏所谓的敬畏之心。一定有一种力量存在，这种力量存在着，是你不懂的。它超越你的能力。对于未来，你不要以为你能算命。错的概率很大。你要敬畏你边上共事的人。[①]

这些提法，都是马云"修身养性"的具体体现。经过2012年的"修身养性"，阿里巴巴获得了强劲的发展动力。2013年，马云开始布局菜鸟网络战略。2014年9月，阿里巴巴的电商业务在美国成功上市，上市一个月市值即超过2 000亿美元。2017年10月，阿里巴巴市值超过4 700亿美元。

道家对《周易》精髓的继承与发扬对企业管理有如下启示。

第一，道家对"道"的推崇，继承的是《周易》"推天道以明人事"的思想精髓。从对"道"的推崇，继而强调对天道、对人类社会根本规律的敬畏，提示个人在人类历史上的渺小，人类在宇宙自然面前的微不足道。

> 道家对"道"的推崇，提示个人的渺小

对企业家来说，每一个人都要意识到，不管你的企业发展到了何种程度、发展速度多么迅猛，你都会受到来自自身视野、知识、资源、能力的限制，你都会受到商业环境、国家制度、同行竞争、消费者诉求等因素的影响。这些因素都可能在你不经意间产生重要影响，使你和你的企业遭受重创。杰出如马云、优秀如阿里巴巴在2011年至2012年间都遭受了那么多的考验，马云都要发出"敬畏未来""敬畏我不懂的东西"的感想，何况平凡如你我呢？

[①] 李翔.《时尚先生》专访马云：商业王国、孤独感、管理艺术[EB/OL]. http://tech.sina.com.cn/i/2013-01-06/17027951221.shtml，2013-01-06.

道家对"变易"的深刻体察，提示企业家要保持定力

第二，道家和《周易》对于"变易"的深刻体察，提示企业家要在变易中保持定力，不为外界的诱惑、压力、变化影响，坚持企业发展的既定方向。同时，也要对内外变化做出及时、正确的反应，及时调整企业经营管理中存在的问题，消除风险，保证企业走在正确的道路上。

在上述的案例中，面对内外的变易，马云有变也有不变。变的是具体处置方法、具体人员的去留惩处、招聘计划、组织机构的设立等，不变的是阿里巴巴的核心价值观、发展战略和管理思想。

因此，对一个企业家来说，把握好"变"与"不变"的尺度，拿捏好阴阳相克相生之间的平衡至关重要。

在掌握"道"和"变易"的前提下主动创造创新

第三，"道"与"变易"都是客观存在的事物，在"道"与"变易"面前，无论是个体的人还是作为整体的人类，事实上都很渺小，但人作为万物之灵长，是可以在掌握"道"与"变易"的情况下，进行积极主动的创造创新的。要达到这一目的，就必须"修身养性"，消除不符合天道的膨胀的欲望与情绪，使自己与天道有机融为一体，进入"天人合一"的化境。

在上述案例中，马云在相当程度上已经接近这一境界了。2011年10月"淘宝伤城"事件中，马云深感委屈，满怀愤懑。10月17日主持新闻发布会前，阿里巴巴的同事一再告诫他要"忍"。马云听取了下属的意见，发言前在手心里写下了"忍、忍、笑、笑、笑"，反复暗示自己，最终较好地将这次危机平息了下去。[①]

---

① 谢璞. 伤城[J]. 21世纪商业评论，2011(11)：59.

上善若水的智慧

《道德经》第八章：

> 上善若水。水善利万物而不争，处众人之所恶，故几于道。居善地，心善渊，与善仁，言善信，政善治，事善能，动善时。夫唯不争，故无尤。

这段话表达的意思是，做领导最好的状态就像水一样。水润泽万物却不与万物相争，而让自己身处低洼之地，因此水的性质差不多就符合宇宙自然、人类社会的根本大道。做领导就要让自己处于安全的地位，内心安宁幽深，与外界保持和谐稳定的关系，说话要讲信用，政策与策略要高效合宜，事情要办得漂亮妥当，重大举措要把握时机。因为不一味与人争权夺势，因而不会招怨结仇。

道家十分注重在管理工作中要遵循规律，要时刻注意内部情况和外部环境的变化，要随时根据条件和情况的变化调整战略，以不断创新应对变化。因此，老子所说的"上善若水"就包括以下内容。

> 对"上善若水"的理解

第一，作为领导者，作为领军型企业，应当站在宇宙自然、人类社会的高度去看待问题、处理问题，应当"善利万物而不争，处众人之所恶"。这一思想与儒家的"仁者爱人"、佛家的"慈悲""普度众生"的思想是一致的。

第二，作为竞争者，企业领导和其所领导的企业应当具备自我保护、健康发展的能力。要想健康发展、永续经营，除了"善利万物而不争，处众人之所恶"，还得"居善地，心善渊，与善仁，言善信，政善治，事善能，动善时。"

怎样才能做到"居善地，心善渊，与善仁，言善信，政善治，事善能，动善时"呢？那就必须"上善若水"，因为水除了"善利万物而不争，处众人之所恶"之外，还具有柔和、无固定形状等特点，这就提示我们在风云变幻的博弈竞争中，要保持内心的柔和灵动，要始终让自己的精神处于创造创新状态，杜绝保守僵化。

从历史上看，中国春秋时期就已经出现了"商圣"范蠡。作为老子的再传弟子，范蠡先将道家关于变易创新的思想用于辅佐越王勾践灭吴，后又将之用于商业经营，终成巨商大贾。

中国现代企业家，能够做到令企业稳健发展的，几乎都恪守了"上善若水"的精神。

民国时期上海金融家陈光甫通过办旅行社来宣传上海商业储蓄银行，在大学设办事处并给大学师生发放贷款，遵循的就是"水善利万物而不争"的原则，通过提供公益服务获得社会美誉度，从而促进了企业经营效率。

中国台湾的"经营之神"王永庆也是如此，他"买也要吃，卖也要吃"的提法体现的也是"水善利万物而不争"的精神。就是强调在经营活动中要处理好与利益相关人的关系，要实现双赢，而不是仅仅是自己合适。王永庆认为，企业最重要的利益相关人就是客户。为了留住客户，他告诫业务员，要做企业和客户之间的桥梁，让买卖双方居于平等的地位，为每一方都获得100%的利益。因此，业务员要做到四点：价钱公道，品质符合要求且质量稳定，交货期准确，服务周到。他还要求业务员把客户的抱怨当成"宝"，以之作为改善产品和服务的重要参考。

正因为有这样的理念，王永庆的台塑集团将一千五百多家下游企业看成是"命运共同体"，台塑与它们生死相依、盛衰与共。

有一次，台塑高雄厂发生了火灾，大量原料被焚毁，损失惨重。当时市场上本来就原料紧张，这下更加供不应求。按市场规律，台塑这时完全可以涨价弥补损失。但王永庆向下游企业承诺，维持价格不变，同时尽快恢复产能。第二次石油危机爆发后，国际塑胶原料价格普遍上涨，王永庆仍然维持价格不变，而是通过降低生产成本来自我消化经营压力。为此，台塑当年的营业收入和盈利分别减少了13亿元新台币和6 000万元新台币。

台塑不仅在经营上让利于客户，还在经营管理的培训上为客户提供服务。1984年，王永庆应客户的要求，设立"企管研讨会"项目，积极筹备为客户提供企业经营管理的培训课程。一年后，"企管研讨会"正式开课，授课教师都是在台塑工作十年以上的资深高管，学员则是下游企业的管理人员。

甚至在股票市场上，王永庆也不惜自我牺牲以补偿股民损失。1973年，台塑增资扩股，当时股票每股244元新台币。然而，股票刚发行没多久就遇上了石油危机，股市大跌，台塑的股票跌破了发行价，股民要求台塑补偿自己的损失。虽然这一要求并不合理，但王永庆还是决定补偿股民的损失，为此，他付出了4 000万元新台币。

王永庆是这样解释的："如果赚一块钱就有利润，为什么要赚两块钱呢？何不把这一块钱留给客户，让他去扩大设备，如此一来，客户的原料需求量将会更大，订单不就多了。"[①] 从这里可以看出，在处理上下游产业链的关系上，王永庆着眼于整个产业链的持续发展壮大，从产业链的发展壮大获得更多利润，而不是竭泽而渔、杀鸡取卵。在处理与股民的关系上，王永庆甚至都超越了产业链的利益关系，站在宇宙自然、人类社会的高度去看待问题和处理问题，体现了道家"上善若水"、儒家"仁者爱人"、佛家"慈悲""普度众生"的精神，老子的"水善利万物而不争"的古老智慧在王永庆这里得到了全新的阐释和全面的践行。

---

① 迟玉德. 王永庆：最珍贵的台湾精神[EB/OL]. http://www.huaxia.com/tslj/rdrw/2016/12/5113808.html，2016-12-12.

移动互联网时代的"上善若水"精神

在移动互联网时代，老子"上善若水"的思想得以发扬光大，并呈现出多姿多彩的样貌。

在我国的图书出版中，童书是一个比较特殊的细分门类，有一系列特点。

首先，童书的读者是少年儿童，童书的根本作用在于塑造少年儿童读者的价值观，培养其健康的心智、良好的学习习惯和生活习惯，开阔视野，训练技能。一句话讲，就是促进少年儿童全面发展，健康成长。因此，对很多家庭来说，购买童书是一种具有较强刚性的教育投资，而不是一种弹性较大的文化消费。

其次，童书的创作编写、编辑、出版往往涉及文艺创作、教育学、心理学、社会学、传播学以及各种专业知识，家长在选购、引导孩子阅读时需要具备较完备的相关知识，而这一要求对目前我国绝大多数家长而言存在较大的困难。

正是基于这些特点，童书出版业和童书读者间就需要有沟通交流的桥梁，具体就体现为童书阅读推广人和推广机构。21世纪初开始，就有童书阅读推广人和推广机构出现，对我国的童书出版起到了积极的促进作用。但由于当时传播技术的限制，这些童书阅读推广人和推广机构的价值更多地体现为公益性，他们的社会影响力、商业潜力都还未能被充分挖掘出来。

2013年微信兴起后，童书阅读推广人借助IT技术和移动互联网技术，在很短的时间里就把童书阅读推广进一步发展为童书的社群营销，将童书分销格局由原来的平台电商和实体书店二分天下改变为平台电商、实体书店与社群营销三足鼎立。"童书出版妈妈三川玲""大V店""凯叔讲故事""小小包麻麻""爱读童书妈妈小莉"等都是其中的佼佼者。其的特点是：基本上都是75后、80后，大多有媒体或童书出版经验，都有较好的儿童教育理念，对童书都十分熟悉。而其成功的原因，正是贯彻了"上善若水"的精神，首先为目标用户提供良好的幼儿教育服务、童书阅读服务，在获得了目标用户的充分信任后，才进行商业、营销推广活动。这里，我们以"童书出版妈妈三川玲"为例分析这类机构商业模式的逻辑。

三川玲原本是一名图书编辑，在女儿出生后，致力于童书出版，很自然就把对自己孩子的教育问题和童书出版的专业问题有机结合起来了。这种专业背景和对儿童教育、童书出版及阅读的关注思考使她逐渐成为童书阅读推广领域的专家。在使用微信之前，她曾经使用过博客和微博，但效果都不明显。2013年7月，在朋友的建议下，三川玲开设了微信公众号"童书出版妈妈三川玲"，第一天订阅者超过1000人。目前，这个公众号一百多万订阅者来自四十多个国家，同一百多家童书出版机构建立了业务往来，是"妈妈群"中知名的社群营销大品牌。

从一开始，三川玲的文章就指向教育的三个要素：学校、家长和学生。对学校、家长和学生之间信息交流的不足与误解，对儿童教育中存在的问题，她结合自己图书编辑的专业知识，提供了很多图书阅读方面的建议，很自然就将出版机构、家长以及少儿读者联系起来了。在频繁的互动中，依托公众号的商业模式，微店"童书妈妈市集"应运而生。

2016年3月，"童书出版妈妈三川玲"发了一篇文章，介绍了国外关于特殊教育的8个绘本故事。文章发表后，三川玲收到了很多家长来信，要求三川玲帮助购买这些绘本。三川玲联系了中国图书进出口公司，进口了国外一些关于特殊教育的绘本，以微店为渠道进行销售。这次商业化尝试的效果很好，四五天时间里销售额达到了20万元左右。

受此启发，三川玲开办了微店"童书妈妈市集"。"童书妈妈

"市集"以销售新出版的童书为主，兼及家长用书。进入"市集"的童书一般都能获得三个月1000册以上的销量，最高可在一个月内销售上万套，甚至有一部分童书的销量是同期三大电商销量的总和。

"童书妈妈市集"之所以有这么好的口碑和营销业绩，与三川铃的敬业精神和专业能力是分不开的。三川玲选书的原则是：艺术品位高、具有教育意义和社会情怀，入选"童书妈妈市集"的图书都经过精挑细选，入选率大概是100∶1。入选后，三川铃还为重点图书撰写书评，指导家长与孩子阅读。

在"童书妈妈市集"商业模式探索成功后，三川玲围绕着儿童教育又开办了一系列活动，如"童书妈妈读书会""家长课堂""儿童读书会""儿童心理工作坊""乡村幼师培训计划"(CKDP项目)等。这些活动将线上活动扩展到线下，基本都是非营利的公益性活动，都是为了将三川玲的儿童教育理念通过更加多样的方式传播到更多的家长群体中。

正是这些公益性活动，使三川玲对中国家长的儿童教育需求有了更加深刻准确的理解，使公益活动与商业拓展相辅相成，营造出了良性的商业生态，不断促成新的商业项目的开发。比如，根据部分家庭的少年儿童夏令营活动的需求，三川玲与相关的少儿夏令营机构合作，推出了"童书妈妈营地精选"；针对少儿读物在原创方面的不足，她与图书策划发行机构读库合作策划了诗歌绘本《孩子你是怎样出生的》。

道家"上善若水"对企业经营管理的启示如下。

第一，企业应当把自己看作是整个宇宙自然、人类社会的有机部分，企业与宇宙自然、人类社会一荣俱荣、一损俱损，领军企业及其领导应当担当起引领社会、打造商业生态的职责。

第二，领军企业及其领导在打造商业生态时首先要为社会、为目标用户创造价值，赢得社会及目标用户的信任；其次要不断创新，针对用户"痛点"设计商业模式，满足和引导用户需求。

"无为"的现代价值

"无为"是道家学说中一个极其重要的概念，《道德经》中多个章节对此反复强调。

《道德经》中多次提到无为

《道德经》第二章：

> 是以圣人处无为之事……，功成而不居。夫唯弗居，是以不去。

意思是，圣人以无为的态度处理世事……，事情做成了不居功自傲。正因为不居功自傲，因此他的功业不会被泯灭。

《道德经》第三章：

> 为无为，则无不治矣。

意思是，以无为的理念做事情，就可以事事皆通、无所不治。

《道德经》第五章：

> 天地之间，其犹橐籥乎。虚而不屈，动而愈出。多言数穷，不如守中。

意思是，天地之间，就像个风箱。空虚而不衰竭，发动起来后就不会停歇。政令繁多反而招致败亡，不如持守虚静。

《道德经》第十七章：

> 太上，不知有之。其次，亲而誉之。其次，畏之。其次，侮之。信不足焉，有不信焉。悠兮其贵言，功成事遂，百姓皆谓我自然。

意思是，做领导最高的境界，就是国家运行得很顺畅而老百姓不知道领导的存在。其次的境界，是老百姓对领导亲近而赞誉。第三种状态是老百姓害怕他。最糟糕的情况是，老百姓轻辱他。因为信用不足，因此民众不相信他。做领导做到最高境界的人，他惜言如金，他顺势而为将国家治理到位，百姓都说这是其本来的样子。

《道德经》第四十九章：

> 圣人常无心，以百姓心为心。

意思是，伟大的领导者没有自己的想法，他把人民的意愿当作自己的意愿。

《道德经》第五十七章：

> 以正治国，以奇用兵，以无事取天下。

意思是，用光明正大的手段来治理国家，用诡奇的方法指挥战争，用清静无为之道来治理天下。

《道德经》第六十章：

> 治大国，若烹小鲜。

意思是，治理大国就像烹制小鱼一样，不能反复翻腾。

道家特别强调作为国家社会主导因素的领导者要研究理解自然与社会的规律，顺势而为，尽量减少对自然与社会的粗暴干预，而要使万事万物处于自然随顺、健康发展的状态。

<small>无为并非无所作为</small>

需要指出的是，道家所说的无为并不是无所作为、得过且过，而是不妄为。事物发展到关键的时刻，杰出的领导者会及时地积极作为，将事物引导到健康发展的道路上去。这时的作为，起到的是"四两拨千斤"的作用。

道家所说的无为，实际上是一种极高妙的状态，它是一个组织、一个社会进化到十分成熟以后才可能实现的。在这种状态下，最高领导者与他的管理团队以及下属成员在价值观、创造力、团队合作、执行力等方面都已臻完善。应该说，这种境界在历史上并不多见，但在现代工商管理中已经出现了一些较好的案例，而在移动互联网、云计算、大数据、物联网的今天，道家的无为终于得到了更彻底、更全面的实现。

我们认为，在道家无为学说中，"圣人常无心，以百姓心为心"是一个关键，这一思想包含着尊重个体意愿、个人自由的重要价值取向，道家认为，尊重了个体的自由发展，就可以使社会进入一个生机勃勃的境界。

对道家的无为学说，我们可以联系德国物理学家哈肯的"自组织"理论做对比。哈肯认为，根据进化形式不同，组织可以分为他组织和自组织。在没有外部指令的情况下，以相互默契的某种规则自动形成有序的结构就是自组织现象。如果一个系统的自组织功能较强，就说明其生命力较强。

无为学说与"自组织"理论

道家的无为状态与哈肯的自组织有相似之处，道家"天地之间，其犹橐籥乎。虚而不屈，动而愈出"就是指社会组织"在没有外部指令的情况下，以相互默契的某种规则，自动形成有序的结构"。但道家的无为并没有舍弃领导者的积极作为，而是强调领导者的积极作为与下属成员的自发自愿的创造活动的有机融合与相互促进。

我国温州发展模式被概括为"市场解决模式""自发自生的发展模式"和"自组织模式"，在相当程度上就是道家无为学说的体现。

因此，无为说到根本就是将组织中全体成员的积极性充分激发出来，使整个组织进入鸢飞鱼跃、万物葱茏的化境。

在企业管理中，已有管理学家提出了与无为学说十分相近的观点，也有企业家按照这种理论成功管理的案例。

企业管理中的无为观点与案例

比如，法国管理学家法约尔就反对上层领导者在工作细节上耗费大量时间，他主张企业领导人应当保持对重大事情的研究、领导和检查的思维自由和必要的行动自由。

1981年杰克·韦尔奇接任通用电气公司总裁，觉得公司管理得太多而领导得太少。他认为工人们对自己的工作比领导更清楚，经理们不需要横加干涉。为此，他实行了"全员决策"制度，使那些平时没有机会互相交流的职工和中层管理人员都能出席决策讨论会。

香港百年企业李锦记第四代传人李惠森说："《道德经》谈到四种类型的领袖——'太上，不知有之；其次，亲而誉之；其次，畏之；其次，侮之。'最低级是所有人都恨他，第三级是怕他，第二级是自然领袖，他已经很有魅力了，第一级是无形领袖。我觉得全球像哈佛商学院这样顶级领导力培训学校，他们现在教的还是第二级的东西，很注重领导者个人方面的，培养的是CEO，而不是第一级的chairman(主席)，'我'大于'我们'更多一点。"[①]

施行无为之道是有条件的但需要特别指出的是，要在企业管理中施行无为之道，必须具备几个条件：企业已经发展到一定程度；建立起深入人心的企业文化；有经过市场检验的企业战略和企业发展方向；建立了优秀的管理团队和员工队伍。

在企业发展初期，上述条件远未具备之时奢谈无为会导致严重不良后果。

道家无为学说的真正用武之地我们认为，道家无为学说只有到了移动互联网、云计算、大数据、物联网时代，才能彻底、全面地实现。因为，在道家无为学说中，包含着对组织成员创新潜能与创造力的极度尊重。同时，道家对儒家的等级尊卑制度持激烈的批判态度，主张平等、弘扬自由。这也是为什么说道家学说在中国传统学说中最具创新精神、最具自由精神的原因。

但遗憾的是，道家学说本身只能作为主导思想体系——儒家——的补充而处于边缘地位，因此，道家自由、平等的思想在传

---

① 曹惺璧.李锦记：专注的刺猬[N].经济观察报，2013-01-18(5).

统中国社会一直都只能是一个梦想。

而到了移动互联网、云计算、大数据、物联网时代，通过网络，人与人之间的平等关系得到了最大程度的实现，借助网络渠道，人们实现了无障碍的自由表达，在频繁即时的交流中，人们的创造力和创新潜能得到了最大程度的释放。在这样的环境中，道家无为学说才真正有了用武之地。

我们认为，中国社会经济之所以在最近20年左右的时间里借助IT技术和互联网实现了"弯道超车"，根本原因之一就是中国道家无为之道充分发挥了作用。

美国学者尼古拉斯·尼葛洛庞帝1996年在《数字化生存》一书中指出，数字化生存有四个特征：分散社会上层人物权力、全球化、追求和谐、赋予平民权力。四个特征中第一和第四个都指向人与人之间的日趋平等。这些预言在互联网后来的发展中全部应验。

微软前大中华区总裁黄存义在一次演讲中指出： _{从微软看无为}

> 微软不是层级式的组织结构，而是网络式的结构。在这种结构中，领导不是最有权力的人，而是最有知识、真正能解决问题的人，这个人可能是工程师或设计师。在这种组织结构中没有上级，它使得每一个人都可能当英雄，比尔·盖茨把所有人都当英雄，那么这个公司就会英雄辈出……[①]

应该说，微软已经认识到了网络环境下企业经营管理无为之道的意义，也做了积极的探索。但由于时代局限，微软的探索仅是互联网环境下领导与管理理念变革的1.0版本，到了谷歌才进入2.0版本。

谷歌创始人佩奇和布林提出：谷歌能吸引天才，是因为我们让 _{从谷歌看无为}
他们有机会改变世界。

[①] 张维迎. CEO与北大对话[M]. 北京：中国财政经济出版社，2003.

佩奇和布林都上过蒙台梭利学校(蒙台梭利,意大利教育学家,主张教育中的引导、引发、激励学生自主学习,而不是灌输、强制),两个人都不喜欢权威,不喜欢被告知应该怎么做。

谷歌充分发挥互联网时代员工的创造性,并把这一理念转化为管理模式:扁平化的层级制度、横向沟通的密集网络、给予提出特别创意的员工特殊奖励、基于团队的产品开发方式。

谷歌创始人的管理在一定程度上仿效一流大学的做法:小型工作团队、大量试验、大量的同事反馈、改变世界的使命感。

谷歌依靠的不是中层人员管理工程师,而是依靠公司同事们在公司数百个小型并且大部分自治的团队之间真实、畅通的交流与反馈。谷歌团队中都有"最高技术领导",这一职位根据项目要求在团队成员中不断变换。大多数工程师为几个团队工作,改变工作团队不需要人力资源部审批。

从小米看无为

将谷歌的这些做法成功克隆到中国的是创立小米公司的雷军。正是依靠这些理念,小米公司在2010年到2014年间获得了飞速发展。

2010年4月6日,小米公司正式成立。

2011年7月12日,小米公司宣布进军手机市场。

2012年底,小米公司销售额达130亿元。

2013年底,小米公司销售额达300亿元。

2014年底,小米公司销售额达700多亿元。

2017年底,小米公司销售额达1 146亿元。

从腾讯看无为

将无为之道运用到互联网产业中,达到了出神入化境地的是腾讯的马化腾,而标志性产品则是微信。

微信是腾讯于2011年1月21日推出的一个为智能终端提供即时通信服务的免费应用程序。在短短六年多时间里,微信和WeChat合并月活跃用户数已经达到了9.63亿。更重要的是,在集聚庞大用户规模的同时，微信通过不断创新，实现了"连接一切"，打造出一个涵盖生活、工作各个方面的商业生态系统，为医疗、酒店、零售、百货、餐饮、票务、快递、高校、电商、民生等数十个行业提供解决方案，成为移动互联网时代的明星产品。

那么，微信是怎么诞生，又是怎么发展壮大的呢？

微信从其诞生之初到整个发展过程都蕴含着无为基因。

腾讯对微信的开发源于美国的多平台智能手机应用程序Kik Messenger，除了腾讯，米聊、易信、来往友信等走的也都是模仿创新之路，但这场竞争最后的赢家是腾讯。

为了保证产品的竞争力，腾讯组织了三个团队来做微信，实行内部竞争。三个团队包括无线事业群团队、张小龙团队等。张小龙团队原本是做QQ邮箱的，但正是这个看似与微信业务较远的团队最终取得了成功。

为了节约成本，也为了团队更精干，沟通更高效，最开始研发微信的团队的规模都不大，如张小龙团队最初只有11个人，后来在腾讯内部被称作"小黑屋11人"。这11个人包括编程、UI（用户界面）、产品等各个环节的员工，他们都集中在一个会议室工作，以利于快速沟通、平等沟通、快速决策。

他们往往晚上11点聚在一起讨论方案直到凌晨三四点，第二天中午12点把讨论后的方案告知相关环节员工，然后把想法做出来，体现到产品体验中。根据做出来的demo（样品），继续下一个同样的循环。微信的"朋友圈"就是这样开发出来的，从启动到上线不到5个月的时间里，张小龙团队试验了数百种想法，最终获得了成功。

微信团队从最初的11人增加到2015年底的1400多人，依然保持着创业团队的面貌，平均年龄27岁，以应届毕业生为主。为了适应年轻人的生活工作习惯，微信团队不打卡、不坐班，实行弹性工作制，给予员工充分信任和尽可能多的自主性。

正是这种没有层级的高效沟通，激发了团队成员的创造力，使他们研发出了语音、"附近的人"及"摇一摇"等功能，在强手如林的同类产品中脱颖而出。

微信在同类产品中取得了领先地位后，腾讯高层适时地给予了大力支持，将QQ用户关系链导入，使微信用户迅猛增长。

2012年8月18日，微信开通公众平台，开始了微信商业化进程。2013年8月5日微信支付正式上线。2014年8月28日，微信支付正式公布"微信智慧生活"全行业解决方案。2017年1月9日，微信第一批小程序正式上线，为用户提供更为周到的服务。通过"微信公众号+微信支付"等一系列创新，微信吸引了越来越多的商家和用户在微信平台上社交、分享资讯、交易，微信日益成为一个"连接一切"的商业生态系统。

微信的迅猛发展，印证了腾讯发展战略的正确性——专注做连接，聚焦"两个半"核心业务。这"两个半"一个是社交平台，一个是数字内容，半个是发展中的金融业务。核心业务之外的领域，由各行各业的合作伙伴开发经营。腾讯通过与合作伙伴建立互相信任、互相支持的关系，帮助它们成长为独立的公司和平台。这种"去中心化"的开放战略，让"一棵大树"变成了"一片森林"，而腾讯的商业生态系统也水到渠成地建立了起来。

腾讯的商业生态系统的影响力体现在旗下产品的各个层次上。以微信为例，2012年5月推出了微信公众号后，在短短三年多时间里，微信公众账号就超过了1000万个，很多著名媒体人都把发声造势的阵地转移到了微信公众号上，而一些原本没有机会出头的草根人士也借助微信公众号一举成名。在微信公众号影响日益强大之时，商家看到了微信公众号中"大号"的营销潜力，于是社群营销在2015年以后风生水起。

以图书营销为例，在微信公众号兴起之前，出版社主要通过实体书店和电商平台两大渠道进行销售。2014年6月17日，著名自媒体"罗辑思维"（其中包括微信公众号）在90分钟内售出了8000套单价499元的图书礼包。这一案例启发了出版社利用微信公众号进行社群营销，从2015年起，图书业的社群营销迅猛发展。典型案例就是中信出版社的《世界上最大的蛋糕》。2015年6月，该书通过"童书出版妈妈三川玲""凯叔讲故事"等微信公众号，以及妈妈类QQ群、微信群，在上市一周内，首印12000册全部售罄，15天内加印到35000册。短短两年内，微信公众号改变了图书营销格局，将原来的实体书店和电商平台双峰并峙改为了实体书店、电商平台以及社群营销三足鼎立。

微信公众号之所以能改变我国的图书营销格局，根本原因就在于微信营造出来的商业生态系统所蕴含的强大生命力。它将无数草根人士的创造性和创新潜力充分释放了出来，通过频繁、密切的社群交流形成巨大的影响力，进而产生出基于公众平台的社群营销。

在这种商业模式中，生态是一个关键词。生态本来是一个生物学术语，一般指生物在一定的自然环境下生存和发展的状态。各类生物在一定自然环境下共生共存形成生态系统。生态系统是一种开放系统，它是指在一定空间范围内，植物、动物、真菌、微生物群落与非生命环境通过能量流动和物质循环而形成的相互作用、相互依存的动态复合体。

将生物学术语引入出版产业中，就有了出版生态及出版生态系统之说。在传统的出版产业环境下，受传播技术、传播条件的限制，从出版理念到出版行为，都是精英式的、点对面的、以单向传播为主流的，受众特别是普通民众的文化需求、交流愿望、表达愿

通过微信公众号进行的图书营销

望远远未能得到展示和满足。这种出版生态表现出明显的人工控制的特质，生态系统各个部分间的信息、能量的流动远未达到充分、即时、顺畅的程度，生态系统的开放程度也受到限制。图书出版项目与受众的互动交流，因为技术条件限制效果不理想，难以做到精准研发、精准营销，因为项目运营失误导致惨败的案例比比皆是。

移动互联网将互联网的连接、开放、交互等特性推进到了一个新的水平，它与大数据和云计算一起深刻改变了传统的传播理念、传播行为和传播效果。在这种新技术条件下，原本处于被动弱势的受众地位得到了巨幅提升，他们的文化需求、交流愿望、表达愿望不仅能够及时、充分地表现出来，而且还能够被及时、全面、充分地汇聚、分析和挖掘。

图书出版产业是一个细分程度很高的行业，除了少量男女皆宜、老幼咸喜的超级畅销书外，绝大部分的图书品种都只适合于特定人群，因此精准研发、精准营销在图书出版业至关重要。但一家出版社，每年的出书品种都少则数百、多则上千甚至数千，要想对所有品种都做到精准研发、精准营销是十分困难的。微信公众号的出现，则在相当程度上弥补了出版业的这一短板。

微信公众号往往都术业有专攻，致力于某个专业的研究和资讯、知识的传播，所集聚的用户都有专业性或社会特征，都有特定需求，出版社与这些有足够影响的"大号"合作，就可以将其出版的图书顺畅地引入目标受众手中，而借助这些"大号"的反馈，出版社也可以做好下一步的图书研发。

更值得一说的是，在腾讯的商业版图中，腾讯依靠QQ、微信建立起了庞大的商业生态系统，成为集聚了海量用户和数据的互联网平台商，进行着跨行业、跨媒体的业务拓展。腾讯之下的微信也同样是一个生态系统，而依附在微信公众平台上的2000万家（截至2017

年7月底)微信公众号,其中的"大号"事实上也成为一个一个中小型的商业生态系统,也在进行着跨行业、跨媒体的业务拓展。如上文提到的"童书出版妈妈三川玲",就已经从最初的情怀式的知识传播,首先跨界进入了图书社群营销领域,接着进入儿童消费社群营销领域,然后又开始了线上线下结合的儿童教育活动、童书出版策划以及儿童玩具研发制作。当下的微信公众号呈现出漫江碧透、百舸争流的景象,而这完全于依托于生态的伟力。

最后,我们还要说说微信与中国传统优秀文化之间的联系。

我们认为,微信这一产品之所以在推出后得以迅猛发展,与微信团队对中国传统优秀文化的深刻理解与顺应是分不开的。

20世纪30年代,著名社会学家费孝通根据田野调查结果提出了"差序格局"的概念。他发现中国人往往以自己为中心,将周围的人根据亲疏远近画出几个同心圆圈。离中心越近的人,与自己越亲近,自己对他们越好。离中心越远的人,则越疏远,自己对他们也越淡漠。

腾讯开发的微信之所以能够在新浪微博占据先机的情况下后来居上,很重要的一个原因就是微信所建构的关系与我们现实中的社会关系十分相似,它围绕"我"建立起不同性质、不同功能、不同层次的各种社交群体,就像围绕着"我"形成的各种同心圆。

这种社交关系中,"我"和别人的信息交流是一对一的,是私密、安全、可信赖的。

微信所建构的这种互联网社交关系完全符合费孝通在《乡土中国》中提出的"差序格局"概念。在传播关系上,微博是弱关系,而微信是强关系。由于微博是弱关系,不符合中国人"差序格局"的社会现实,因而在短暂火爆后归于平淡。微信是强关系,契合中国人频繁、密切、复杂、微妙、多层次的人际关系现实,因而得到

微信与中国传统文化之间的联系

了稳健发展，并开始进行商业化拓展。截至2017年上半年，微信和WeChat的合并月活跃账户数达到9.63亿，而同期微博活跃用户数为3.61亿。

微信在商业化方面的成功，引起了国外同行的高度关注，WhatsApp、Line和Viber等社交应用程序纷纷学习、模仿微信的功能，并进行商业化创新。这些现象说明，互联网经济创新，已经从20世纪90年代中后期的"copy to China"逐渐变成"copy from China"。

微信的成功是腾讯的创新团队深接地气、解决中国用户痛点的结果，其背后还有无为之道的深刻智慧，不从根本上学习腾讯的创新精神，仅仅简单模仿是难以奏效的。

无为理念对企业经营管理的启示如下。

第一，无为不是无所作为、得过且过，而是依循规律，顺势而为，是"四两拨千斤"。

第二，无为是要充分发挥各级员工的积极性，使企业的凝聚力、创造力发挥到最大。

第三，无为之道的实施需要有必备的条件。

第四，无为之道在移动互联网时代具有空前的应用潜力。

"天下神器，不可为也"

《道德经》第二十九章：

> 将欲取天下而为之，吾见其不得已。天下神器，不可为也，不可执也。为者败之，执者失之。

这一段话的意思是：想要通过蛮横的力量强取天下，我看这是无法实现的。天下是神圣的器物，不可能通过强力获得，不能够固执把持。通过强力获取一定失败，固执把持最终一定失去。

这里的天下，可以理解为人世间所有的稀缺优质资源，如权力、股权、资本、资产、经济资源、人脉资源、人力资本、特许经营权等。正因为这些资源的稀缺优质，因而它们必然成为世人争夺的对象。在这种情况下，参与竞争者要想最终胜出，就不能仅凭蛮力强夺，而应当遵循规律，在条件不具备的时候，积蓄力量，在时机成熟时及时出手，才可以达到预定目标。

中国很多优秀企业家都具备这种修为。柳传志领导联想集团在1994年至2001年间的股份制改革就是这样一个案例。

1994年2月，为了激发联想员工的积极性，柳传志和联想领导班子提出"股份制改造方案"，方案设计联想资产的55%归国家所有，45%归员工。但由于当时国家层面对国有资产如何改革尚未有一致的意见，这个方案被否定了。柳传志又提出分红权改革，65%归中国科学院，35%归员工。分红权改革得到了联想的上属单位中国科学院的支持，但考虑到当时的政策环境，柳传志并没有立即把分红发放到每个人手中，而是留在了账上。直到2001年，中国科学院批准了联想的方案，柳传志才将35%的分红按7年的标准进行分红，并顺利地实现了由分红权到股份制的转变。这就是柳传志著名的拐大弯智慧。

联想的前员工、融创中国董事会主席孙宏斌也同样具备如此智慧，但他的这一智慧是经历了种种坎坷后才获得的。

1994年孙宏斌在天津创办顺驰地产，开始的时候主营房地产中介，后来主营房地产开发。顺驰地产是孙宏斌创立的第一个企业，由于孙宏斌过人的号召力和经营能力，顺驰地产在短短几年内风头就直逼行业老大万科。但孙宏斌当时的经营管理作风刚猛有余，圆融柔和不足，以至于连孙宏斌原来在联想的领导柳传志都提醒他要注意防范风险。但当时的孙宏斌远未参透"天下神器，不可为也"的

柳传志著名的拐大弯智慧

孙宏斌经历坎坷获得智慧

玄机，最终资金链断裂，顺驰地产被迫出售给香港路劲集团。

所幸的是，孙宏斌在2003年创办了融创中国，2007年顺驰出手后，融创中国被推至前台继续运营。第二次创业的孙宏斌吸取了此前的教训，融创中国走得不仅快速，而且稳健。

2013年5月23日，在中国房地产研究会、中国房地产业协会、中国房地产测评中心联合发布的《2013中国房地产上市公司测评研究报告》及2013年中国房地产上市公司排行榜上，融创首次荣膺100强的第10名，更成功入选"经营绩效5强"以及"资本运营5强"两项专项排行榜。2015年，中国房地产研究会等三家单位联合主办的中国房地产500强测评，融创位居第8名。

从1988年孙宏斌投身商海到现在的30年时间里，孙宏斌既有变也有不变。从来没改变的是孙宏斌力争第一、不轻言放弃的精神，这是他能够一进入商海就脱颖而出的重要原因，也是他能东山再起的重要原因。改变了的是孙宏斌的心智模式、心性状态，他已经由1990年那个狂飙突进的青年才俊进阶为温和、成熟、大度、宽容的中年房地产业大咖。

2014年融创中国收购宋卫平绿城中国资产得而复失案例可以很典型地显示出孙宏斌的这种心智演进。

2014年7月，孙宏斌的融创中国收购了杭州地产商宋卫平的绿城中国，而且按协议把63亿港元打到了对方账户上。但仅过了三个月，宋卫平就反悔，要求收回绿城股权。面对宋卫平的反悔，51岁的孙宏斌表现出了成熟与大度。2014年11月5日，经过连续几轮谈判，孙宏斌同意宋卫平重返绿城，而且提出"极其宽松的付款条件"和一个"很不过分的要价"。12月24日，孙宏斌发出微博："我理解知进退是一种成熟；我深信妥协和让步也是一种勇敢；我坚信人不应该纠缠过去的是非对错，应该向前看，往前走。"

2015年上半年，融创中国收购深圳佳兆业资产再度失败。2015年6月底，从深圳回到北京，孙宏斌对媒体说："买卖无关输赢，吃了亏的同时得了人心。"

《周易·乾·文言》有言："亢之为言也，知进而不知退，知存而不知亡，知得而不知丧。知进退存亡而不失其正者，其唯圣人乎？"

孙宏斌的心智状态，已经有圣者意味了。而这，正是"天下神器，不可为也"的真谛。

"天下神器，不可为也"理念对企业经营管理的启示如下。

第一，对稀缺资源的获取，不能走霸王硬上弓的蛮横之路，要看清现实，顺势而为。

第二，对竞争中的挫折、不顺，要有"风物长宜放眼量"的胸襟和格局，要着眼未来、着眼大势。

刘永行企业经营管理中的道家智慧

道家十分注重在管理工作中遵循规律，时刻注意内部情况和外部环境的变化，以及随时根据条件和情况的变化调整战略，以不断创新应对变化。因此，老子提出了"上善若水"的理念。

四川民营企业家刘永行的企业发展战略就模范地践行了"上善若水"的理念。

刘永行从1982年起与家族中的三个兄弟一起辞职经商。1995年刘氏四兄弟分家后，刘永行的东方希望集团走的是一条以实业为主、打通产业链协同发展的道路。经过二十多年发展，东方希望集团形成了饲料行业、重化工行业和投资行业三大板块的业务格局，其中饲料行业和重化工行业实现了协同发展，在这两个产能过剩、普遍亏损的行业里，东方希望集团一直都是盈利状态。

刘永行是怎么做到的呢？

在2016年12月"第一财经年度峰会"的主题演讲中，刘永行讲道："两千年前老子的《道德经》的指导思想现在仍然非常管用。我们在讨论问题的时候往往是多维度的，'势、道、术'就是东方希望的哲理观念。"[①]刘永行还认为："中国人都是哲学家啊，什么叫哲学？制定战略的思想。哲学就是研究人和大自然、人和人、人和自己的关系，这点西方人不是中国人的对手。祖宗传给我们的东西，是势上的东西，是道上的东西，是制定战略的东西。"[②]

从刘永行的以上表述中，我们可以明显看出道家思想对他经营理念的影响。

还是在这次会上，刘永行提出，东方希望集团的经营理念是：顺势却不随流、明道而非常路、习术要善修正。刘永行所说的顺势、明道、习术是三位一体的关系，三个部分既相对独立又有内在联系。其核心意思就是：企业在对内外部环境做出准确明晰的了解后，根据外部环境和自身资源情况确定适合自身的独特发展战略，并通过精细化管理和专业化手段使企业在复杂多变的市场中获得超强的竞争能力，保持企业的永续经营。

刘永行的顺势、明道、习术经营理念是他三十多年企业经营管理精髓的总结，正是依靠这些理念，他把一个小小的育种场做成了横跨饲料、重化工、投资三大板块的企业集团。我们下面分别阐述。

我们首先讨论刘永行的第一个理念：顺势却不随流。

刘永行所说的顺势，意思是企业应当对内外环境和自身资源有准确明晰的把握，了解企业自身在外部环境中的地位，由此明确企业

[①] 刘永行. 从中国企业30年看未来[N]. 第一财经日报, 2017-01-04(6).
[②] 老虎财富. 全行业95%赔钱 刘永行却34年无亏年净利数十亿[EB/OL]. http://mini.eastday.com/a/170107160529168.html, 2017-01-06.

所具备的独特的"势",然后依循这一独特的"势"进行战略规划。

道家的核心思想之一就是"顺势而为",也就是依循规律进行运作,将客观环境和外部条件中本已存在或潜藏的有利因素激活,以实现己方目的。当客观环境和外部条件对己方明显不利时,道家的策略是或者韬光养晦、等待时机,或者以迂为直、迂回前行。

道家思想与儒家思想、法家思想的共同之处是,都认为人类的作为应当遵循规律。不同处在于,道家特别强调人类的作为要时刻保持对规律的敬畏,不能超越规律,不能"逆天而行"。而儒家,特别是法家则更强调人类对规律的积极运用,因此儒家讲"知其不可而为之",法家讲"人定胜天"。

正是这种差别,使道家思想在表面上比起儒家和法家来似乎要保守、消极一些。但这只是表面而已,实际上道家强调的是,人类作为大自然千百万年演化出来的万物之灵长,在无穷无尽的宇宙自然面前,实在不过是沧海一粟、是河中的一小撮泥沙。因此,保持对自身卑微、人类有限性的警觉,保持对宇宙自然规律的敬畏,可以让人类的作为更加健康扎实,更有后劲。过度作为很可能欲速而不达,很可能演变为"逆天而行",最终其兴也勃其亡也忽。

探寻刘永行三十余年的企业经营历程,可以明显看出其道家本色。

20世纪80年代初,刘永行四兄弟合作,制造出了一台国产音箱,起名为"新异音响"。由于缺乏资金,也没有工厂,他们打算和农村的集体企业合作生产。但公社书记说集体企业不能跟私人合作,刘氏兄弟的创业美梦胎死腹中。

音箱生产之路不通,刘氏兄弟决定转战农村养殖业,因为这一行业投资门槛低。他们在自家阳台尝试养鹌鹑,初步试验成功后,四兄弟中的老三陈育新(刘永美)办理停薪留职,到农村办起了育新良种场,以孵化小鸡和鹌鹑为主,兼营蔬菜种植。一年后,育新良种场获得了较好收益，四兄弟决定正式辞职，下海经商，时间是1982年，也就是希望集团正式创始之年。

值得一提的是，四兄弟决定正式辞职之前，特地找到当时的县委书记询问，回乡创业"要不要得？"得到肯定答复后，向单位正式提出辞职，辞职报告最后由四川省副省长批示，他们这才下海经商。

刘氏兄弟希望集团正式创立的"史前史"十分重要，它在相当程度上奠定了希望集团，特别是刘永行的东方希望集团的企业基因：顺势而为，积极进取；稳扎稳打，迂回前行。

1995年四兄弟分家后，刘永行的东方希望集团继续原来的饲料行业业务，但也是从这个时候开始，中国饲料业进入到产能过剩、过度竞争的阶段，企业利润率不断下降。东方希望集团虽然是国内饲料行业的领军企业，其利润率也不断下降。经过反复考察、思考，刘永行决定由饲料行业延伸到重化工行业，将饲料行业与重化工行业进行协同发展，实现降低成本提高效益的目的。

刘永行的这一重大战略转型，是在对内外环境长期分析思考后做出的，是对东方希望集团在新的环境下所拥有的独特的"势"的创造性激活。

刘永行的思路是，饲料行业产能过剩、利润率下降，但饲料添加剂，尤其是赖氨酸价格由于国内发展水平低、供不应求而不断上涨。赖氨酸的研发生产需要较高的技术水平，如果能进入这一细分领域，并且占据较高的市场份额，就可以保持东方希望集团在饲料行业的领军地位，获得继续发展的强大后劲。

赖氨酸属于高耗能产业，生产时要消耗大量蒸汽和电力，如果外购蒸汽和电力生产赖氨酸，会导致成本过高。但如果自办电厂发电以及生产蒸汽，电厂发的电又不能完全消耗掉，于是大量耗电的电解铝行业就被整合进了刘永行的产业转型战略中。

刘永行这一思路，是在分析了以下内外部因素后确定的。

第一，饲料行业产能过剩、利润率下降的整体形势的倒逼。

第二，向重化工行业拓展与东方希望集团本身的实力之间的匹配。

赖氨酸的生产固然有利可图，但要想获得较高利润，就必须在降低成本、扩大规模上下功夫。要想降成本就得将火电、电解铝行业整合进来。而火电、电解铝行业是高投入行业，没有充足的资金无法进入。东方希望集团的实力正好能够满足这一要求。

刘永行在确定进入电解铝行业时，还有一个考量因素。进入门槛较高，产业规模较大，发展走势较好，使电解铝行业内主要是国企或外企，进入这样的行业可以避开与民营企业的低门槛竞争，同时还能发挥民营企业的优势。

思路确定后，刘永行依然按照顺势而为、稳扎稳打的策略推进。

为了取得经验，刘永行在2002年与山东信发热电集团合资成立山东信发希望铝业有限公司，尝试铝电一体化生产。通过这一项目，东方希望集团掌握了铝电行业的特点，2002年10月，东方希望集团成立东方希望包头稀土铝业有限公司，正式大规模进入铝电行业。

刘永行在推进铝电项目时，严格遵守审慎原则，采取滚动式经营，分期分批稳步推进：第一期完全用自有资金，获得现金流后再滚动发展第二期。这种审慎发展原则使得刘永行的赖氨酸、火电、电解铝行业整合发展战略得到了稳健推进。

接下来我们讨论刘永行的第二个理念：明道而非常路。

按照刘永行自己的解释，这里的"道"是指道路和方向，也就是在充分把握内外环境和自身资源后所确立的企业发展的道路和方向。

1995年刘氏四兄弟分家，就是因为对发展道路发生了分歧。刘永行在分家前，经过长期考察和审慎思考，打算向重化工行业拓展，走饲料行业和重化工行业协同发展之路。分家后，饲料板块的

明道而非常路

资产主要在刘永行和刘永好间分配。时至今日，刘永好除了继续做饲料产业外，还在利润更高的金融业和房地产业发展。而刘永行则坚持做实业，而且是又苦又累的饲料行业和重化工行业。

我们认为，选择企业的发展道路和发展方向并没有绝对的标准，因为在外部环境相同的情况下，企业自身的资源和条件，企业家对内外环境的理解和资源的整合能力也会起到重要的作用。

因此，刘永行"明道而非常路"的意思是，企业家应当以创造性的思维能力和强大的资源整合能力走出一条适合本企业特点的道路，随波逐流、人云亦云必定会将企业引入末路。

刘永行之所以三十多年坚持在实业的道路上发展，源于他对中国政商环境的深刻体察，也源于东方希望集团已有资源的积淀，还有就是他本人的个性。

东方希望集团曾经在1995年期间有过房地产投资，虽然也取得了较好的收益，但此后刘永行还是选择远离该行业。刘永行认为从事房地产行业需要与政府有密切联系，这恰恰是自己的弱项。而且当时土地信息不透明，从事房地产行业难免会发生不规范的行为，这让刘永行倍感不安。对资本市场的投资也是如此，刘永行只在1999年股市红火的时候，用闲置资金进入一级市场打新股，而没有进入二级市场。其原因也如上所述。

刘永行认为，实业是一个国家国民经济的基础，金融业、服务业都应当建立在稳健踏实的实业上。饲料行业、重化工行业这样的实业虽然做起来很辛苦，利润率也不如金融、房地产等行业高，但也正因为如此，这些行业的生存发展更多的是依靠企业家的苦干和创新能力，这样反倒使得在这些行业里发展更加安全。从这个意义上说，刘永行所选择的实业就是老子所说的"善地"，他选择实业就是"处众人之所恶"，因此就可以达到"夫唯不争，故无尤"的境界。

刘永行不主张民营企业家与政府官员拉关系，认为这是短期行为。他主张企业家应当把主要精力放在企业的经营管理上，通过将企业发展成为优秀企业，成为当地经济的推动者，使企业的业绩转变为地方领导的政绩，由此建立良性健康的政商关系。

正因为坚持这种发展路径，东方希望集团的重化工项目上马时，坚持严格的环保标准，使企业在社会效益和经济效益上保持了较好的平衡。

刘永行曾经提出"三让"经营理念——让农民富裕、让市民满意、让政府放心。这"三让"正是刘永行处理政商关系的具体体现。

可以说，刘永行"明道而非常路"的理念，正是老子"居善地，心善渊，与善仁，言善信，政善治，事善能，动善时"思想的现代版。

最后，我们讨论刘永行的第三个理念：习术要善修正。

习术要善修正

刘永行"习术要善修正"的意思是，要不断改进和完善管理方法和管理措施，使企业的经营管理水平不断提高，以此降低企业的生产成本，提高利润率。

由于刘永行选择了一条实业发展之路，而刘永行选择的实业又是饲料和重化工这种传统行业，存在着产能过剩、利润率低、高耗能、高污染等问题，如果不能在管理方法和管理措施上不断完善，从降本增效上领先同行，这条实业之路就很难稳健走下去。

正是在这里，刘永行的企业家精神得到了充分的展示。

刘永行通过以下方法化解上述难题。

第一，走循环经济之路。

上面我们讲到，刘永行之所以从饲料业拓展到重化工业，就是要通过赖氨酸、火力发电、电解铝业的一体化来实现降低成本、提高效益的目的，走循环经济之路。从2002年开始，刘永行已经成功走出了这条路，他的重化工项目都实现了盈利，而且还进一步向新疆等地拓展。

刘永行的循环经济之路也来源于刘氏四兄弟在20世纪80年代创业之初的做法。当初他们养鹌鹑时，为了降本增效，无师自通地摸索出了一条生态循环饲养法：用鹌鹑粪养猪、猪粪养鱼、鱼粪养鹌鹑，通过这样的循环饲养，使鹌鹑蛋的成本降到了和鸡蛋差不多。

在赖氨酸、火力发电、电解铝业的一体化发展中，刘永行将循环经济的潜力充分挖掘了出来。

他最初将这类项目选址在包头，就是因为项目所需的原料、能源在当地十分丰富，可以降本增效。以赖氨酸生产为例，生产赖氨酸后的玉米废渣，经过东方希望集团旗下的包头希望饲料有限公司加工，可以作为奶牛饲料，而奶牛的粪便又可以成为种植玉米的肥料，仅在这一生产环节，就实现了循环利用。

在内蒙古的项目取得成功后，从2010年开始，刘永行在新疆戈壁沙漠无人区实施"沙漠里的六谷丰登"计划。那里有全世界最大、最好的整装煤田，刘永行用这些煤一年发电500亿度，供应给包括五十多家企业、占地数十平方公里的生产铝合金、粉煤灰、环保砖、工业硅的产业集群，最终形成了煤谷、电谷、铝谷、硅谷、化工谷、生物谷，是为"六谷丰登"。

第二，精细化管理。

中国传统文化的优势在于战略思维、战略规划，短处在于缺乏将战略思维、战略规划落地的具体方法和措施，在这方面，刘永行补足了短板。

其实，《道德经》中对避免大而化之、力戒空谈、崇尚实干、推行精细化管理是有论述的。

《道德经》第六十三章：

> 图难于其易，为大于其细；天下难事，必作于易，天下大

事，必作于细。是以圣人终不为大，故能成其大。夫轻诺必寡信，多易必多难。是以圣人犹难之，故终无难矣。

意思是，处理困难的问题先从容易的入手，做大事从细小的地方开始；天下难事，一定从容易的做起，天下大事，一定从细微的地方开始。因此，圣人不好高骛远、好大喜功，反倒能够成就伟业。凡是轻易允诺的人一定容易食言，把问题看得简单的一定会遇到各种困难。因此圣人充分重视问题的复杂性，最终反倒没那么困难了。

《道德经》第六十四章：

其安易持，其未兆易谋。其脆易泮，其微易散。为之于未有，治之于未乱。合抱之木，生于毫末；九层之台，起于累土；千里之行，始于足下。民之从事，常于几成而败之。慎终如始，则无败事。

意思是，局面安稳时容易持守，事情还没有显出征兆时容易图谋。事物脆弱时容易消解，细微时容易散失。因此应当在事物还没有成型时就开始工作，在事态还没有混乱时就加以治理。参天大树生于细小的嫩芽；九层高台起于平地；千里之行始于足下。人们从事各种事业，往往功败垂成。如果始终保持谨慎小心，就可以保证不会招致这种结果。

这些论述对企业的经营管理具有重要的启示意义。

中国现代企业从19世纪末开始发展，其间经验和教训并存。一个重要教训就是，一些中国企业家在核心价值观上、在企业战略上都有可圈可点之处，而在精细化管理方面则存在明显不足，最终导致经营失败。清末民初的状元企业家张謇，抱持着实业救国的宏伟志向，在其早期企业经营成功后，致力于将南通建设为中国现代化的标杆城市，但最终失败，其中很重要的一个原因就在于宏观战略上的高瞻远瞩与精细化管理上无法匹配之间的矛盾。

而日本企业在二战废墟上迅速崛起，一个重要原因正是精细化管理的广泛应用。日本国土狭小、资源匮乏，要在强手如林的世界企业巨擘中生存发展，就必须走出自己的路。在此背景下，日本企业家结合日本本土的文化传统，发展出具有鲜明日本特色的精细化管理模式。丰田生产方式、阿米巴经营管理模式等都是日本式精细化管理的具体体现。中国企业界在改革开放后最早学到的企业经营管理方法就包括日本精细化管理模式。

刘永行对中国传统文化的优势和短板有十分深刻的理解。他说："向屠呦呦学习，中学为体，西学为用；用中学制订企业战略，用西学狠抓细节管理；如果这样做，我们每个人都可以成大事。"

刘永行认为，中国智慧长于战略规划，西方智慧长于将工作规范化、具体化、可操作化。中国企业很多很好的战略无法实现，就是因为小事经常落不了地。

因此，刘永行说："再难的事，把它看成小事，做小事时，你把它看成天大的事，认真去解决。将要发生的事都看成小事，上手做的时候都看成大事。遇到困难时看淡一点，大题小做，解决困难时小题大做。战略上藐视敌人，战术上重视敌人。"[1] 我们把这段话和《道德经》的六十三章、六十四章对照一下，可以发现不仅理念一脉相承，而且从语言表达上都十分近似。

刘永行曾说过："我是董事长，我是管小事的"[2]，这句话被贴在东方希望集团旗下工厂一些办公楼的楼道里。刘永行的东方希望集团通过制订管理标准，将经营管理的精细化落到实处，切实做到了降本增效。如《标准循环》不仅有"标准指标(包括国际领

---

[1] 贾林男. 全行业95%赔钱 刘永行却34年无亏年净利数十亿[EB/OL]. http://mini.eastday.com/a/170107160529168.html，2017-01-06.

[2] 张静波. 刘永行的东方希望：这位民间矿业大佬凭什么最会赚钱？[EB/OL]. http://www.cnmn.com.cn/ShowNews1.aspx?id=360654，2016-11-17.

先、国内领先、上月指标等)""本月指标""差距",还有"差距号""追溯差距根源"和"对差距根源制订正确措施"等栏目。这些栏目的设立,就是要"对照标准、测量现状、计算差距、追溯根源、制定正确措施、落实及时到位、优化循环改进"。[①]

重化工业是高耗能的工业,投资巨大。为了降低成本,刘永行从设计环节开始,和设计院一点点地抠细节,消除一切浪费。比如,同样产能的工厂,能用沙漠戈壁就不占农田,10亩地能保证功能绝对不用11亩地。

刘永行的精细化管理体现在企业经营管理的方方面面。东方希望集团旗下的重庆蓬威石化PTA项目,为了节省物流成本做了重要改进。以往PTA行业的做法是,大船靠港后先将货卸到码头,然后再根据客户需求装车或小船运送到用户工厂。蓬威石化将卸货到码头这一环节取消,直接进行"船船对接"或"船车对接",节省一道吊装费用和一部分仓储费用。要实现"船船对接"或"船车对接",就必须做好衔接工作,以确保大船和小船或车队的无缝对接。

刘永行道家式经营管理的启示如下。

第一,发挥道家思想长于战略思维的优势。

道家思想与《周易》思想一脉相承,都是从宏观角度思考问题,刘永行对此有极好的体悟,对此种战略思维应用得十分娴熟。

刘永行在20世纪90年代起就在思考企业的进一步发展问题,到四兄弟分家前后,他已经考虑成熟:企业要走实业发展之路;饲料行业市场容量有限,东方希望集团要想进一步发展,必须向门槛高、市场容量大的重化工行业拓展;饲料和重化工必须协同发展;饲料和重化工协同发展通过技术创新、管理创新、资源整合来实现。

刘永行带给我们的启示之一

---

① 贾林男. 中国商界低调的传奇:34年无亏损,企业人均劳动效率世界第一——向企业家刘永行致敬[EB/OL]. https://www.taoguba.com.cn/Article/1623133/1, 2017-01-19.

刘永行带给我们的启示之二

第二，道法自然，顺势而为。

在实施饲料和重化工协同发展战略时，刘永行坚持道法自然、顺势而为的理念，决不搞急功冒进，逆天而行。

刘永行认为饲料和重化工协同发展，走循环经济、绿色发展之路，本身就是遵循自然规律的结果，就是"天人合一"思想的体现。既然如此，它就是"上善若水，水善利万物"，因此就要有信心，就不需要处处争先，急功冒进。

对此刘永行总结：自然而然，不争为先；甘然后进，反而先进。这一理念体现在刘永行实施饲料和重化工协同发展战略的各个方面。

在投资时机上，刘永行是顺势而为的。

刘永行向重化工行业拓展，最初的目标是钢铁业，但由于种种原因被迫放弃。选择铝电一体化作为向重化工行业转型战略的破冰之举，是机缘和合的结果。2002年当地民营企业邀请东方希望集团参与山东铝电一体化生产项目的投资。通过这一项目的实施，刘永行获得了宝贵的经验。但山东项目施展空间有限，于是在2002年10月，刘永行将铝电一体化生产移师内蒙古包头，因为这里有更好的资源条件，发展空间更大。

电解铝的主要原料是氧化铝，为了打通产业链，2003年6月，刘永行又在河南三门峡投资建立东方希望三门峡铝业公司，利用当地丰富的铝矾土资源，生产氧化铝。

2008年，东方希望的电解铝、氧化铝项目已经达到了较大的规模，效益也不错。东方希望集团打算扩大电解铝、氧化铝规模，但一直没有合适的机会。

2010年，刘永行发现了新疆昌吉州准东国家级经济技术开发区的机会，这里有更好的条件，储量超大的整装煤田，但位置偏远，只能就地转化；地处戈壁滩无人区，土地价格便宜；国家实施西部大开发政策，企业投资有政策保障，当地政府为东方希望集团的投资提供用水等方面的支持。于是新疆昌吉州成为东方希望集团重化工战略拓展的更广阔的新舞台。

经过考察论证，刘永行从2010年投资该项目，由煤炭首先转化为电能，由电能发展出铝业，然后再利用戈壁滩的砂石发展硅业，还规划煤化工产业以及与工业能源多效利用相结合的沙漠生态农业养殖产业，这样就形成了煤谷、电谷、铝谷、硅谷、化工谷和生物谷，最终形成超级产业生态循环的"六谷丰登"格局。

2015年9月，东方希望集团抓住山西省产业转型升级的机遇，利用晋中的铝土矿、煤炭、石灰石资源优势，投资建设集"煤、电、铝、化工"于一体的大型循环经济产业基地。该项目一期工程两条生产线顺利投产，2016年产值达到11亿元。

在项目的资金筹措和使用上，刘永行也是顺势而为的。

由于重化工行业投入大，而东方希望集团的民营企业身份和原来的饲料企业标签使其在贷款和融资方面都存在困难，因此刘永行坚持以使用自有资金为主、分期滚动投资的策略，稳健推进集团的重化工项目。在进入重化工行业之前，刘永行准备了6年，积蓄了20亿元资金。每个项目的第一期建设以自有资金为主，在一期项目投产获得较好收益后，金融机构就会主动找上门来提供贷款，此时，刘永行就获得了主动地位，可以在贷款条件上提出要求。

在刘永行决定进入重化工业的同时，一批民营企业家也都进入了这一领域。但十几年后的今天，只有刘永行"剩"了下来，并且成为重化工行业中5%盈利的部分。刘永行道法自然、顺势而为智慧的高妙由此可见。

《道德经》第七十三章：

勇于敢则杀，勇于不敢则活。此两者，或利或害。天之所恶，孰知其故。

天之道，不争而善胜，不言而善应，不召而自来，然而善谋。

意思是，轻率莽撞会导致灭亡，审慎小心可以长治久安。这两种方法，结果各有不同。天道的好恶，谁能知道它的缘故呢？上天的根本大道是，不一味争夺眼前的强大而是善于获得最终的胜利，不自说自话而是善于回应天道的召唤，表面上似乎没有召唤，实则领悟到了大道的真理，因而出现在应当出现的时间和地点，安然恬淡而胸有成竹。

刘永行在重化工转型发展战略上的实施风格，不正是如此吗？

在项目建设上，刘永行同样遵循道法自然、顺势而为的理念。

整个晋中铝业，几乎全部依原始地貌而建，利用山势的多维斜度，将势能转为动能，矿浆随管道顺势而下。仅这一个决策就节省了挖土方、搬运成本两亿元。铝土矿的尾矿处理是氧化铝行业的难题，铝土矿尾矿含水量高，易溃坝，晋中铝业把它们榨成湿度只有30%的半干泥，然后平铺到山沟里，一来解决了溃坝问题，二来可为将来种粮食、养猪提供试验田。晋中工厂部分办公室建在山上的"现代窑洞"里，刘永行形容是"山沟沟里的浪漫"。晋中铝业从2015年9月1日正式建设，两条生产线于2016年4月、12月相继投产，当年投产实现盈利，并实现单位占地最少、建设时间最短、投资最少、电耗世界最低，树立了行业标杆。

第三，不自为大，故能成其大。

> 刘永行带给我们的启示之三

道家体现着中国传统文化的至高智慧，它站在宇宙自然的高度看待自然演化和人类发展，深知无论是人类整体还是个体，在浩渺无垠的宇宙自然面前都只是微不足道的沧海一粟。道家苦口婆心地告诫人类，要对宇宙自然及其规律保持深刻的敬畏，对人类的欲望和力量保持警惕和自我约束。这种思想在道家经典中随处可见。

《道德经》第三十四章：

　　大道泛兮，其可左右。万物恃之以生而不辞，功成而不有。衣养万物而不为主，可名于小；万物归焉而不为主，可名为大。以其终不自为大，故能成其大。

意思是，大道广泛流行，随处可见。万物依靠它得以生长，有所成就却不自以为有功。养育万物却不自以为主，可以称之为"小"；万物依附却不做主宰，可称之为"大"。正因为始终不自以为大，因此最终能够成就伟业。

《道德经》第四十二章：

　　道生一，一生二，二生三，三生万物。

　　万物负阴而抱阳，冲气以为和。

　　人之所恶，唯孤、寡、不谷，而王公以为称。故物或损之而益，或益之而损。人之所教，我亦教之。

　　强梁者不得其死，吾将以为教父。

意思是，依据根本大道，产生出了独一无二、混沌灵动的太极，由初始状态的太极产生出阴阳两种元素，由阴阳两种元素产生出了天、地、人，由天、地、人产生出了世间万物。万物都是背阴而向阳，阴阳二气相互激荡最终达到了相克相生的和谐状态。人对于孤、寡、不谷(不结果实)都是很厌恶的，王公贵族却拿它们来做自称，就是为了警醒自己。万事万物如果你损毁它伤害它时，可能对它有益，而对它过度保护，反倒可能害了它。这番道理是别人教给我的，现在我告诉你们。过于强硬莽撞的人往往死得很难看，我把它作为我施教的根本。

上面这些论述，都是强调做人做事要谦虚谨慎、低调柔和，不好高骛远、不好大喜功，而是让事物自然生长，自然而然地成就伟业。

《道德经》第三十章：

善有果而已，不以取强。果而勿矜，果而勿伐，果而勿骄。果而不得已，果而勿强。物壮则老，是谓不道，不道早已。

意思是，通达大道的人善于用成本最低收益最高的手段达到目的，而不会强取。达到预定目标后不自以为是、不自我夸耀、不骄傲自得。达到目标是出于不得已，达到目标而不逞强。世间万事万物都是在达到巅峰状态时就很快进入衰落状态，这是因为它们没有遵循根本大道，不遵循大道就必须会短暂兴盛后迅速灭亡。

在这里，老子强调要把目标找准（"善有果"），达到目标要依循规律，顺势而为，水到渠成。由于达到目标之时可能会破坏原有平衡，或者会不经意损害他人利益，招致嫉恨，因此一定要低调、谨慎，万万不可将自己的态势推到极致，正所谓"登到绝顶处，便是下山时"。

这类论述在《道德经》中还有很多。

《道德经》第十五章：

保此道者，不欲盈。夫唯不盈，故能蔽而新成。

《道德经》第二十二章：

不自见，故明；不自是，故彰；不自伐，故有功；不自矜，故长。夫唯不争，故天下莫能与之争。

刘永行在中国企业家群体中属于低调柔和的类型，他和他的东方希望集团都很少接受采访，他的重化工项目在投资和建设阶段也不太声张。

2010年10月，他接受《21世纪经济报道》记者采访。记者问：

你有句名言是"做聪明的第二"，意思是决定一家企业在一个大国市场中胜出的，不是一步到位式的全面、先进，而是在竞争中形成相对优势。是什么事件促使您有了这个感悟？如今还继续坚持这个原则吗？

刘永行回答：

因为我们是后来者，所以经常是第二。我们要求企业不一定做最大，但一定要做最强，尤其是在中国这样的环境里。目前，国内的饲料产业里，新希望第一，东方希望第二；但东方希望的营利能力第一。东方希望的氧化铝等规模不是行业第一，甚至不是第三、第四，但效率可能是第一的。如果片面强调规模第一，可能会树敌过多，且不一定理智。

他还说：

我们从不提进入世界500强，我们觉得，企业做好了，那是很自然的事情。因此，我们的价值观里有一句话叫"在其中，随其后，随之而来。"当然，如果在做强的基础上，做到规模第一，也没有什么不好。①

事实证明，刘永行的谦虚谨慎、低调柔和，确实达到了"不自为大，故能成其大"的结果。

第四，理性审慎与积极主动、坚持固守与灵活权变之间分寸的拿捏。

刘永行带给我们的启示之四

道家思想由于极端强调对规律的遵循、对大道的顺应，因此常常给人消极、保守的负面印象。我们认为，有这种认识是因为没有真正读懂道家思想，没能将道家思想的精髓创造性地运用于瞬息万变的现实世界。而恰恰是在这方面，刘永行给我们树立了正面典范。

《道德经》第二十六章：

重为轻根，静为躁君。是以君子终日行不离辎重。虽有荣观，燕处超然。奈何万乘之主，而以身轻天下。

轻则失根，躁则失君。

---

① 程东.企业发展的"进化论"[N].21世纪经济报道，2010-10-30(5).

意思是，厚重是医治轻率的良药，宁静是统帅躁动的君主。因此，有修为的君子终日行走都不离开载重的车辆。虽然有豪华的生活，但是恬然处之。可是有大国领袖，治理国家时轻率躁动。轻率就会失去根本，躁动会失去主心骨。

这强调的是为人处世要以厚重为本，要杜绝轻举妄动。

《道德经》第二十九章：

> 将欲取天下而为之，吾见其不得已。天下神器，不可为也，不可执也。为者败之，执者失之。是以圣人无为，故无败；无执，故无失。夫物或行或随；或嘘或吹；或强或羸；或载或隳。是以圣人去甚，去奢，去泰。

意思是，要想依靠强力将天下抢夺过来把玩于股掌之间，我觉得是完全不可能的。天下是神圣的器物，不可能依靠强力获得，也不可能把持掌中。强力夺取的一定失败，把持掌中的一定最终失去。因此，圣人不任意妄为，而不会失败；不执念于外物，而不会有任何损失。万事万物，有的前行有的跟随，有的嘘暖有的吹寒，有的强壮有的羸弱，有的安宁有的危险。因此，圣人会去掉极端的、奢华的、过分的想法和做法。

这里的天下，就是世界上的稀缺资源、优质资源，它既可以被理解为政治权力、官职、地位等，也可以理解为经济资源、商业机会、商业地位等。

这些内容强调的是，在竞争博弈中，对优质资源、机会的争取不能违背规律，不能一味依靠强力夺取，而应当顺应万物的秉性，随顺自然地达到目的。

《道德经》第五十四章：

> 善建者不拔，善抱者不脱，子孙以祭祀不辍。

意思是，善于建树者不会被拔除，抱持根本大道的人不会招致失败，他的子孙如果能够按照这一理念继续发展，就可以基业长青、祭祀不辍。

《道德经》第五十八章：

> 祸兮福之所倚，福兮祸之所伏。孰知其极。其无正也。正复为奇，善复为妖。人之迷，其日固久。

意思是，幸福依傍在灾祸旁边，灾祸潜藏在幸福之中。谁能知道它的究竟呢？在这之中是没有定则的。正可以变为邪，善可以变成恶。人们对此的迷惑，由来已久。

《道德经》第五十九章：

> 治人事天，莫若啬。
>
> 夫唯啬，是谓早服；早服谓之重积德；重积德则无不克；无不克则莫知其极；莫知其极，可以有国；有国之母，可以长久；是谓深根固柢，长生久视之道。

意思是，治理国家侍奉上天，最好的方法就是爱惜精力，不轻举妄动。要做到爱惜精力、不轻举妄动，就要早做准备。早做准备就是不断地积累德行。不断积德就没有什么问题不能解决，任何问题都可以解决那就力量无穷，力量无穷就可以拥有自己的国家。把这些道理搞清楚了，就可以长治久安。这就是所谓根深蒂固、永世长存的根本大道。

以上《道德经》各章强调的是，在遵循大道的基础上，要把握好理性审慎与积极主动、坚持固守与灵活权变之间的分寸，这样才能在瞬息万变的外部环境中生存并稳健发展，创造出生存的方法与化解难题的措施。

1992年，刘永行和刘永好到美国考察后，认定世界重化工行业将会转移到中国来。因此，在饲料行业的市场容量日趋饱和的背景下，他决定进入重化工行业。

但他深知，重化工业是一个资金密集、技术密集的行业，同时这一行业原本是国企经营的领域，还存在着产能过剩的问题，要想进入，必须做好充分的准备。

为此，他先和其他三兄弟分家，独立发展，以免拖累别人。分家后广泛调研分析，积蓄资金，先在山东取得经验后，才在内蒙古包头大规模投资。

在包头取得了初步成效，刘永行正打算在包头和河南三门峡进一步扩大规模时，2003年4月，遇到了防止经济过热的宏观调控。刘永行在包头建设的包头希铝4期100万吨的电解铝厂，接受中央相关部委调查。三门峡氧化铝项目也被紧急叫停，一拖三年。面对这些变数，刘永行都是依靠理性审慎与积极主动、坚持固守与灵活权变之间分寸的完美把握，安然度过。

2008年，当刘永行的电解铝项目成长良好，想继续扩大电解铝、氧化铝产能，却因政策限制难以实现时，重庆市向东方希望伸出了橄榄枝——精对苯二甲酸(PTA)项目。刘永行原本对此行业并不了解，他在10天内恶补专业知识、请教专家，做出理性抉择后，果断决定进入该行业。这又让我们看到，刘永行在理性审慎的同时，也有积极主动的方面，在坚持固守的同时，也有灵活权变的特点。

但重庆PTA项目也并非一帆风顺，项目上马后，由于价格急剧下滑，2012年开始被迫停产，2016年才复产。该项目未来的发展，恐怕还会牵扯刘永行不少精力，但以刘永行以往化解难题的智慧和能力，我们相信这个项目也会重获生机。

第五，自知自胜，天人合一。

> 刘永行带给我们的启示之五

对于民营企业在经营中遇到的困难，刘永行同样以理性稳健的态度对待，通过多方努力解决问题。刘永行曾有过下述评论。

民营企业也是如此，现实不一定都合理，改革有个渐进的过程，多从大局上看就会理解。比如东方希望，在某些产业上遇到政策阻力，我们就多元化发展，寻找可突破的领域，而不是一味地抱怨。

抱怨是最不好的行为，与邪恶相比，抱怨可谓其次。抱怨是优秀人才成长的最大阻力之一。东方希望提倡不抱怨。公司内部也不可能绝对公正，但只要总体公平就好。[1]

《道德经》第十六章：

致虚极，守静笃。万物并作，吾以观复。夫物芸芸，各复归其根。归根曰静，静曰复命。复命曰常，知常曰明。不知常，妄作凶。知常容，容乃公，公乃全，全乃天，天乃道，道乃久，没身不殆。

意思是，使内心处于虚灵不昧的状态，达到极度宁静恬然的境地。这样我就可以观察体味万物葱茏、循环不已的生龙活虎的真相。世间万物纷纷芸芸，最终都要返回到它的根本处。返回到根本就是宁静恬然，宁静恬然就是回复到生命本体。回复到生命本体就是回复到根本大道，了解了根本大道就是明智。不了解根本大道，轻举妄动就很凶险。了解根本大道就会很宽容厚道，宽容厚道就会公平公正，公平公正就会周全周到，周全周到就符合自然之理，自然之理就是根本大道，达到了根本大道就可以长久发展，一辈子不会有危险。

《道德经》第三十三章：

知人者智，自知者明。胜人者有力，自胜者强。知足者富。强行者有志。不失其所者久，死而不亡者寿。

意思是，能够很好了解别人的人十分聪明，能够彻悟自己的优

---

[1] 程东. 企业发展的"进化论"[N]. 21世纪经济报道，2010-10-30(5).

劣短长才称得上明澈智慧。能够战胜别人的人是有力量的人，能够战胜自己的人才是强大无敌的人。知道满足的人长久富足。努力前行永不停歇的人是有志向的人。不失根基的人可以长久发展，虽死去但他的影响力继续存在的人才能被称为长寿。

道家思想的精髓在于将宇宙自然和人类社会的根本大道彻底打通之后所达到的自知自胜、天人合一的境界。当一个人达到这样的境界时，他自然会拥有宽容宽厚之心，自然获得理性平和的心智，自然在企业的经营管理中保持泰然自若的心态。

我们对照《道德经》以上的论述和刘永行在企业经营管理中的言行，就可以发现，刘永行在企业经营管理上的成功，首先是在人格修为上的成功。他以天生的禀赋以及后天的修为，通过三十余年不懈的努力，达到了极高的境界。将这种道家修为运用于企业经营管理，自然就能游刃有余、逢凶化吉。

第五讲　法家思想——制度管理的威力

法家思想的产生和代表人物

法家勇于进取、敢于担当、打破常规、开拓创新的思想

制度建设与制度化管理：法家文化中最闪光之处

法、术、势结合的管理效能

法家思想在现代环境下的创造性转化与创新性发展

法家思想的产生和代表人物

法家思想是儒家思想和道家思想融合后在战国时期形成的一个思想流派，法家思想可分为秦法思想和齐法思想两大体系。

齐法思想是在战国时期田齐统治下，以稷下学宫为中心，吸收儒家、道家、阴阳家等思想而形成的有鲜明齐国文化特色的法家思想。

齐国自春秋时期就是经济政治文化强国。战国时期，稷下学宫在田齐统治者的鼓励下真正实现了百花齐放、百家争鸣，成为战国中后期的文化创新中心。在这种较为宽松的环境下，齐国法家发展出一套注重生产、计划、法令和术数的思想。

从思想倾向和风格上，齐国法家更为宽松，更具有融会百家的胸怀和气度，较为全面地考虑到了君主、大臣和民众各自的利益。从学术渊源上，齐国法家与齐国黄老学派有密切联系，二者之间相互影响、相互渗透。齐国法家的代表性作品是假托管仲之名的《管子》。

秦国法家思想是儒家思想与道家思想融合的产物。它继承了儒家思想上下尊卑的等级身份思想与制度诉求，同时又将道家思想中人类社会博弈的思想进一步在现实政治层面上发挥，从而形成了一种以强硬、高效和理性无情为基本特征的管理思想。

战国时期与春秋时期相比，整个社会的竞争更为激烈残酷、博弈更加错综复杂。春秋时期的战争在一定程度上还有所收敛，打到某种程度，交战双方就能达成默契停战，而战国时期的战争则是你死我活，秦国法家思想就是在这样的背景下诞生的。

秦国法家思想发源于中原地区，这里是当时政治、军事博弈最激烈、最残酷的地区，也是文化传统最深厚的地区，法家思想家很自然地从现实政治博弈中获得思想资源，成就其体系。

对儒家，法家抛弃了其迂腐与理想，只吸收其等级尊卑专制统治的成分。对道家，法家抛弃其对生命的敬畏与尊崇，重点吸收了其统治谋略和管理手段。

法家主要代表人物有慎到、申不害、商鞅、韩非子和李斯。

慎到(约前395—约前315年)，赵国人，早年曾学黄老道德之术，齐宣王时曾长期在稷下讲学，是稷下学宫中最有影响的学者之一。法家管理理论以法、术、势为核心，慎到对"势"尤为重视。慎到强调对法律的尊崇，天子、国君以及各级官吏都必须"任法""守法""唯法所在"。《慎子·君臣》中说："官不私亲，法不遗爱，上下无事，唯法所在。"正是基于这一观点，慎到对势极为重视，他认为，君主只有掌握了权势，才能保证法律的执行。

申不害(约前385—前337年)，郑国人，在韩国为相19年，使韩国走向国治兵强。申不害和慎到一样，都受到道家思想的深刻影响。申不害从道家的"无为"思想中发展出"术"的思想，也就是君主对下属的管理手段和方法。

商鞅、韩非子、李斯对秦国的影响最大，他们虽然都不是秦国人，但他们的思想主要在秦国得以实施。

商鞅(约前395—前338年)，法家代表人物，卫国人，卫国国君的后裔，姬姓公孙氏，故又称卫鞅、公孙鞅。后因在河西之战中立功获封于商，号为商君，故又称商鞅。商鞅早年学习刑名法术之学，受李悝、吴起的影响很大。他曾经在魏国为官，但不是很得志。商鞅大展宏图是在投奔秦国后，受秦孝公重用，实施了著名的"商鞅变法"，将秦国从西北边鄙落后之国一变而为战国强邦。在法、术、势中，商鞅更加重视"法"的作用。他的著作《商君书》，又称《商子》，主张依法治国、重农抑商、重战尚武、重刑轻赏等。

法家集大成的人物是韩非子(前281—前233年)，他将商鞅的

法家代表人物

"法"、申不害的"术"、慎到的"势"等思想融会贯通，形成了法家完整的政治理论体系。韩非子的思想主要体现在《韩非子》中。

李斯和韩非子一样，都是战国时期著名儒家学者荀子的学生。不同之处在于，韩非子在历史上主要以法家学者的身份留名，而李斯则主要以法家思想的实践者著称。

法家勇于进取、敢于担当、打破常规、开拓创新的思想

法家的主要思想

法家思想在哲学方面深受道家影响，因此《史记》中把老子、庄子和申不害、韩非子放在一个传中叙述——《老庄申韩列传》。

第一，遵循规律的哲学思想。

这部分思想源于老子，故《韩非子》有《解老》《喻老》篇。

第二，注重"参验"的哲学思想。

《韩非子·奸劫弑臣》中说："循名实而定是非，因参验而审言辞。"《韩非子·备内》中说："偶参伍之验，以责陈言之实。"这些思想用现代语言表述就是"实事求是""实践是检验真理的唯一标准"。

第三，注重发展进化、强调创新的哲学思想。

《商君书·开塞》中说："圣人不法古，不修今。法古则后于时，修今则塞于势。"意思是，杰出的领导者不拘泥于古代的成法，不因循现在的惯例。拘泥古法就会落后于时代，因循惯例就会阻碍社会的发展。《商君书·更法》更进一步指出："圣人苟可以强国，不法其故；苟可以利民，不循其礼。"这是说，杰出的领导者如果想让国家富强，就不能因循守旧；如果想造福人民，就不能固守常规。这里，法家思想中勇于进取、敢于担当、打破常规、开拓创新的思想跃然纸上。

《韩非子·五蠹》中说："世异则事异，事异则备变"，主张"美当今"，反对"法先王"。韩非子强调应根据盛衰存亡之理"变古易常"，所以《韩非子·心度》中说："法与时转则治，治与世宜则有功。"

第四，强调敢于担当、积极有为。

《商君书·画策》中说："圣人知必然之理、必为之时势，故为必治之政。战必勇之民，行必听之令。"意思是，杰出的领导者知道必然之理、必须行动的时机和形势，因此实施必然能够产生效益的政策措施。指挥勇敢作战的人民，下达一定会执行的命令。《韩非子·外储说右下》说："锥锻者，所以平不夷也；榜檠者，所以矫不直也。圣人之为法也，所以平不夷、矫不直也。"意思是，锥锻是用来锤炼不平整的铁器的；榜檠是用来矫正弓弩的。杰出的领导者之所以建立法律制度，就是为了矫正社会不公、人间不平的。

在中国传统文化中，儒、道、法三家思想既有相同的地方，又各有特点。正是三家思想的相克相生、相辅相成，才使中国传统文化具备了极强的理论张力，在运用时具有很好的柔韧性，可以使领导者根据现实情况"运用之妙存乎一心"。

> 儒道法三家思想的关系

比如，儒家在勇于进取、敢于担当上是十分突出的，孔子坚持的"克己复礼""知其不可而为之""虽千万人吾往矣"的理念，孟子所坚持的"富贵不能淫，贫贱不能移，威武不能屈""舍生取义""当今之世，舍我其谁"的理念，都足以说明问题。而在打破常规、开拓创新方面，尽管到了战国时代，《中庸》中有"可以赞天地之化育，则可以与天地参矣"的表述，但在根本旨趣上，儒家是倾向于维护固有的传统思想的，特别在儒家思想被统治者官方化后，它原有的保守性就体现得更加突出。

而从道家方面说，道家强调"知柔守雌""不敢为天下先""柔弱胜刚强",因此在勇于进取、敢于担当方面,道家是有明显不足的。但道家强调要依循规律找到解决问题的诀窍,强调方法论,强调"圣人常无心,以百姓心为心""道常无为而无不为",则是推崇创造创新,特别是尊重普通民众的创造创新能力。

法家是在儒道思想基础上融会贯通而成的,也就是说,法家思想将勇于进取、敢于担当、打破常规、开拓创新提高到了空前的强度,使其更具有实操性、实施效率更高。从这个意义上说,法家思想在相当程度上是儒道思想的优化版。

<aside>法家思想在秦国的实践</aside>

法家思想的这一特色在战国时期得以充分践行的地方就是秦国,也正是因为实施了法家思想,秦国最终统一了中国。之所以是秦国选择了法家而不是其他六国,是因为秦国地处偏远、文化落后、经济不振。而其他六国中,齐国是经济社会文化都繁荣的国家,楚国则版图辽阔,经济文化也有实力。其余四国即使不能和齐楚相比,但还是有文化自信的。

秦国的祖先嬴姓部族原本是居住在山东的东夷民族,因为在武王伐纣灭商后反周,被迁徙到今甘肃天水甘谷一带,为周天子牧马、戍防戎人。天水一带是戎狄区域,嬴姓部族面临着生死存亡的严峻考验,他们依靠勇猛无畏的战斗精神,在戎狄环绕的环境中打出了一片天地,并且在平王东迁之际,鸠占鹊巢,将原来周天子在陕西的地盘收归名下,增强了实力。但即使如此,到秦孝公之时,秦国也只是以"战斗民族"著称,其经济社会文化等综合实力与齐楚这等高大上的国家相比仍有相当的距离。魏韩赵燕四国也都是中原文明之国,文化积淀也比秦国深厚。

正是在这种极端不利的环境中,秦国的血性抗争基因升级为变法强国、统一天下的志向。在相当程度上,秦国的变法有着"倒逼"的色彩,因为落后,所以要进行跨越式发展,因为要跨越式发展，所以要采用最具有开拓创新精神、效率最高的法家思想。

在中国历史上，不仅仅商鞅变法是在秦国面临七国纷争的严峻考验面前实施的，其他的重大改革也往往都是严峻局势"倒逼"的结果。而这些改革几乎无一例外都采用了法家思想和法家手段，如王安石变法、张居正财税改革。

法家勇于进取、敢于担当、打破常规、开拓创新的思想对我国工商业企业家精神的培育和发展也起到了重要作用。

企业家精神中，创新、承担企业经营的风险是首要的因素，从1978年我国改革开放以来工商业的发展中可以很明显看到这一点。

20世纪80年代中期以来，我国大批企业创办。由于当时中国整体社会经济发展水平低，中国企业发展路径大多是模仿。直到20世纪90年代中后期我国开始发展互联网产业时，依然是"Copy To China"，例如百度模仿谷歌，阿里巴巴模仿美国B2B网站、eBay、PayPal，腾讯的QQ模仿以色列的ICQ。

但由于企业经营管理经验的不断提高，经济社会文化水平不断提升，中国企业已经从简单模仿走上了模仿创新之路。同时，由于我国整个国家社会经济文化发展水平的特点，中国互联网创业者必须结合中国的产业环境、中国企业经营管理的水平、中国消费者的消费习惯等实际情况进行大量创新。青山资本高级投资经理孔萌指出："国外互联网像比萨饼，底层的基础设施是完善的，创业者只要在上面撒佐料就可以了。中国的互联网像千层饼，从底层到上层都是很复杂的，都是需要互联网去逐步改造的。"[1]因此，吴晓波说中国互联网是"'第三次浪潮产生的结果对第二次浪潮的再造'，

法家思想与现代企业管理

---

[1] 方园婧. Copy2China的这几年，中国互联网发生了什么[EB/OL]. http://www.360doc.com/content/17/0324/09/535749_639667916.shtml，2017-03-24.

这是一个非常典型的中国式道路。"[1] 这个说法是十分正确的。

比如，阿里巴巴就没有简单模仿美国B2B网站为大企业服务的做法，而是从一开始就瞄准中小微企业，为这些既无资金、又无营销推广渠道的企业提供电子商务平台服务。要为这些企业服务，就必须不断找到这些企业的痛点并精准解决。于是，阿里巴巴从B2B开始，接着进入到C2C，然后进入互联网第三方支付(支付宝)，再进入B2C，到现在已经发展为建设完整的互联网商业生态系统的跨界融合。

吴伯凡曾有如下评论。

> 正是在与那些在某些方面极精明在另一方面又极幼稚因而很难伺候的客户打交道的过程中，阿里巴巴找到了创新的方向感和原动力。在帮助客户做供应链的过程中发现了一条完整的客户需求链，并进而打造出一条业务范围跨网络服务，软件服务，虚拟物流，准金融服务，商业秩序的监管、维护、仲裁等诸多领域的"护理链"。……更重要的是，它提供了一种不是凭借移植外来的商业标杆，而是凭借对本土碎片市场的深切理解而创立的成长模式，一种全球互联网巨头看不太懂更无法与之竞争的商业模式。[2]

正是这种勇于进取、结合中国实际不断创新的精神使阿里巴巴最终变成了一个打上了深刻中国烙印的互联网企业，它的一些创新性举措成了美国同行学习、模仿的对象。

2016年，雷军登上《连线》英国版杂志封面，标题是《It's Time to Copy China》。雷军认为，中国互联网和科技行业的发展复制硅

---

[1] 吴晓波. 吴晓波纵论互联网中国style: 利用互联网能让我们这个国家真正走向开放[EB/OL]. http://www.huxiu.com/article/103100/1.html，2014-12-04.
[2] 吴伯凡. 阿里巴巴: 市场想象力——阿里巴巴的"倒行逆施"[J]. 21世纪商业评论，2007 (9): 42.

谷的时代已经过去，越来越多的海外创业者已经将目光投向中国，甚至开始尝试将中国的商业模式复制到海外。

法家勇于进取、敢于担当、打破常规、开拓创新的思想对企业经营管理的启示如下。

第一，企业家必须有居安思危、穷则思变的担当精神和创新意识及创新能力。

第二，企业家的创新必须深接地气，不断找到用户痛点并精准解决。

第三，在移动互联网、大数据、云计算、物联网以及人工智能时代，企业家的创新应当具有开放性，通过创造生态的方式激发、培育产业链上下游和用户的创新创造能力，使创新能力发挥到最大。

制度建设与制度化管理：法家文化中最闪光之处

法家管理思想中最闪光的地方就是有关法的论述，这些论述专注于制度建设与制度化管理，在传统社会中将其应用于政府管理具有很高的效能。在现代社会中，将其进行创新性转化和创造性发展，则有利于法治建设、制度建设和制度化管理。

法家代表人物中，对法的论述最充分的是韩非子。

> 韩非子对法的论述最充分

韩非子认为，法首先是一种成文法。

《韩非子·定法》：

> 法者，宪令著于官府，刑罚必于民心，赏存乎慎法，而罚加乎奸令者也。

意思是，所谓法，就是由官府制订法令，刑罚制度要根据民众的思想，对谨守法令的人加以奖赏，对违反法令的人予以惩处。

其次，法体现着社会公平正义。

《韩非子·有度》：

> 明君使其群臣不游意于法之外，不为惠于法之内，动无非法。……法不阿贵，绳不挠曲。法之所加，智者弗能辞，勇者弗敢争，刑过不避大臣，赏善不遗匹夫。

意思是，圣明的君主使其群臣不在法律之外打主意，也不在法律之内私行恩惠，他们所有的行动都必须合乎法律。……法律不偏袒权贵，绳墨不迁就弯曲的东西。司法程序一旦启动，即使是最聪明的人也不能逃避，最勇敢的人也不敢抗争，刑罚不避高官，奖赏对所有人一视同仁。

《韩非子·守道》：

> 圣王之立法也，其赏足以劝善，其威足以胜暴，其备足以必完法。治世之臣，功多者位尊，力极者赏厚，情尽者名立。善之生如春，恶之死如秋，故民劝极力而乐尽情。此之谓上下相得。

意思是，圣明的君主建立法律制度，是要使其奖赏足以能够鼓励人们做好事，使其威慑力足以能够制止暴乱，使其所准备的足以用来完善法制。治理国家社会的臣子，功劳多的人地位就尊贵，尽力做事的人奖赏就丰厚，竭尽忠诚的人名声就能树立。美好善良的涌现就像春天草木的生发，邪恶污浊的死亡就像秋天草木的凋谢，所以民众互相劝勉，竭力尽忠。这就称之为上下同心、君臣相得。

_{法家对法律制度的强调}

法家管理思想以法、术、势为核心，在韩非子之前，慎到、申不害、商鞅各有侧重。但不管侧重于哪个方面，都强调法律制度的重要性。

法家对法的推崇，在哲学上源于道家思想对道的尊崇。因为道是宇宙自然和人类社会的根本规律，作为万物之灵长的人类必须在顺应天道的基础上积极有为，因此，法家就逻辑地推演出法的至高无上的意义。正是在这个意义上，法家高扬法治的价值，主张无论是君主还是大臣，都必须严格守法，依法而行。

也正因为法家的这一思想与道家思想的内在联系，在中国历史上，将法家依法治国思想进行了较为理想的实践的恰恰是实行黄老哲学治国的汉文帝。汉文帝依"法"治国的做法在中国古代社会中表现得十分突出，也十分罕见。比如以下几个案例。

汉文帝慰问周亚夫细柳营案。

汉文帝年间，匈奴入侵汉朝边境，朝廷委派宗正官刘礼驻军霸上，祝兹侯徐厉驻军棘门，河内郡太守周亚夫驻军细柳。皇上亲自劳军，到了霸上和棘门的军营，都驱驰而入，但皇上的先行卫队到了细柳营，却不得进入。军营将官表示，军中只听从将军的命令，不听从天子的命令，皇上驾到也不得入营。皇上派使者持符节告诉将军自己到了，周亚夫才传令打开军营大门。营门官兵对皇上的武官表示，军营中不准驱车奔驰。于是皇上的车队也只好拉住缰绳，慢慢前行。将军周亚夫见到皇帝抱拳行礼说："我是盔甲在身的将士，不便跪拜，请允许我按照军礼参见。"出了细柳营门，皇帝说："啊！这才是真正的将军。先前的霸上、棘门的军营，简直就像儿戏一样，匈奴是完全可以通过偷袭而俘虏那里的将军，至于周亚夫，岂是能够侵犯的吗？"

这个案例体现出汉文帝对法律制度的重视。

张释之弹劾太子案。

张释之任公车令，掌管宫门事宜。太子刘启(即后来的汉景帝)与梁王刘揖同乘一辆车入朝，到了皇宫外的司马门没有下车，违反了宫卫令。张释之追上太子和梁王，阻止进宫，并以"过司马门不下车为不敬"的罪名，向汉文帝弹劾太子和梁王。汉文帝摘下帽子赔罪，薄太后也亲自下达特赦令，太子、梁王才得以入宫。

在这一案例中，张释之坚持"法者，天子所与天下公共"的观点,这与法家的"法不阿贵、绳不挠曲"的观点是一致的。

需要指出的是,法家依法治国的思想在传统社会很难得到完美实践,因为法家思想从本质上仍然是在人治的大背景下展开的,一旦最高领导者的权力不受约束,法治马上就会被破坏。汉文帝之所以能够自我约束,有以下原因。

第一,西汉武帝之前,意识形态领域还保留着春秋战国时期百家争鸣的余波,士大夫的阳刚正直之气得以较大程度保存,指点江山、激扬文字,甚至连皇帝也敢批评,在一定意义上还有可能。

第二,皇权至高无上的地位从意识形态、权力格局上还未成为必然,也未成为普遍共识,世家大族仍有足够的政治影响力。

第三,汉文帝本人是从吕后时期权力斗争的腥风血雨中幸存下来的,他本人的性格又比较温良谦和,这就为周亚夫、张释之等人的严格执法创造了条件。

法家思想与现代管理思想

从现代管理学角度看,法家思想最具现代价值和管理启示意义的部分是其关于法律方面的论述和实践,剥离掉其专制框架,这一思想对创造出中国特色的管理思想是有现实意义的。

民国时期"新法家"代表人物陈启天说:"我们并不是要将旧法家的理论和方法完完全全再行适用于现代的中国,而是要将旧法家思想之中可以适用于现代中国的成分,酌量参合近代世界关于民主、法治、军国、国家、经济统制等类思想,并审合中国的内外情势,以构成一种新法家的理论。"[①]他还特别强调:"我国现在已达到由旧的君主政治进到建设民主政治的新阶段。在民主政治之下,需要民主的法治与民主的形名,不需要君主的法治与君主的形名,因此必须超越旧法家,与民主和宪政结合起来。"[②]

---

① 陈启天. 先秦法家的国家论[J]. 国论, 1935(8): 24.
② 陈启天. 张居正评传[M]. 北京中华书局, 1944.

中国近现代工商业经过官办、官商合办、纯商办等几个阶段后，在数十年的艰难发展中，从无数企业的盛衰兴亡中，中国企业逐渐认识到了中国传统管理中一直存在的人治倾向，以及在制度建设和制度化管理上的缺失。一批从激烈竞争中生存下来的企业开始主动进行制度建设，实施制度化管理，如陈光甫的上海商业储蓄银行，荣氏兄弟创办的企业，范旭东创办的化工企业等。

改革开放以来，杰出的企业家在企业经过了最初的生存考验后，往往就开始思考让企业长治久安、永续经营的方法和措施。

1996年，创办了9年的华为聘请中国人民大学一批人力资源专家，在对华为做了充分的调研后，吸收世界先进的工商管理理念和做法，为华为起草了《华为基本法》，系统阐述了华为的企业价值观、经营管理原则和企业战略。1997年，在《华为基本法》思想指导下，任正非对华为进行制度建设和制度化管理的变革。为了克服中国本土企业不规范、随意性的痼疾，华为从一开始就高标准、严要求地引进西方成熟的制度化管理模式，并加以实施。任正非邀请了IBM等世界一流的企业咨询公司入驻华为，从IPD、ISC、人力资源管理、财务管理、营销管理、质量控制等方面，在华为全面建立以客户需求为导向的流程和管理体系。聘请这些专家到华为开展工作，仅咨询费就高达数十亿美元。

华为的制度建设和制度化管理

对于此前没有太多规范管理的华为来说，这套管理制度的引入是一定会产生排异现象的。任正非充分考虑到了这一风险，因此，在改革动员会上，任正非明确提出，不认同、不适应这些改革的人必须离开华为。华为的这一改革足足坚持了14年，其间，因抵制或不适应改革而离开华为，或被降职免职的中高层领导不下百人，其中不少是当年各方面的佼佼者。

一位在华为一直工作到退休的IBM顾问说，全世界有很多公司引入了IPD管理项目，但成功的并不多，而华为成功了，其中重要的原因就是任正非的坚持。任正非花了14年时间，将西方的现代管理制度植根于华为的土地上，终于使华为进入了规范管理、制度管理的轨道。

万科创始人王石自称对万科的贡献是：选择了一个行业、建立了一套制度、培养了一个团队、树立了一个品牌。

> 万科在制度和流程管理上的创新

万科内部形成了"忠实于制度""忠实于流程"的价值观和企业文化，这些制度和规范得以被自觉、充分地落实。万科在制度和流程管理上有很多创新，把一些具体事务性的工作上升到了制度和流程层面。如企业如何应对媒体采访，如何应对媒体的负面报道，都各有一套专门的制度来指引和规范，制度中涉及了对负面报道的定义、适用范围和应对负面报道的流程等内容。

2001年，万科和上海交通大学合作开发万科资质模型，将万科对员工和经理资格认证的过程标准化、模型化。以前的万科靠绩效考核选拔管理人员，现在则是依据资质模型进行选拔。

> 制度化管理与人治传统的冲突

但不得不说的是，由于中国传统文化中法治思想并非主流，制度化管理在我国的企业管理中经常遇到挑战。吴长江与阎焱对雷士照明企业治理权的争夺在很大程度上就是规范化制度化管理与中国人治传统冲突的典型案例。

1998年，吴长江出资45万元，另外两人各出资27.5万元，共同创立雷士照明。为扩展业务和顺利上市，雷士引入投资者——国际资本赛富基金成为第一股东。2010年5月，雷士照明在赛富基金的扶持下在香港成功上市。2012年5月25日，雷士照明发布公告，称公司创设人吴长江因个人原因辞任董事长、执行董事兼首席执行官、董事会所有委员会职务，并辞任雷士照明全部附属公司所任一切职务。接任者为公司的非执行董事、赛富亚洲基金创始合伙人阎焱，并委任张开鹏为首席执行官。5月至7月间，雷士照明创始人吴长江与赛富基金创始合伙人阎焱发生激烈的企业治理权争夺战。经销商、供货商和员工三方"逼宫"，从7月13日天起，雷士员工举行全国范围的罢工，经销商停止下订单，而供应商也停止向雷士照明供货。三方以此要求吴长江回任原职务。8月，雷士照明再度发生拥吴与反吴之争。9月4日，吴长江夺回雷士治理权。

在这一案例中，吴长江因其个人影响力最终迫使阎焱让步。在整个事件的发展过程中，吴长江身上显示出来的"人治"精神十分突出。2012年8月20日，吴长江接受记者采访时说，他觉得东方的企业精神远远高于西方，西方的契约精神就是把对自己有利的写上去，对自己没利的不承诺。

而雷士的合作伙伴对吴长江的理念高度认同，有雷士经销商表示，再好的契约制度也难以约束雷士的工厂、供应商和经销商，而吴长江的人治理念却可以。"……随便找一个经销商，我和他说，我有困难想借100万。他借条都不要，给个账号钱就打过来。这是西方企业精神能带来的吗？！"[①]

雷士的冲突，体现出我国民营企业与国际资本间的隔膜，导致各说各话，固执己见。雷士照明企业治理权争夺战表面上体现出来的是利益之争、控制权之争，但其内核是思维方式上的深刻差异。中国传统的思维模式长于对整体的综合把握、来自丰富经验的天才直觉，而对规范式管理、制度化管理往往漠视甚至鄙视。这样两种差异很大的思维方式在缺乏有效沟通和相互理解体谅的情况下，很容易引发严重冲突。

顺便说说吴长江的结局。雷士照明2014年8月8日晚间在香港交

---

① 王瀛. 吴长江："人治"归来[J]. 中国企业家，2012(10): 102.

易所网站上发布公告，宣布罢免吴长江CEO职务。2015年1月5日，据《证券时报网》消息，吴长江因涉嫌挪用资金，已于1月4日下午正式被广东省惠州市公安局移送至惠州市人民检察院提请批准逮捕。2016年9月1日，广东省惠州市中级人民法院刑事审判第二庭开庭审理雷士照明(中国)有限公司前董事长、创始人吴长江及前董事长助理陈严涉嫌挪用资金案。吴长江被控涉嫌挪用雷士公司资金超9亿元。

法家制度建设与制度化管理思想对企业经营管理的启示如下。

第一，法家确实有尊崇法律制度、严格按制度管理的思想，这些思想在现代企业管理中仍然有积极意义。

第二，法家的制度建设和制度化管理思想在中国传统文化中不属于主流思想，在吸收法家这部分思想时，最好借鉴西方企业管理的相关制度和相关经验。

第三，要想将法家制度建设与制度化管理思想落地，就要求企业一把手对制度建设与制度化管理有深刻的认识和强大的执行力，并能够持续推进。

法、术、势结合的管理效能

法家管理思想中，法、术、势三部分思想是既有相对独立的作用同时又有机融合的，在实际运用中，往往都是综合使用的。对法家思想的这一特点，我们要正确认识。

关于法，上文已经阐述过了，此处从略。

> 法家说的术是什么

法家所说的术，指的是应用法律、制度进行行政管理的技术、手段、途径、措施等，内容包括任免、考核、赏罚各级官员的手段以及如何维护君主的权力，即所谓刑名之术、察奸之术等。

《韩非子·定法》：

　　术者，因任而授官，循名而责实，操杀生之柄，课群臣之能者也。此人主之所执也。

意思是，术就是根据才能授予官职，根据名位职责督责工作效果，掌握生杀大权，考核群臣的能力。这是最高领导者必须掌握的。

《韩非子·二柄》：

　　明主之所导制其臣者，二柄而已矣。二柄者，刑德也。杀戮之谓刑，庆赏之谓德。

意思是，英明的君主用来引导控制下属的，就是两个关键手段。这两个关键手段就是"刑"和"德"。杀戮就是"刑"，奖赏就是"德"。

从上面的阐述可以看到，在法家看来，术是一个组织的最高领导人要熟练掌握的管理技能，目的是为了使组织顺畅运行。

有了管理技术、手段、途径、措施后，对怎样才能做到公平公正地执法、行政，法家也有详细阐述。

> 法家认为应该如何执法、行政

《韩非子·二柄》：

　　人主将欲禁奸，则审合刑名。刑名者，言与事也。为人臣者陈而言，君以其言授之事，专以其事责其功。功当其事，事当其言，则赏；功不当其事，事不当其言，则罚。

意思是，君主要禁止奸邪，就要审察刑名是否相符。所谓刑名，就是言论和事实。作为臣子陈述意见，君主根据他的意见授予相应的职事，然后再根据他的职事考核他的工作情况。如果功效符合他的职事，职事符合他的意见，那么就给予奖赏。如果功效不符合他的职事，职事不符合他的意见，那么就加以惩罚。

《韩非子·奸劫弑臣》：

　　圣人者，审于是非之实，察于治乱之情也。故其治国也，正明法，陈严刑，将以救群生之乱，去天下之祸，使强不凌弱，众不暴寡，耆老得遂，幼孤得长，边境不侵，君臣相亲，父子相保，而无死亡系虏之患，此亦功之至厚者也。

意思是，圣明的君主深知是非的情况，明察治乱的实际。因此他们在治国理政时，要严明法令，颁布严格的刑罚措施，以此来杜绝社会的混乱，消除天下的祸患，使得强暴者不能欺凌弱小者，人数多的不能欺负人数少的，老人得到赡养，幼小孤独的人得到抚育，边境不受侵扰，君臣亲密和谐，父子相互养护，没有死亡被俘的忧患，这就是社会治理、政府管理的最高境界了。

<aside>法家主张提拔有真才实学的人</aside>

要使术运作到理想境地，就必须提拔任用具有真才实学的人。

《韩非子·显学》：

> 故明主之吏，宰相必起于州部，猛将必发于卒伍。夫有功者必赏，则爵禄厚而愈劝；迁官袭级，则官职大而愈治。夫爵禄大而官职治，王之道也。

意思是，因此英明君主所任用的官员，宰相一定从州部这样的基层单位提拔而来，猛将一定从普通士兵中选拔出来。如果有功必赏，那么爵位越高、俸禄越丰厚，激励作用就越大；按照等级逐级晋升，那么官职越高，他们就越是尽心尽力办事。通过高爵厚禄达到激励官员勤政履职，是称王天下的正道。

<aside>法家主张用术必须公平公正</aside>

从上面的阐述我们可以看到，在法家思想家中，术尽管是领导者所掌控的管理手段和技能，但这些手段技能的实施必须秉持公平公正的原则，必须能实现社会正义。

法家思想家中，申不害侧重于术，他和韩非子一样，要求君主用术时，要公平公正。《战国策》记载了这样一件事。申不害私下请求韩昭侯给自己的堂兄一个官职，韩昭侯没有答应，申不害面露怨色。韩昭侯说："这可是从你那里学到的治国之策啊！你常教寡人要按功劳大小授以官职等级，现在你却请求为没有建立功业的兄弟封官，我是答应你的请求而抛弃你的学说呢？还是推行你的主张而拒绝你的请求呢？"申不害连忙请罪说："君王真是贤明君主，请您惩罚我吧！"这个故事说明，即使是法家代表人物，在实际的政治活动中，也难免被人情羁绊。

法家所说的势，指的是领导者的权势、威势、权威。

法家思想通过法、术、势手段的综合高效使用，将传统社会政府组织的社会动员能力发挥到了极致，在管理效能上，是其他各家思想都无法媲美的。因此，在中国文化背景下，有志之士要有所作为，几乎都会本能地选择法家思想作为重要思想依据。

但法家管理思想有着十分明显的缺陷。

第一，以君权至上为原则无法做到统筹考虑君主、大臣、民众各方利益，不能真正保护普通民众的利益。

第二，法家思想严厉，难以实现社会和谐。

第三，在传统的政治体制下，无法做到真正意义上的依法治国。法家的核心思想是为专制君主服务的，法与术实施过程中的公平公正都只是法家思想家的理想而已。在实际情况下，由于最高领导者的权力无法得到有效制约，经常的情况是最高领导者带头破坏法律，最终导致专制独裁，引发社会各界的激烈反抗。实施法家思想最彻底的秦国虽然统一六国，建立了秦朝，但只延续到了秦二世就被推翻，就是法家思想这个根本的缺陷所致。

第四，法家的术分为阳术和阴术，阳术就是君主应用法律、制度考核下属，阴术就是君主使用权术驾驭下属。非常遗憾的是，在《韩非子》中，韩非子浓墨重彩阐述的恰恰是后者，而在中国传统政治中，大行其道的也是这一套内容。法家的权术思想是以君主不信任下属为基本前提的，因此，权术思想中充满了利用、欺诈、防范、打压等内容，其基本色调是阴暗、无情、残酷。这种思想即使在传统社会，也难以被主流思想接受，而在人与人之间的关系日益

法家思想的缺陷

平等、社会日益开放民主、思想日益多元、价值观崇尚诚信友善文明和谐的今天，更是必须被彻底清除的精神垃圾。

因此，对法家思想，必须将其专制、权术的部分彻底清除，在社会主义核心价值观的基础上，对法家法、术、势思想的积极部分进行现代性转化，才可以使其在企业管理中发挥出应有的作用。

法家管理思想对企业经营管理的启示如下。

第一，要以社会主义核心价值观为基础，对法家法、术、势思想的积极部分进行创造性转化和创新性发展。

第二，企业家的权威必须来源于企业家对员工的关爱、对社会创造的价值和超卓的经营管理能力，而不仅仅因为他是企业创始人或企业拥有者。

第三，吸收法家的法治理念时可以同时借鉴吸收发达国家制度化管理的成功经验和做法，以创造出有中国特色的企业制度化管理体系。

法家思想在现代环境下的创造性转化与创新性发展

将法家思想应用于现代管理的思路

上面我们讨论到，法家思想通过对法、术、势的综合高效使用，将传统社会政府组织的社会动员能力发挥到了极致。因此，通过对法家法、术、势思想中积极的部分进行创造性转化和创新性发展，对提高企业的经营管理水平是很有价值的。

在中国的传统思想版图中，法家思想相对于儒家和道家思想都更偏于刚猛有力、立竿见影，对一个组织来说，当出现重大危机或多年积弊时，刚猛手段是必不可少的。如果说儒家的组织文化建设、人格品德培育以及道家的顺势而为的方法更多的是立足于组织的长期发展，致力于领导者与全体员工的内在约束的话，法家思想更多的是立足短期效应和外在约束。法家与儒家、道家相互融合、相辅相成，就可以达到法治与德治相结合的完善境界。

阿里巴巴将德治与法治有机结合，创造出企业文化建设和制度化管理相互配合的管理模式，造就了阿里巴巴飞速发展的奇迹。

> 阿里巴巴成功将德治与法治有机结合

阿里巴巴在企业文化建设方面的重大创新就是将员工思想工作、企业文化影响力与制度管理有机融合，实施了企业价值观考核制度，将原本高度概括的阿里巴巴价值观落到了实处。

在杭州师范学院的一次演讲中，马云说："我马云不会写程序，至今为止还搞不懂管理，也不懂财务，我唯一做的工作就是讲讲话。I do the talk，they do the work。"[①] 这句话的正确解读是，马云作为魅力型领袖，他的作用是为阿里巴巴铸造灵魂、指引方向、凝聚团队、整合资源，而他的下属则要将企业文化、企业战略等落到实处。

在企业文化的落地方面，国际化职业经理人关明生和阿里巴巴内部人才彭蕾是两个关键人物。

正因为马云对自己的优势和不足十分了解，因此，在阿里巴巴创业伊始，马云就开始寻找能对企业进行规范管理和制度化管理的人才，1999年底，马云引进了国际化职业经理人蔡崇信，请他担任首席财务官。2000年，马云认识了在美国通用公司工作了14年的职业经理人关明生，经过半年多的沟通交流，2001年初，52岁的关明生加入阿里巴巴电子商务网站任总裁兼首席营运官。马云之所以大力引进关明生，就是看重他在传统企业工作的经历，马云需要关明生将传统企业的规范化、制度化管理理念和方法、措施引入阿里巴巴中，使阿里巴巴走上不断创新又稳定健康的发展道路。

---

① 江涛. 阿里巴巴的核心理念、文化与愿景[EB/OL]. http://xueqiu.com/8417755168/20346212?page=1, 2011-08-07.

阿里巴巴核心价值观的提炼

关明生不负马云期望，在阿里巴巴工作期间出色完成了这一工作。

关明生首要的工作就是推动对阿里巴巴核心价值观的提炼，并通过价值观考核将其落地。

关明生到阿里巴巴后没多久，在一次和马云的交谈中，马云大谈阿里巴巴文化的优秀。关明生问，既然这些文化那么优秀，它们都形成文字了吗？马云立刻意识到了问题，于是开始着手阿里巴巴企业文化的提炼工作。

有一个细节很值得一说。就在2001年1月13日马云和关明生关于阿里巴巴文化的谈话中，关明生问：阿里巴巴的文化这么好，有没有写下来？马云停了大概一分钟，说了80、10和1三个数字，意思是阿里巴巴要成为持续发展80年的公司(现在提法是102年，意思是阿里巴巴要跨越20世纪、21世纪和22世纪)，10就是世界十大网站之一，1是只要是商人就一定要用阿里巴巴。[1] 关明生就根据这些理念，在调研基础上，6个人花了7小时反复研究讨论，最后形成了"独孤九剑"——创新、激情、开放、教学相长、群策群力、质量、专注、服务与尊重、简易。

"独孤九剑"在2001年1月提出，2001年3月开始实施，在落地实施的过程中，彭蕾起到了重要作用。她把"独孤九剑"的理念转化成了可以量化的行为，而且把每一个价值观分成5个等级，最后就形成45个不同行为。阿里巴巴价值观落地就此开始，这为此后的价值观考核奠定了基础。2004年阿里巴巴决定进一步凝练企业价值观。公司召集了三百多名员工，开了一天的会，对"独孤九剑"提出意见和建议，并在此基础上进一步提炼升华，形成了沿用至今的"六脉神剑"——客户第一、团队合作、拥抱变化、诚信、激情和

---

[1] 关明生. 阿里巴巴价值观的演变[EB/OL]. http://www.360doc.com/content/16/0226/17/12920225_537595102.shtml. 2016-02-26.

敬业。

为了让价值观入耳、入脑、入心，转化为员工的精神血脉，体现在员工日常工作生活的各个方面，阿里巴巴从2001年4月建立培训制度。其中管理培训课程聘请外部专业公司设计，分为主管、中层和高层三个阶段，分别是AMDP、AMSP、ALDP。这套体系一直沿用至今，核心的框架十多年没变。

管理培训之外，阿里巴巴还针对性地开设了"百年大计"培训班，这是阿里巴巴自行设计的培训课程，包括百年诚信、百年阿里、百年淘宝、百年客户等，现已逐步建立起了一整套"百年"系列培训体系。全国各地所有的销售新人上岗前，都要到杭州接受一个月的脱产培训。课程安排上，价值观占60%，马云和关明生主讲目标、使命和价值观，彭蕾讲阿里巴巴历史；销售业务知识与技巧占40%。通过这些培训，阿里巴巴从激情创业走进了制度化管理与制度化运营。

价值观考核是检验阿里巴巴企业文化建设的重要环节，也是打造阿里巴巴强势文化的关键。

阿里巴巴价值观考核占到总体绩效考核(KPI)的50%，具体考核内容为六大核心价值观(也就是"六脉神剑")。为了便于考核，将每一项价值观进一步细化分为5个小项，最后形成30条考核细则。与考核相对应的是处罚措施，如果员工价值观考核不及格，会直接影响收入，如果出现完全违背价值观的行为，会遭遇严厉处罚甚至开除。

阿里巴巴通过对价值观的考核，将所有员工分成了不同类型。有业绩没价值观的是"野狗"；没有业绩但价值观好的是"小白兔"；有业绩也有价值观的是"猎犬"；最后一种是无论价值观和业绩都很低的人，这种人是肯定要开除的。对"野狗"，给出一定时间让他在价值观上提升，如果无效，则无论业绩多好都要开除。

> 阿里巴巴的核心价值观考核

对业绩不好的"小白兔",给机会培训重新上岗,如果仍然不能提升,也要逐渐淘汰掉。只有"猎犬"才是阿里巴巴最需要的。

阿里巴巴在价值观考核设计上采用通关制规则。如果一名员工在考核时第一条没有做到,那么第二条、第三条做到也没有用。比如,在实际考核中,有的员工能够做到"客户第一"的第五条"具有超前服务意识,能够防患于未然",因为他们天资好,做业务规划方案时前瞻性很强,但是第一条"尊重他人"做不到,这种员工在"客户第一"这条价值观上是没有得分的。

阿里巴巴的绩效考核按"271"原则对员工的工作表现进行评估——20%超出期望,70%符合期望,10%低于期望。考核结果涉及员工的切身利益,阿里巴巴也通过制度来保证考核结果的公平公正。具体做法是,在阿里巴巴员工进行自我评估、主管给员工考核时,如果考核成绩在3分以上或0.5分以下,都要用实际案例来说明这个分数。主管完成对员工的评估,同时与员工进行绩效谈话以后,员工就可以在电脑上看到主管对自己的评价。同时,员工也可以随时找HR,反映考核中的问题。

<small>阿里巴巴价值观建设中的思想教育活动和"政委制度"</small>

在阿里巴巴的价值观建设中,思想教育活动和"政委制度"是重要创新,其效果也十分突出。

20世纪60年代出生的马云深受毛泽东思想影响,毛泽东高度重视通过思想政治工作凝聚人心,在关键时刻开展思想教育活动,在党内统一思想,形成合力。在军队中则通过政委制度的实施,使军队成为听党指挥、能打胜仗、作风优良的人民子弟兵。

2011年春节期间,面临阿里巴巴B2B业务欺诈门事件时,马云来到福建龙岩市上杭县古田会议会址。正是在1929年12月召开的古田会议上,针对红四军中出现的各种非无产阶级思想,为加强党对军队的领导,毛泽东主持起草的决议案,确立了"思想建党"和

"政治建军"原则。马云说:"军事主义是KPI导向、业绩导向,业绩和政治思想是对立起来的,但是毛泽东把它们合起来。这就是当年红军为什么能够成功的原因,它不是纯粹打仗的组织,而是一个完成政治任务的组织。"①

马云将思想政治工作和"政委制度"移植到阿里巴巴机体中,使阿里巴巴具有了坚定的理想信念、工作热情和战斗精神,成为不断自我净化、自我提升的战斗组织。

我们先来看阿里巴巴的思想教育活动。

2000年,马云创办的阿里巴巴不断试错,没有模式、没有产品、没有盈利手段,还到处"烧钱",中国大陆、美国办事处、英国办事处、韩国办事处等机构每月"烧"掉近两百万美元。到2000年底,阿里巴巴的账上只剩下了1000万美元。2000年10月1日至3日,阿里巴巴在西湖宾馆的会议争吵得很激烈,开了三天会,两天半在争吵。会上,马云提出"到底谁是我们的客户,我们的客户到底需要什么产品"的问题,同时展开了阿里巴巴统一价值观、统一理想的运动,"通过运动,把不跟我们有共同价值观,没有共同使命感的人,统统开除出我们公司"。② 同时,培训工作紧紧跟上,将运动式管理的效果进一步巩固。通过两年多的努力,阿里巴巴B2B业务2002年底实现盈利,2003年阿里巴巴开发了淘宝及支付宝业务,并且迅速成长。

2011年,阿里巴巴B2B业务遭遇欺诈门危机,在将欺诈事件公之于众后,马云迅速发起一场"整肃价值观"运动。在致全体员工的信中,马云写到"我们必须采取措施捍卫阿里巴巴价值观!所有直

---

① 王长胜、张刚. 马云"杀"卫哲背后[EB/OL]. http://tech.qq.com/a/20110328/000374.htm, 2011-03-28.
② 人民日报. 马云延安听党课:看看中共艰苦环境中的坚守精神[EB/OL]. http://news.youth.cn/kj/201508/t20150828_7059136.htm, 2015-08-28.

接或间接参与的同事都将为此承担责任，B2B管理层更将承担主要责任！"①B2B业务CEO兼总裁卫哲和COO李旭晖因此引咎辞职。

值得一说的是，运动式管理在阿里巴巴历史上并非常态，这一般是阿里巴巴处于危急时刻，为了力挽狂澜实施的非常措施，其目的是以当头棒喝的方法使整个组织警醒，悬崖勒马，回归到规范、正常的状态。

"政委制度"是阿里巴巴价值观落地的重要抓手。

军队中政委与军事首长是分工协作、相辅相成的关系，阿里巴巴的"政委制度"与此十分相似。阿里巴巴在集团内设置"组织部"，在各子公司把人力资源部门改造成地方级的"政委体系"。"政委体系"从组织结构上分三层，最基层的称为"小政委"，分布在具体的城市区域，与区域经理搭档；往上一层与高级区域经理搭档；再往上就是阿里巴巴的人力资源总监。阿里巴巴的"政委"是由公司派驻到各个业务部门的人力资源管理者和价值观管理者。其职责是把企业的使命、愿景与价值观变成员工的信仰、习惯和行为，具体作用与价值是推动领导与员工间的信任整合，充当员工的心理咨询师，为人力资源提供业务支持。

正由于阿里巴巴"政委"角色的重要性，"政委"必须有很好的核心能力。根据华夏基石业务副总裁兼企业文化顾问公司总经理、首席企业文化专家宋杼宸研究，阿里巴巴"政委"核心能力包括四个方面。

第一，战略衔接能力。能够重构需求，识别战略性合作机会，实施企业战略性合作项目。能够将人力资源工作的战略规划和业务规划紧密结合起来，有能力激励和推动组织中的成员接受变革和拥

---

① 马云. 马云邮件谈阿里巴巴CEO及COO引咎辞职事件[EB/OL]. http://tech.163.com/11/0221/17/6TEBJLGQ000915BF.html. 2011-02-21.

抱变化，有能力在本部门以及与其他部门之间发现关联，并识别出关键人物、关键环节和关键联系。

第二，人力资源专业能力。能够把人力资源工作进行专业化整合与表达，实现显性化业务交融。能将人力资源开发管理业务和所处的环境和业务需求结合起来。能够把握人员流程和信息等企业成功的关键因素，并能将其转化为企业创造价值的能力。掌握人力资源开发与管理专业知识，并使其不断显性化。

第三，业务洞察能力。具备对准业务价值链的深刻洞察力，并能够发现和引导员工开拓性地发挥能力、创造性地完成工作。要洞察他人及其兴趣点，说服并影响他人，组织大家齐心协作。同时，要主动发现问题、发现机遇和可能，并突破性地解决问题。

第四，个人领导力。具有能够胜任多重压力并带领团队走向成功的潜质。要具有很强的成就动机，追求完美、注重细节，具有很强的探究动机，有天生的好奇心和想去了解他人和当前事物的渴望，敢于、勇于说出、做出自己认为正确的事情。[1]

正是因为有了这些基础性的制度建设和制度化管理，阿里巴巴在经历多次重大考验时都能平安度过。

在阿里巴巴以上案例中，法家的法、术、势思想，儒家的德治思想，道家的顺势而为思想是有机融合的，正因为将法、儒、道思想的优势做了融合，同时又进行了现代性转化和创新性发展，阿里巴巴才焕发出勃勃生机。

法、儒、道思想优势的融合

比如，法家的势本来强调的是君主的权势、权威，偏重于政治地位带来的力量。而在阿里巴巴，包括马云在内阿里巴巴领导者的势，更多的是因为对价值观的坚持、战略能力的展示、业绩的提升

---

[1] 宋籽宸. 解析华为、阿里成功背后的价值观管理之道[EB/OL]. http://www.sohu.com/a/164451500_343325, 2017-08-14.

而逐渐形成的。这种势既有法家原本的权势、权威，但更有开放平等的社会环境下自然形成的个人魅力、威信、影响力等内涵。

又如，法家的术既有制度化管理的思想精华，也有基于猜忌的权术糟粕。阿里巴巴将法家制度化管理的精华与西方规范管理的做法以及儒家德治思想相结合，发展出价值观落地的一系列制度：培训制度、思想教育活动、价值观考核等。

法家思想在现代环境下的创造性转化和创新性发展对企业经营管理的启示如下。

第一，要将法家思想中的精华部分和儒家、道家思想有机融合。

第二，中国现代政治、军事管理对传统文化做了很好的创造性转化和创新性发展，将这些成果吸收到企业管理中可以产生积极的效果。

第三，西方企业管理在法治精神和制度化管理、精细化管理方面有其优势，有针对性地消化吸收其中合理部分，可以促进法家思想在现代环境下的创造性转化和创新性发展。

第六讲 《孙子兵法》——中国战略管理思想的渊薮

孙武与《孙子兵法》

《孙子兵法》的价值

《孙子兵法》的大战略思想：全争与和平

《孙子兵法》对将帅素质的强调

知己知彼，百战不殆：从战略高度探讨情报信息工作的重要性

《孙子兵法》"势"论的价值

《孙子兵法》代表了中国古代兵家思想的最高成就。《孙子兵法》讨论战争时是从战略高度展开的，它全面地、多方位地、缜密地对战争这种人类博弈形式进行研究、分析，提出了一系列战略命题。正是由于《孙子兵法》高屋建瓴的思考方式，使这部军事著作具有了更广泛的运用空间，在现代社会中，军事之外的其他领域，特别是企业经营管理领域，开始发掘《孙子兵法》的应用潜力。

孙武与《孙子兵法》

军事家和战略家孙武

孙武(约前545—前470年)，又称孙子，齐国人，春秋时期陈国公子陈完(田完)的后代。

孙武的祖父田书是陈完的五世孙，是战国时代齐国著名的军事家。田书因攻打莒国立下军功，齐景公将乐安封给他，并赐姓孙。孙武之父在齐国身居高位。齐国著名军事家司马穰苴与孙武同属一个家族，与孙武祖父田书同辈，我国历史上著名的军事著作《司马法》反映的就是司马穰苴的思想。后来齐国发生动乱，司马穰苴被杀，孙武弃齐奔吴，避居姑苏。

从上面所述可以看出，孙武出身兵学世家，他后来撰写的《孙子兵法》很可能吸收了其家族在兵学方面的智慧。值得一说的是，孙武的后代中又出了一位著名的兵法家——孙膑。

公元前516年，吴王阖闾自立为王，任命伍子胥为大将军讨伐楚国，伍子胥深知孙武的才能，连续七次向吴王推荐孙武。公元前512年，吴王终于召见孙武，孙武带去了他的兵法十三篇，深受吴王赞赏，于是被任命为将军。孙武担任将军后和伍子胥三次伐楚，攻占了楚国的都城，又打败了越国，拓展了吴国疆土。

《孙子兵法》战略思想被广泛认同

孙武是一名具有丰富军事经验和卓越战功的军事家、战略家，他的《孙子兵法》十三篇，代表着中国兵家思想的最高成就，被誉为"兵学圣典"。《孙子兵法》被译为英、法、德、俄、日等二十多种文字，成为国际上最著名的军事经典之一。作为一部军事理论著作，《孙子兵法》是以其战略思维著称于世的。《孙子兵法》的战略思想，到了20世纪以后，得到了更为广泛、深刻的认同。

《孙子兵法》的战略思想首先在军事领域中得到了世界范围内不少军事专家的认同。根据我国《孙子兵法》专家洪兵介绍，美国自20世纪70年代末以来，在国防部官员和美军军官中举办了上千次《孙子兵法》讲座。美国陆战队凯利将军认为《孙子兵法》是所有机动战的基础，他将该书列为部队的必读读物。美国著名战略理论家、美国国防大学校长理查德·劳伦斯中将的《空地一体战——纵深进攻》，其理论依据源于《孙子兵法》的"奇正之变"和"避实击虚"。美国1982年新版《作战纲要》，引用了大量《孙子兵法》的名言，而这部《作战纲要》编写组的成员曾经对《孙子兵法》做过长时间研究。1983年美国出版的《军事战略》第二章的标题是《军事战略的演变——孙子的智慧》。芬兰科协主席、前国防部战略问题研究所所长尤玛·米尔蒂宁指出："早在两千多年前，伟大的战略家孙子就列举了决定战争胜负的一些因素。"[①]

《孙子兵法》的战略思想被广泛认同的第二个领域就是企业经营管理领域，其中以日本人对《孙子兵法》的应用最为典型。日本学者村山孚认为，日本企业的生存和发展有两个支柱，一个是美国的现代管理制度，一个是《孙子兵法》的战略和策略。日本战略管理专家大前研一在《孙子对日本经营管理产生的影响》一文中指出，日本企业之所以能战胜欧美企业，原因就在于日本采用中国兵

---

① 韩胜宝. 孙子兵法全球行：孙子研究学者遍及北欧 传播形成氛围[EB/OL]. http://news.sina.com.cn/o/2013-04-01/145226703381.shtml, 2013-04-01.

法指导企业经营管理比美国的企业经营管理更合理有效。他在《战略家的头脑》一书中，宣称《孙子兵法》是日本企业的"最高经营教科书"。

《孙子兵法》在我国军事理论界一直很受重视。比如，洪兵不仅从军事战略角度研究《孙子兵法》，还将其应用领域延伸到了企业经营管理领域。改革开放以来，受日本企业界影响，我国管理学界和企业界也开始研究《孙子兵法》。北京大学国家发展研究院教授宫玉振的专著《取胜之道：孙子兵法与竞争原理》就是从企业战略竞争的角度去解读《孙子兵法》，提出了很多很有见地的观点。

相信，伴随着中国经济的进一步发展，在中国企业界和管理学界的共同努力下，我们一定能够从《孙子兵法》中发展出一套具有中国特色的企业战略思想。

《孙子兵法》的价值

第一，大道至简的思维方式和方法论价值。

中国被翻译成外文语种最多的三部古代典籍分别是《易经》《道德经》《孙子兵法》，这三部典籍的共同之处是言简意赅，有很强的实用性和很高的哲学智慧。中国传统文化的核心特征是既追求灵动高妙，又注重解决实际问题。这种文化旨趣就要求思想家所建立的思想体系必须高度抽象、高度概括、高度凝练，同时又能够让接受者迅速理解，并且能够在实施后取得最佳效果。中国顶级思想家的作品几乎都具有这种特质，包括《易经》《道德经》《孙子兵法》《六祖坛经》《传习录》等。

孙武从战略高度对军事对抗中的关键因素做了高度概括的梳理和分析，从而使其思想以一种提纲挈领的方式呈现出来，便于读者迅速领会实施。

《孙子兵法》的核心观点是，军事对决是综合因素的对决；综合因素的组织、整合就是造势、任势，也就是布局；综合因素的组织、整合的关键在于主观能动性的发挥；主观能动性的发挥关键在于最高统帅的素质。《孙子兵法》专家洪兵认为，《孙子兵法》作为中国战略思想的代表作，其核心观点可以概括为十三个字：胜、力、利、道、形、势、柔、知、专、度、奇、变、致。这十三个字之间有十分清晰的逻辑关系。

《孙子兵法》的思想关键

"胜"是战略追求的目标。"力"是实现战略目标的基本条件和手段，是战略的物质基础。"利"是力量运用的根本动因，"道"是力量运用所遵循的道义准则和规律，这两者是决定力量运用的内在因素，是力量运用的基本战略依据。"形"是力量的外在表现，"势"是指力量综合借助外在条件发生最佳作用时的一种外在形态，这两者是力量发挥作用的外在因素，是展示战略艺术的两个基本着眼点。"柔"是综合上面与力量相关诸要素的基础上形成的战略理念，是力量运用的核心战略思想。"知"强调对双方力量的信息获取和正确思维，"专"强调集中力量，"度"强调力量的平衡与使用时机，"奇"强调出其不意运用力量，"变"强调力量在时空中灵活组合，"致"强调战略对抗的主动权和基本对抗方式以及运用力量的作用点。这六个范畴是"柔"这一核心战略思想的展开，是力量对抗过程中战略指导的基本原则。[①]

洪兵的这一解读很有创意，抓住了《孙子兵法》思想的关键。

洪兵概括的这十三个字又可以分为三个层面。

[①] 洪兵. 孙子兵法与经理人统帅之道[M]. 北京：中国社会科学出版社，2005.

第一层面是"胜"和"力",关注的是军事对决的目的及手段。

第二层面是"利"和"道"、"形"和"势","利"和"道"关注的是力量运用的内在因素,"形"和"势"关注的是力量运用的外在因素。

第三层面是"柔",关注的是力量运用的核心战略思想,其下又细分为"知""专""度""奇""变""致"六个方面。

通过这样的梳理,我们可以发现《孙子兵法》思想的核心在于强调主观能动性的发挥,而主观能动性的发挥在于最高统帅的素质。

《孙子兵法》的伟大之处在于,它不是一本仅仅局限于军事对抗的著作,而是以军事对抗为抓手,讨论人类竞争博弈基本原理的战略著作。由于其思想的高度抽象、高度概括、高度凝练,《孙子兵法》超越了一般军事著作的专业藩篱,具有哲学智慧高度,具有方法论的作用。

《孙子兵法》将中国传统文化经世致用、抓关键、重本质的思维方式表现到了极致,在这方面,《孙子兵法》与此前的《易经》和同时代的《道德经》完全一致。战争"五事":道、天、地、将、法;将帅素质"五德":智、信、仁、勇、严;"将有五危":必死、必生、忿速、廉洁、爱民,都是孙子总结出来影响国家兴亡、战争胜败的关键要素。这些关键要素的总结提炼,真正做到了删繁就简、大道至简、直指人心、直奔本质,有利于最高统帅在错综复杂、瞬息万变、惊恐失措的时刻迅速找到问题的关键,获得战略定力,确定战略决策。

《易经》《道德经》《孙子兵法》都是将影响事物发展的关键因素提炼、凸现出来,加以反复阐述、强调,而把无关宏旨的因素和细节问题基本省略。这也是中国古代典籍大多篇幅短小的根本原因。

中国传统文化专注于解决实际问题,不关心思想体系是否宏大精密，是否精确规范。具体在《孙子兵法》中，孙武专注于战略问题，而战略问题在相当程度上是一个实践问题，既有科学性又有艺术性，纯粹的规范性的学术表达很难完全说清楚，而中国传统的表达方式在这里正好有其优势。《孙子兵法》在呈现方式上，不搞烦琐论证，追求言有尽而意无穷，注重用形象、直观的表达方式，注重对读者思维方式的塑造和对读者思想的启发。

这样的呈现方式对于有一定生活阅历和战争经验的读者是十分有效的，它能够成功唤醒这类读者的联想能力和想象力，激发出他们的思想火花而能对事物做出正确决断。

第二次世界大战时成功领导了英国对德国"空潜战"的英国空军元帅斯莱瑟曾说过："孙武的思想有惊人之处——把一些词句稍加变换，他的箴言就像是昨天刚写出来的。"①

英国军事理论家利德尔·哈特1963年为美国将军萨姆·格里菲思的《孙子》英译本作序，写下了这样的理解。

利德尔·哈特的"间接路线战略"与《孙子兵法》

> 《孙子兵法》是世界上最早的军事名著，其内容之博大，论述之精深，后世无出其右者。可以说，《孙子兵法》是战争指导智慧的结晶。历代古往今来的军事思想家，只有克劳塞维茨可与孙子媲美。然而克劳塞维茨的著作比孙子晚两千年，其局限性也大，而且有一部分已经过时。相比之下，孙子的文章讲得更透，更深刻，永远给人以新鲜感。

利德尔·哈特之所以这么说，是因为他的"间接路线战略"思想就是《孙子兵法》"以迂为直"思想的英国版。

利德尔·哈特的"间接路线战略"有一个渐进的发展过程。他从1925年开始对战争史进行研究，希望通过这种历史研究获得战略

---

① 洪兵.孙子兵法与经理人统帅之道[M].北京：中国社会科学出版社，2005.

智慧。在1927年以前，他还没有读过《孙子兵法》，但其思想已经与孙武在很多方面不谋而合。1929年，他出版了《历史上的决定性战争》，就是后来大名鼎鼎的《战略论：间接路线》的第一个版本。此时，他已经读过《孙子兵法》，而且深受孙武思想的影响。在这部著作中，利德尔·哈特首创"间接路线战略"思想。该书的增订本于1941年出版，改名为《间接路线战略》。第三版于第二次世界大战结束，两颗原子弹爆炸后的1946年出版，改名为《战略论：间接路线》。1954年和1967年，该书又发行了第四版和第五版。利德尔·哈特在该书中以"大战略"为主要内容的"间接路线战略"自20世纪40年代以来已经成了西方国家的主流军事战略理论。

我们认为，利德尔·哈特通过对世界战争史的研究提出的"间接路线战略"理论，实际上是对《孙子兵法》战略思想的创造性继承和发展，是运用《孙子兵法》思维方式对西方军事理论的修正和完善。利德尔·哈特《战略论：间接路线》一书的正文前，精选了19条世界著名军事理论家的语录，而其中最前面的13条，全部来自《孙子兵法》。利德尔·哈特对孙武的崇敬之情到晚年愈发强烈。他为格里菲斯新译《孙子》英文本作序还说："《孙子》这一本书所包括的战略和战术基本知识，几乎像我所著的20多本书中所包括的分量一样多。"[1]

利德尔·哈特准确地理解了《孙子兵法》，并将孙武的思想应用到了20世纪的现代环境中。利德尔·哈特认为，所谓"大战略"就是综合配置一个国家或几个国家的所有资源以达到战争的政治目的。利德尔·哈特的思想在二战期间就已经引起了德军将领的注意，二战结束后，利德尔·哈特以"间接路线战略"为主要内容的

---

[1] 钮先钟.西方战略思想史[M].桂林：广西师范大学出版社，2012.

"大战略"思想影响越来越大,到了20世纪下半叶,这种宏观、全面、长远地观察问题、思考问题、解决问题的战略思维方式,就很自然地由军事领域延伸到了政治、外交、经济、文化、工商管理等领域。

追根溯源,利德尔·哈特的大战略思想在其萌芽阶段与孙武的思想不谋而合。研读《孙子兵法》后,利德尔·哈特就将他的原创思想和孙武思想对接,并进一步发挥。因此,《孙子兵法》最重要的价值在于,它全面系统地展示了一种观察、思考和解决问题的战略思维方式,具有方法论的作用。

第二,军事辩证法思想。

李泽厚在《孙老韩合说》一书中指出,《孙子兵法》的思想是一种军事辩证法思想,它的特点是"以一种概括性的二分法即抓住矛盾的思维方式来明确、迅速、直截了当地去分别事物、把握整体,以便做出抉择。所谓概括性的二分法的思维方式,就是用对立项的矛盾形式概括出事物的特征,便于迅速掌握住事物的本质。这就是《孙子兵法》中所提出的那许许多多相反而又相成的矛盾对立项,即敌我、和战、胜负、生死、利害、进退、强弱、攻守、动静、虚实、劳佚、饥饱、众寡、勇怯……,把任何一种形势、情况和事物分成这样的对立项而突出地把握住它们,用以指导和谋划主体的活动(即决定作战方案如或进或退、或攻或守等)。这是一种非归纳非演绎所能替代的直观把握方式,是一种简化了的却非常有效的思维方式。"[①] 李泽厚的这个说法是十分精当的,这也就是我们在本节中第一部分阐述的《孙子兵法》大道至简的思维方式和方法论价值。

《孙子兵法》抓住矛盾的思维方式

但孙子的军事辩证法思想远不止于此,它更重要的地方在于,

《孙子兵法》打破矛盾破局的思想

---

① 李泽厚. 中国古代思想史论[M]. 北京:人民出版社,1986.

正是因为孙子看到了任何事物都是由矛盾对立的两个方面构成的，因此在激烈残酷的军事对决中，我方就应当随时注意防范己方的弱项，消除或降低风险，突出、强化我方优势，同时找到对方薄弱处加以攻击，以此取胜。在《孙子兵法》中处处可见这种将原本稳定的矛盾对立的格局通过积极主动的战略战术创新进行破局的描述。

《计篇》：

　　利而诱之，乱而取之，实而备之，强而避之，怒而挠之，卑而骄之，佚而劳之，亲而离之。攻其无备，出其不意。

意思是，用利益诱惑敌人，趁敌人混乱时攻取它，敌人实力充足就防备它，敌人强大时避开它，敌人气势旺盛时要设法屈挠它，敌人卑怯时要设法使其骄傲自大，敌人修整良好时要制造事端使其疲于奔命，敌人精诚团结时要设法使其分裂。要在敌人没有防备时进攻，要在敌人没有准备时出击。

《势篇》：

　　乱生于治，怯生于勇，弱生于强。

意思是，示敌混乱，是因为有严整的组织，示敌怯懦，是因为有勇敢的士气，示敌软弱，是因为有强大的兵力。

《势篇》：

　　故善动敌者，形之，敌必从之；予之，敌必取之。以利动之，以卒待之。

意思是，善于调动敌人的将帅，制造假象来诱惑敌人，敌人一定信从。以利诱之，敌人一定来夺取。我们要以利益来引诱敌人，以重兵埋伏消灭它。

《虚实篇》：

　　善战者，致人而不致于人。能使敌人自至者，利之也；能使敌人不得至者，害之也。故敌佚能劳之，饱能饥之，安能动之。出其所不趋，趋其所不意。行千里而不劳者，行于无人之地也。

这里则将这种敌我双方力量对比的消长转化阐述得最为充分犀利。意思是，善于作战的，要能够有效调动敌人而不能被敌人调动。能让敌人自行到来的，一定是利益；能够让敌人无法到达其预定地点的，一定是不利，因此敌人安逸时要设法使其奔忙，敌人粮食充足，要设法使其饥饿，敌人驻扎安稳，要设法使其移动。出兵到敌人无法营救的地方，快速前进到敌人意想不到的地方。行军千里而不感到劳顿，是因为走的是没有敌军守卫的地方。

《孙子兵法》的军事辩证法思想使它成为一本具有高度实用性的博弈专著。身处激烈博弈竞争环境中的关键当事人可以将本书直接拿来作为决策、行动的指南，在相当程度上，它是一本博弈操作手册。军事博弈是人类博弈中最为激烈残酷的形式，基于军事博弈产生的《孙子兵法》的军事辩证法思想效率是很高的，经过现代转化的《孙子兵法》军事辩证法思想可以广泛运用于军事之外的领域。

第三，战略竞争是一个动态的过程。

战略竞争是双方或多方博弈的过程，我方能否取胜，并不完全取决于我方的实力和策略，同时还取决于对手的实力和策略，因此博弈就永远处于变动不居的状态。这样，在进行战略分析、决策时就不能仅仅只观察敌我双方的静态实力，还要考虑敌我双方的策略及次序，敌我双方将帅的性格特点、思想状况，所有这些因素都会影响博弈的过程和结果。这是西方在20世纪才出现的博弈论的思维方式，而这种思维方式早在2500年前的中国就已经被运用得炉火纯青了，田忌赛马就是一个运用博弈论思维方式取得胜利的典型案例。

<aside>博弈永远处于变动不居的状态</aside>

《孙子兵法》全文贯穿着博弈论和思维方式，当然它不是用现代的规范的学术语言来表达的，而是以形象的、直观的方式来描述的。

<aside>《孙子兵法》中博弈论的思维方式</aside>

《孙子兵法》讲到了战争中最重要的几组关键因素。战争"五

事"：道、天、地、将、法；将帅"五德"：智、信、仁、勇、严；"将有五危"：必死、必生、忿速、廉洁、爱民。这些因素在战争过程中全部都会变化，这些变化都会对战争态势产生影响。比如，"将有五危"中的"必死、廉洁、爱民"，在一般情况下是优良品质，但如果一支军队的最高统帅因他的"必死、廉洁、爱民"而中了敌人计谋，这些正面的品格就转化为负面因素。

西方的企业战略理论在相当长的时间里一直盛行静态分析，不考虑敌我双方作为"人"是活生生的有血有肉的。这种思维方式导致西方的战略理论在体系上完备宏大、精确规范，却了无生机，基本上是"屠龙之术"。

<small>《孙子兵法》重视人的因素</small>

《孙子兵法》在全方位分析研究环境的同时，突出强调了人的因素，而人的因素恰恰是战略竞争动态变化的根本。人在西方战略思想中被假定处于理想的最佳状态，因而在其思想体系中被忽略，然而竞争的关键特征是动态互动，对抗的本质离开了这一点，竞争理论就缺乏实际的操作性。

实际上，管理说到根本是一种实践，德鲁克认为，"任何热衷于将管理科学化或专业化的尝试，试图消除所有的波动、风险和不可知的措施，也就是消除自由、创新和成长。"[1]

德鲁克的观点与德国军事理论家克劳塞维茨《战争论》及《孙子兵法》对人的因素的重视从理念上来说是高度契合的。他们都意识到了管理的艺术性、创造性和主观能动性。

《孙子兵法》认为，战争的胜负不仅取决于敌我双方人力、物力、财力和军力的对比，更重要的是人对这些客观条件的创造性整合、配置和使用。《孙子兵法》中战略环境因素"五事"中的道、

---

[1] 彼得·德鲁克.管理的实践[M].齐若兰,译.北京：机械工业出版社,2006.

将、法都涉及人的内容。《孙子兵法》之《九变篇》中的"将有五危"也是从人的因素去分析博弈中的关键人物,以此告诫在战略博弈中要保持己方不犯错误,而设法使敌方犯错。所谓"致人而不致于人",就是要保持在形势变化中处于主动和优势地位。

《孙子兵法》关于战略竞争是一个动态过程的思想在大数据、云计算、移动互联网、物联网以及人工智能时代具有更为广阔的运用空间。在这样一个时代,环境更加不确定、未来更加难以预测、系统复杂性更高、发展非均衡性更明显,这个时候企业越来越难以保持持续的竞争优势,传统的战略理论对此早已无能为力,而《孙子兵法》的思想却日益显示出其强劲的生命力。

《孙子兵法》动态思想的广阔运用

《虚实篇》:

> 夫兵形象水,水之行避高而趋下,兵之形避实而击虚;水因地而制流,兵因敌而制胜。故兵无常势,水无常形。能因敌变化而取胜者,谓之神。故五行无常胜,四时无常位,日有短长,月有死生。

意思是,作战时的形态就像水一样,水的流动是避高趋低,作战时则要避实击虚;水流根据地形形成其流动情况,作战时要根据敌方的情况决定取胜方案。所以,作战时没有固定的方式,水流没有固定的形状。能够根据敌方变化取得胜利的,就是用兵如神。也就是,五行相克相生,没有哪一个可以处于绝对优势地位,四季相续相连,没有哪个季节固定不移,白昼有短有长,月亮有盈有亏。

中国文化和西方文化的一个很大差异就在于中国人对宇宙自然和人类社会的"变易"有一种根深蒂固的体悟,在世事变幻中求生存、在安定和谐中看到风险是中国文化的基因。进入21世纪,我国企业界在经过二十多年对西方企业经营管理的学习吸收后,开始在互联网以及与互联网相关领域弯道超车,就是因为这一时期的企业环境与中国传统文化基因有着内在的契合性，中国企业家在这种环境下能够更好地适应和生存发展。

因应着这种环境，西方发展出后现代企业发展战略理论。"后现代"就是对理性、必然性、确定性的反叛和解构，后现代企业发展战略理论强调的就是不确定性、随机性、直觉性、偶然性、试错性、应急性、学习性、自组织性和自适应性等，这些特点在中国传统文化中恰恰是本来就有的。从这个意义上说，《孙子兵法》关于战略竞争是一个动态过程的思想在未来还有很大的发展空间。

《孙子兵法》的大战略思想：全争与和平

孙武的"五事"

《孙子兵法》十三篇都贯穿着高屋建瓴的战略思维，前六篇更是集中阐述。孙武讨论战争，从来都是从国家战略高度进行的。《孙子兵法》第一篇《计篇》的首句是"兵者，国之大事，死生之地，存亡之道，不可不察也。"孙武一开始就告诉我们，战争是一个国家战略的组成部分，因此必须从整个国家生存发展的高度来研究思考军事战略。该篇接下来说"故经之以五事，校之以计而索其情：一曰道，二曰天，三曰地，四曰将，五曰法。""道"就是国家政治经济文化情况，"天"是季节气候情况，"地"是地理环境，"将"是将帅情况，"法"是法规制度情况。孙武的"五事"，首先强调的是道而不是将，由此可见其思维方式。

"必以全争于天下"

在《谋攻篇》中，孙武强调"是故百战百胜，非善之善者，不战而屈人之兵，善之善者也。故，上兵伐谋，其次伐交，最次伐兵，最下攻城。""故善用兵者，屈人之兵而非战也，拔人之城而非攻也，毁人之国而非久也。必以全争于天下，故兵不顿而利可全，此谋攻之法也。"这些论述再清楚不过地说明，孙武论战争从不以硬拼猛攻为首选，而推崇通过战略战术创新取胜，推崇将政治、外交、经济、文化和心理等手段与军事手段相结合综合性地解决问题。

《孙子兵法》基于"全争"的大战略思想的伟大之处在于指出战争只是人类博弈的手段之一，不使用武力，而通过政治、外交、经济、文化和心理等手段来解决争端才是上上之选。政治、外交、经济、文化和心理等手段无效，实在迫不得已，才祭出战争这一撒手锏。对"上兵伐谋"一句，我认为洪兵的解释最到位，他认为"上兵伐谋"的真正的意思是"让对方打消战略企图，打消与你为敌的念头和想法"。①

"上兵伐谋"

《孙子兵法》的精神绝非穷兵黩武，其根本目标在于和平。这是《孙子兵法》军事理论对人类社会的重大贡献，也是《孙子兵法》能够在现代社会中运用于军事之外的各个领域的重要思想基础。

《孙子兵法》的目标在于和平

事实上，中华文明从本质上说就不是以暴力征服、野蛮扩张为主导的文明体系。从《周易》开始，中华文明就追求和谐，比如人与自然的和谐——"天人合一"，人与人之间的和谐——"礼之用，和为贵"。但中华文明也认识到，人类社会不可能总是田园牧歌、温情脉脉，一定会有刀光剑影、尔虞我诈，中华文明也对此采取了理性应对的态度。《道德经》第三十一章说"夫兵者，不祥之器，物或恶之，故有道者不处。兵者不祥之器，非君子之器，不得已而用之，恬淡为上。胜而不美，而美之者，是乐杀人。夫乐杀人者，则不可得志于天下矣。" 这段话里两次出现"兵者不祥之器"，反复强调"物或恶之，故有道者不处""非君子之器，不得已而用之"，这种精神和《孙子兵法》的和平意旨是高度一致的。

这一重要思想对于我们现代社会的价值就在于，在面对重大问

用综合手段创造多赢的结果

---

① 洪兵. 孙子兵法与经理人统帅之道[M]. 北京：中国社会科学出版社，2005.

题时，我们应该尽可能全面地考虑涉及的各种因素，最大限度使用综合手段创造多赢的结果，应当尽可能地避免零和博弈。正是在这个意义上，利德尔·哈特指出："如果说，军事战略只限于研究与战争有关的各种问题，那么，大战略所研究的，不仅是与战争有关的问题，而且包括与战后和平有关的问题。"①

《孙子兵法》专家洪兵曾讲过美国IBM战略顾问麦克内利的故事，对我们理解中西战略思维很有帮助。洪兵介绍说："他说我们美国人在下棋，下的是国际象棋，国际象棋的着眼点是吃子，你吃我一个，我吃你一个，下完一盘整个棋盘是空的，用商业的话说，市场被破坏了，行业的利润下降了，大家在棋盘上全是输家，他看了《孙子兵法》以后明白了，中国人原来下的是另外一种棋——围棋，围棋很有意思，不是简单的吃子，而是占地方，你占一块我占一块，下完了以后棋盘是满的，用行业的话说市场繁荣了，利润上升了，大家都是赢家，他这个理解有点意思，是对的。"②

麦克内利不愧是IBM的战略顾问，他在相当程度上准确把握了《孙子兵法》的精髓。《孙子兵法》作为战略名著，其核心思想固然是讲述如何争取自己一方最大的利益，但孙武杰出之处在于，在2500年前，他已经建立起宏观、全面、长远的思维模式，在考虑战略问题时，不仅考虑到了收益，也考虑到了获得收益必须支付的代价和可能的风险；不仅考虑自己的利益，也考虑到了相关利益方的利益；不仅考虑到了眼前利益，也考虑到了长远利益。正是基于这样的战略思考，孙武明确了，战争本身不是目的而只是手段，战争的根本目的是和平。

---

① 钮先钟. 西方战略思想史[M]. 桂林：广西师范大学出版社，2012.
② 洪兵. 孙子兵法与统帅之道(上). [EB/OL]. http://www.360doc.com/content/10/1018/16/3037202_61999094.shtml，2010-10-18.

《孙子兵法》的大战略思想在企业经营管理中的应用，可以从以下几方面进行。

第一，以"全争"理念打造企业核心竞争力。

核心竞争力的概念是美国密西根大学商学院教授普拉哈拉德和伦敦商学院教授加里·默尔发表在1990年的5月到6月的《哈佛商业评论》上的《公司核心竞争力》一文中首先提出来的。他们对核心竞争力的定义是："在一个组织内部经过整合了的知识和技能，尤其是关于怎样协调多种生产技能和整合不同技术的知识和技能。"美国著名的麦肯锡咨询公司认为，核心竞争力是"指某一组织内部一系列互补的技能和知识的结合，它具有使一项或多项业务达到竞争领域一流水平、具有明显优势的能力"。张维迎认为核心竞争力有五个特点：偷不去、买不来、拆不开、带不走和流不掉。①

> 核心竞争力概念与孙武的"全争"理念

核心竞争力是企业自己发展起来的，具有企业的"基因"特征。企业核心竞争力存在于员工、战略规划、组织规则、文化氛围等方面，通过与企业的人力资源或其他实物资产的结合，在组织协调机制的作用下，形成企业独特的资源结构和综合实力。企业的核心竞争力要素主要体现在战略管理能力、创新能力、组织管理能力、生产制造能力、市场营销能力、企业文化和人力资源等方面。

《孙子兵法》的"全争"理念十分接近企业核心竞争力概念，都是强调要将内部因素和外部因素结合起来打造组织与众不同的资源结构和综合实力。

日本企业很早就认识到这一点，松下电器创始人松下幸之助就是其中的典型。松下幸之助出身贫寒，只上过4年学，但他缔造了一个电器"帝国"，被誉为日本四大"经营之神"之一。松下幸之

> 松下与孙武的兵家"五事"

---

① 启明. 偷不去买不来拆不开带不走溜不掉——张维迎妙谈企业核心竞争力[J]. 现代企业教育，2002(1)：62.

助认为《孙子兵法》是松下的成功法宝,他说:"中国古代先哲孙子,是天下第一神灵。我公司职员必须顶礼膜拜,对其兵法认真背诵,灵活应用,公司才能兴旺发达。"[1]

松下的成功,就是将孙武兵家"五事"的原理应用于企业管理,通过公司的企业文化和制度建设,凝聚人心,打造核心竞争力。松下有七大精神:产业报国精神、光明正大精神、团结一致精神、奋发向上精神、礼貌谦让精神、改革发展精神和服务奉献精神。在制度建设方面,松下幸之助首创了"事业部""终身雇佣""年功序列"等制度。事业部制度对公司的资金管理、利润管理以及对员工的监管有详细的规定,这极大地提高了资金使用效率,保证了企业经营良性运行。终身雇佣和年功序列制度则让企业员工产生归属感,愿意为企业奉献奋斗。

日本综合商社与"全争"理念

"全争"理念则体现为三井物产等日本综合商社的大战略。

日本综合商社起源于150年前的日本明治时代初期,一百多年的时间里,综合商社起着整合日本制造业、商业、金融业、政府等企业内外资源,打造日本企业联盟,与国外企业竞争的作用。

在发达国家中,日本是后发国家,在自然资源、人才、资金、企业数量与质量、政府资源等方面都不占优势。为了实现跨越式发展,日本企业界结合日本本土文化传统和中国传统文化精神,打造出综合商社模式,迅速获得有效的竞争优势,以企业联盟的方式与国外企业巨头竞争,在全球范围内争夺原料、技术和市场。从实际效果看,综合商社模式成功地将一大批日本企业推上了一流企业位置,也将日本经济总量推到了世界第二,直到2010年才被中国超越。

日本综合商社具有八大企业功能:商品交易功能、物流功能、

---

[1] 张建设. 当《孙子兵法》碰上《蓝海战略》[N]. 中国计算机报, 2006-06-29(3).

市场开拓功能、金融功能、事业开发与经营功能、风险管理功能、信息功能和组织功能。一家独立的企业可能只具备其中一个或几个功能，要想全部拥有，只能将企业联合起来。因此，我们可以看到，从最初的设计和最终的结果来看，日本综合商社实际上就是《孙子兵法》"全争"理念的日本企业实践版。

以三井物产为例，它利用自己强大的资源整合网络，调动全球信息、人力、物力、财力等资源，为企业联盟内各个企业提供服务，打通了整个产业链。三井物产用主办银行、交叉持股、经理会等手段打造的关联网络中，包括丰田、索尼、东芝、新日铁、石川岛播磨、三洋、富士胶卷、东京放送、花王和三得利等顶级日本企业。

日本综合商社的大战略意识还体现在通过海外战略资产投资在全球竞争中占据了优势地位。以铁矿石为例，三井物产从20世纪六七十年代起，就积极投资美洲、澳洲的矿业资源，与世界矿产巨头必拓、力拓等发展关系。三井物产通过控股公司持有淡水河谷15%的股份，并在董事会中派驻两名董事，从而掌握了铁矿石的全球定价权。在钢铁制造业，三井物产又与日本钢铁业巨头新日铁通过交叉持股的方式结成联盟。在钢铁业的下游产业链里，三井物产纳入了丰田、索尼、东芝、三洋、三井船舶这样的制造企业。在物流运输业，三井又有商船三井。可以说，三井物产已经将铁矿石从开采到运输、钢铁生产加工、下游制造等完整的产业链全部控制在了手里。日本综合商社大战略的威力由此可见。也正因如此，从1990年起，日本国内生产总值平均每年增长率不足1%，但国民生产总值的增长超过两位数。

第二，战略思维是一种创新思维，战略思维意味着对固有思想、固有格局的突破。战略思维是一种对事物的宏观的、综合的、全局的、长远的思维，正因为它是一种高瞻远瞩的思维，就一定会看到企业自身所处的位置、所面临的危机，它必须提出创新性方法和措施对所处困境破局，使企业重铸辉煌。

海尔企业战略的变革创新

海尔在最近十多年里一直都在进行着企业战略的变革创新，经过多年努力，近年来取得了初步成效。

如果把1984年张瑞敏到海尔前身任厂长算作海尔创业之始，1994年就是海尔发展的第一个里程碑，当年海尔冰箱产销量位居全国第一，海尔也是当时国内管理水平最高的制造企业之一。1996年，原国家经贸委宣布，未来几年将重点扶植宝钢、海尔、江南造船、华北制药、北大方正、长虹等6家公司，力争使它们在2010年进入世界500强。但随着国美、苏宁等电器连锁巨头在物理层面上切断了制造商与消费者之间的关系，电子商务在空间与时间上再次隔绝了制造商与消费者之间的联系，海尔深感危机重重。为了重建企业与消费者之间的关系，海尔开始探索互联网环境下的新模式。2005年，海尔提出"人单合一"管理模式，以实现与用户零距离，满足用户的个性化需求。2012年，海尔进一步提出了网络化战略。张瑞敏认为，在移动互联网、大数据、云计算背景下，海尔要建立"产品+服务"的大框架，要向互联网式的"轻公司"转型。海尔未来要实现"三化"：企业平台化、员工创客化、用户个性化。

为了实现这一战略转型，海尔2013年裁员1.6万人，2014年裁员1万人。海尔集团2013年营业收入近1500亿元，2014年2007亿元，海尔正加速向互联网转型。

张瑞敏又提出了2015年海尔的发展主题——人人创客，引爆引领。整个海尔从管控型组织变成投资平台，每个员工不再是执行者而是创业者；整个组织从原来的传统组织变成互联网组织。

海尔的企业平台化

在企业的平台化方面，2015年7月2日，海尔微商平台上线，意欲打造"全球最大的微商集团"。微店的核心理念就是要和用户进行零距离交互，通过满足用户的个性化需求来实现海尔和用户之间的强黏度关系。微商平台依托于海尔的U+智慧生活平台，以体验交互来吸引用户并获取用户需求，再经过大数据分析转化为产品方案，通过互联工厂快速形成产品。

在员工创客化方面，海尔也有举措。海尔集团旗下的海尔产业金融成立于2013年12月，从一开始就关注食品农业。蛋品行业是海尔食品农业创客团队开展金融业务的一个细分行业。"85后"邱兴玉在2014年海尔内部竞聘中成为海尔产业金融食品农业小微公司的"小微主"。她带领的小微公司在15个月里，业务量达到10亿元，团队2015年上半年分到340万元净利润。

海尔的员工创客化

蛋品产业链包含生产端(基地)、消费端(终端)以及连接两端的贸易(平台)三部分。海尔产业金融从需求端下手，以金融为纽带，将消费端、生产端和贸易(平台)连接起来，建立产销联盟，将传统的供需分离转化为订单式生产，以销定产，定制客户化需求。在这一创新中，海尔金融提供的远远不只是资金，而是为产业提供构建共创共赢共享商业生态系统的金融工具。

在这一模式中，邱兴玉是海尔内部员工中的创客，同时在海尔平台上还有创业的外部人员，创业人员无边界，最终产业链上各方都在平台上创造并分享价值，实现"共创共赢"。

第三，全争与和平的理念启示我们在企业竞争时主要采取合作博弈的方式。

将《孙子兵法》军事博弈思想运用于工商企业竞争博弈时，要积极扬弃，保留适合工商企业良性竞争的部分。

对《孙子兵法》要分析研究积极扬弃

从博弈论的角度看，战争基本上属于非合作博弈，也即零和博弈，其根本目的是消灭敌人，保存自己。从这个角度说，《孙子兵法》是严格意义上的军事理论著作，全书很大篇幅都在讨论如何消灭敌人,这是需要我们分析研究有所扬弃的。

工商企业竞争基本属于合作博弈,任何企业与竞争企业之间既可能存在竞争关系,也存在合作关系。工商企业竞争的实质并非消灭对手,而是为客户创造价值,以此无敌于天下。因此,工商企业在运用《孙子兵法》时应当结合道家"上善若水,水善利万物而不争""胜人者有力,自胜者强"的理念,把注意力更多地集中到打造自身的核心竞争力上面。

马云曾经说过:"竞争最大的价值,不是战败对手,而是发展自己。"[①] 马云真正理解了战略思想的精髓。

《孙子兵法》对将帅素质的强调

《孙子兵法》对将帅素质高度重视,提出了"智、信、仁、勇、严"五方面要求。《十一家注孙子·王晳》对将帅"五德"是这样解释的。

> 智者,先见而不惑,能谋虑、通权变。信者,号令一也。仁者,惠附恻隐,得人心也。勇者,徇义不惧,能果毅也。严者,以威严肃众心也。五者相须,缺一不可。

《孙子兵法》之所以把"智"列为五德之首,是因为战争变数大、非程序化,同时需要极高的创造性,唯有足智多谋,洞悉敌我,才能出奇制胜。《孙子兵法》中,无论是《计篇》诡道的运用,《谋攻篇》的不战而屈人之兵,《虚实篇》的乘人之虚,《行军篇》的料敌、取人,《九地篇》的置之死地而后生,《用间篇》的用间之道,等等,都需要高度的智慧来把握、创造、控制和调整。

《孙子兵法》认为将帅要具备一种综合素质

---

① 张意轩. 阿里巴巴马云:网络江湖一剑侠[N]. 人民日报(海外版), 2006-06-30(3).

克劳塞维茨也在其《战争论》中专设了"军事天才"一章，讨论统帅的才能和武德问题。他认为，军事天才是擅长军事活动的精神力量，它不是某一种力量，而是各种精神力量和谐的结合，是各种精神力量的综合表现。克劳塞维茨指出："军队的武德是战争中最重要的精神力量之一。""物质的原因和结果不过是刀柄，精神的原因和结果才是贵重的金属，才是真正的锋利的刀刃。"①

《孙子兵法》认为将帅"五德"是相辅相成的有机整体，在军队将帅身上一定体现为一种综合素质，这种综合素质使将帅能够率领下属将士攻坚克难、所向披靡。

但《孙子兵法》有一个明显的倾向，就是极端重视"智"而较为轻视"勇"，"五德"之中勇被排在第四位，这是有失偏颇的。日本人研究《孙子兵法》，认为《孙子兵法》之所以十分强调智："兵者诡道也""奇正""虚实""用间"，很重要的原因是出于对敌人的畏惧。笔者认为这一说法在相当程度上是成立的。历史上大多数时间里，中原地区建立的王朝基本上对外部威胁采取的都是守势，而且常常处于被动。

> 应将"智"与"勇"放到同等地位

军事博弈说到根本是以实力为基础的，而实力的打造和表现除了高度重视智，还应当高度重视勇的作用。笔者认为，五德之中，智与勇应当被放到同样重要的地位上。《吴子兵法》有"凡兵战之场，立尸之地，必死则生，幸生则死"的观点，如果结合《孙子兵法》对智的推崇，就比较完美了。

《史记·货殖列传》记载战国初年的大商人白圭的经商之道说："（白圭）能薄饮食，忍嗜欲，节衣服，与用事童仆同苦乐，驱时若猛兽鸷鸟之发。故曰：'吾治生产，犹伊尹、吕尚之谋，孙吴用

---

① 克劳塞维茨.战争论(第一卷)[M].中国人民解放军军事科学院，译.北京：商务印书馆，1978.

兵，商鞅行法是也。是故其智不足与权变，勇不足以决策，仁不足以取予，强不能有所守，虽欲学吾术，终不告之矣。'"这段记载从商业竞争角度印证了智勇不可偏废。

现代企业的经营管理，在很大程度上和军事博弈十分相似。第二次世界大战结束以来，由于世界政治、经济形势的变化，科学技术的发展，作为微观竞争主体的工商企业，其生存、发展境遇变得更加复杂、更加莫测。在这种情况下，就需要企业高层管理者必须具备像军事将领一样的战略实施能力和应变能力。美国的企业高管，相当大比例毕业于军校，恐怕原因就在于此。据统计，二战以来美国西点军校、海军军官学院和空军军官学院就为美国工商界培养了1500多名世界500强企业的CEO、2000多名公司总裁和5000多名副总裁。我国的企业家，张瑞敏、王石、柳传志、任正非等也都有军队经历。

TCL是我国消费电子行业中国际化程度较高的企业，在全球四十多个国家和地区设有销售机构，在美国、法国、新加坡等国家设有研发总部和十几个研发分部，在波兰、墨西哥、泰国、越南等国家拥有近二十个制造加工基地。

著名管理学家彼得·德鲁克曾说过："只有经历过两次重大危机的企业，才算得上是成熟企业。"[1] 从这个意义上说，2004年到2007年间，TCL因为收购法国彩电品牌汤姆逊、手机品牌阿尔卡特导致企业出现巨额亏损，上市公司被带上ST帽子，应当算是TCL的第一次重大危机。

作为中国消费电子行业的领先企业，TCL很早就意识到中国市场只是企业发展的根据地，要想永续经营、做大做强，就必然要进入国际市场，与国际同行竞争，成为国际领先品牌。从1999年，

---

[1] 孙瑜. 李东生：TCL卡位战[J]. 英才, 2012(2)：60-62.

TCL开始国际化进程，最早进入的市场是邻国越南。TCL进入越南市场的前两年时间里接连亏损，但在李东生的支持下，越南市场拓展团队在2001年9月扭亏为盈，并在两年后跃居成为当地知名品牌。越南市场的成功拓展，让李东生十分兴奋。他曾为此写下一篇题为《屡败屡战，百折不挠》的文章，文中说："我们提倡'胜则举杯相庆，败则拼死相救'的精神，在困难和挫折面前保持信心，保持动力。"在这里，"胜则举杯相庆，败则拼死相救"推崇的是一种军事化的拼搏精神，这篇文章标题中的"屡败屡战"来源于曾国藩的奏折，显示的是百折不挠的必胜信心。李东生对曾国藩尊崇备至，2002年8月，他又写了一篇文章，题为《扎硬营，打死仗》，文中说："企业的竞争，就是人的竞争，而人的观念、精神和勇气，往往能起到关键的作用。我们若能培养出'扎硬营，打死仗'的队伍，就能让对手心存畏惧，就会在竞争中有更多胜算。""扎硬营，打死仗"是曾国藩训练湘军的心得，李东生以此来赞扬越南市场拓展团队，表明他深刻认识到，企业的市场竞争，尤其是国际市场竞争，在相当程度上与军事博弈有相似之处，需要对军事博弈的很多原则创造性借鉴。也正因为有了这样一种意识和精神，TCL才能够从2004到2007年的重大考验中浴火重生、凤凰涅槃。

2004年1月28日，TCL采取向法国汤姆逊公司增发股权的方式并购其彩电业务，双方成立合资公司TCL—汤姆逊电子有限公司(简称TTE)。2004年初，阿尔卡特和TCL合资成立TCL—阿尔卡特通信公司(简称T&A)，TCL占55%股权，阿尔卡特占45%股权。美国《时代》周刊和美国有线电视网CNN联合举办的"2004年全球最具影响力的25名商界领袖"评选中，李东生入选，美国《财富》杂志的"亚洲最具影响力的商业领袖"，李东生也赫然在列。

由于李东生在收购汤姆逊、阿尔卡特资产时缺乏跨国收购经

李东生带领TCL度过危机

验，对很多隐患考虑不周，再加上市场变化，这两家合资公司到2006年都发生了巨额亏损。TCL和李东生像坐过山车似的，从2004年的辉煌巅峰，一下子跌入了似乎万劫不复的深渊。当年媒体的宠儿在2006年成为大家嘲笑的对象。美国著名财经杂志《福布斯》中文版把李东生列入2006年度"中国上市公司最差CEO"。

2006年5月，经过审慎考虑，李东生决定亲自担任TTE的CEO，为TCL的国际化杀出一条血路。当时很多高管都极力劝阻，因为李东生一旦失败，他的职业生涯也将受到致命打击，TCL的国际化之路也很可能就此结束。但李东生力排众议，决定亲自操刀，从根本上解决问题。

2006年6月14日，李东生写下了著名的《鹰的重生》一文，发表在TCL内部网站上。这是一篇TCL自我批判、自我改造、浴火重生的宣言，文章发表后，TCL员工反响热烈，回帖多达两万有余。受员工热烈回应的鼓舞，李东生在此后十多天里接连写出了四篇文章，阐述了他借危机彻底改造TCL，使TCL脱胎换骨的思想。这些文章是《组织流程再造》《管理者必须为变革承担责任》《员工的参与是企业文化变革创新的动力》和《国际化是中国企业发展的必由之路》。

在《国际化是中国企业发展的必由之路》一文中，李东生精辟地指出："目前我们企业主要的问题和困难，似乎都和国际化有关，但是客观冷静地分析就会发现，这些问题大多并不是国际化带来的，而是在我们企业内部一直存在。企业参与国际竞争使这些问题比较集中地暴露出来，面对这些问题对于我们企业的发展是必需的。最近，我们对TTE的现状做了全面分析，虽然业务亏损主要来自欧美业务，但问题改善，有80%需要我们提升自身的系统核心能力。"

这些文章所讨论的主题和观点，即使是十多年以后仍然不过时。而这些高屋建瓴的思想，也正是此后几年里TCL从企业文化建设、企业战略制订与优化、高管团队打造，到业务模式再造、企业业务流程再造、供应链优化等的总纲。

李东生的杰出之处在于，第一，在2006年上半年TCL整体亏损7.38亿元，上市公司被带上ST帽子之时，他没有退缩，也没有文过饰非，而是坚定地走上前台，显示出了危难之中团队主帅的最可贵精神！第二，李东生面对困境，不是采取头痛医头脚痛医脚的方法，而是从战略高度发现TCL的弱点，从战略上彻底解决问题。

2006年9月15日，TCL召开首次文化变革创新推进小组联席会议，提出了行动纲领"三改造、两植入、一转化"。

"三改造"是改造流程、改造学习、改造组织。"两植入"是将TCL核心理念植入人才评价和用人体系当中，植入招聘和考评体系当中。"一转化"是将企业愿景转化为组织和个人的愿景。

TCL的文化变革创新使企业发生了巨大变化，并转化为优秀的管理效应和经济效益，其影响一直持续到现在。

文化变革创新产生的良好效应，使TCL重新焕发勃勃生机。2008年3月，TCL扭亏为盈，摘掉了ST帽子。两个合资企业也顺利整合，TCL在国际化发展中付出巨大代价，但也获得了巨大收益。

正是在危机的应对中，李东生及其团队显示了高超的战略实施能力和应变管理能力，也正是在这种应对之中，TCL的战略管理能力得到了脱胎换骨的提升。

如果说因为有了李东生这样具有优秀素质的领军人物，TCL度过了2006年前后的危机，那么世界互联网历史上的标杆企业雅虎则因为领导人的问题，在短暂的辉煌后，最终从世人的视线中消失了。

雅虎失败的原因在其领导人身上

杨致远和大卫·费罗于1994年4月共同创立雅虎互联网导航指南，并于次年3月注册成立了雅虎公司。从创业之初到2000年，雅虎相继推出搜索引擎、电子邮件、即时通信和网页广告等业务，引领世界互联网产业一路向前。但随着美国互联网产业泡沫破灭，2001年雅虎收入急剧下降，雅虎市值在半年之内蒸发了60%。此后雅虎就进入了战略摇摆不定、业绩乏善可陈的阶段。

而这一阶段，正是互联网产业度过了泡沫破灭的严峻考验后，不断进行技术创新、产品创新、业务创新和商业模式创新的阶段，这一阶段美国涌现出了谷歌、亚马逊、脸书等企业，中国则打拼出了阿里巴巴、百度、腾讯等巨头。在这一过程中，雅虎错过了从网站到社交媒体、从互联网到无线互联网、从PC到移动终端转型升级的一系列机会，最终在2016年7月25日，雅虎以48.3亿美元向美国电信运营商Verizon(威瑞森)公司出售核心业务。一代互联网英雄就此黯淡收场。

笔者认为，《孙子兵法》将帅"五德"中最关键的是智和勇，也就是在关键时刻要有足够好的心理承受能力，在沧海横流之际能保持足够的战略定力，做出正确的战略决策，并有效实施。从这个意义上说，杨致远可能并不是一名杰出的企业领导人。

2001年之后的雅虎，由于其互联网先锋企业的地位，本来还有很多机会。雅虎拥有很好的技术基因，但放弃了在搜索技术上的优势，把精力放到内容制作上，向门户和媒体公司转变。这一战略失误给了谷歌成长空间。

在社交媒体的战略判断上，杨致远再次出错。2006年，扎克伯格以10亿美元的价格出售脸书，但杨致远没看懂社交媒体的价值，把价格压到8.5亿美元，收购失败。

2016年，正是在谷歌、脸书等竞争对手的挤压下，以广告收入为主的雅虎全球在线广告市场份额从曾经的20%下降到了3%。

优秀的企业家不仅能在机遇好的时候乘势而起，也能在低谷时看到希望，找准方向，凝聚军心，劫后重生。从这个意义上说，雅虎的失败确实有其领导人的问题。

《孙子兵法》关于将帅素质的思想对企业经营管理的启示如下。

在企业经营管理中，企业领导人必须具备综合完备的素质。而在将帅"五德"中最关键的是智和勇，也就是创新能力和良好的心理素质、战略定力。

知己知彼，百战不殆：
从战略高度探讨情报信息工作的重要性

《孙子兵法》对情报信息工作高度重视，《用间篇》专门讨论情报信息工作，而且《孙子兵法》全书都立足于对"敌""我""友"各方势力的全方位多层面多角度的考察分析，以此探讨战争的规律。"知"字在《孙子兵法》中一共出现了79次，与知有关的"智"字出现7次，"计"字11次，"谋"字11次，由此可见，知是孙子思想的核心之一。可以说，《孙子兵法》是从战略高度探讨情报信息工作的重要性。

《孙子兵法》中有关情报信息工作的论述很多，仅略举几例。

《谋攻篇》：

知己知彼，百战不殆；不知彼而知己，一胜一负；不知彼，不知己，每战必殆。

《计篇》：

夫未战而庙算胜者，得算多也；未战而庙算不胜者，得算少也。多算胜，少算不胜，而况于无算乎！吾以此观之，胜负见矣。

意思是，还没开战就能预计战争获胜的，是因为筹划充分，获胜的条件充足。还没开战就预计战争失败的，是因为筹划粗疏，获

《孙子兵法》对情报信息工作的部分相关论述

胜的条件远远不够。筹划充分就可能取胜，筹划粗疏就可能失败，更何况完全不筹划呢！从这方面看，胜负可见。

《军形篇》：

昔之善战者，先为不可胜，以待敌之可胜。不可胜在己，可胜在敌。故善战者，能为不可胜，不能使敌之必可胜。故曰：胜可知，而不可为。是故胜兵先胜而后求战，败兵先战而后求胜。

意思是，以前那些善于作战的将帅，先要设法使自己不可战胜，然后再等待敌人直到可以战胜时发起进攻。不可战胜在于我方，可战胜在于敌人情况的变化。因此，善于作战的人，能够使自己不可战胜，无法保证敌人一定可被自己战胜。因此，胜利是可以预测的，但不可能强行获得。

《地形篇》：

夫地形者，兵之助也。料敌制胜，计险阸远近，上将之道也。知此而用战者必胜，不知此而用战者必败。

意思是，地形是作战时的辅助条件。判断敌军情况，研究地形险要平易、计算位置远近，这是主将的职责。知道这些道理指挥作战的一定获胜，不知道这些道理作战的必定失败。

《地形篇》：

知吾卒之可以击，而不知敌之不可击，胜之半也；知敌之可击，而不知吾卒之不可以击，胜之半也；知敌之可击，知吾卒之可以击，而不知地形之不可以战，胜之半也。故知兵者，动而不迷，举而不穷。

故曰：知彼知己，胜乃不殆；知天知地，胜乃不穷。

意思是，知道我方士兵可以作战，而不知道敌方不可进攻的，有一半的胜算。知道敌方可攻击，而不知道我方士兵不能作战的，也有一半的胜算。知道敌军可攻击，也知道我方士兵可进攻，但不知道地形条件不适宜发动进攻的，也有一半胜算。因此，掌握用兵之道的人，行动不会迷惑，其用兵方略变化无穷。所以，了解敌我双方的情况，就能取胜而不会有危险；若能进一步掌握天气变化和地理形势，胜利就不可穷尽，就完全有把握取胜。

需要指出的是，《孙子兵法》中所探讨的情报信息工作并不仅仅是对情报信息的收集，更重要的是对不完整的、片段的、充满假象的情报信息的研究分析，并能做出正确判断。

《行军篇》：

敌近而静者，恃其险也；远而挑战者，欲人之进也；其所居易者，利也。

众树动者，来也；众草多障者，疑也；鸟起者，伏也；兽骇者，覆也；尘高而锐者，车来也；卑而广者，徒来也；散而条达者，樵采也；少而往来者，营军也。

辞卑而益备者，进也；辞强而进驱者，退也；轻车先出居其侧者，陈也；无约而请和者，谋也；奔走而陈兵车者，期也；半进半退者，诱也。

《孙子兵法》专家郭化若将军对这一段落做了如下翻译。

敌人逼近而安静的，是依靠他占领地形的险要；敌人远离而来挑战的，是想诱我前进；敌人所占领的地形平坦的，有利于同我决战。(无风而)许多树木摇动的，是敌人隐蔽前来；草丛中有许多障碍的，是敌人布下的疑阵；鸟飞起的，是下面有伏兵；兽骇走的，是敌人隐蔽来袭；尘土高而尖的，是敌人的战车来了；尘土低而宽广的，是敌人的步兵来了；尘土疏散飞扬的，是敌人在砍柴拽柴；尘土少而时起时落的，是敌人正在扎营。敌人派来的使者措辞谦逊却正在加紧战备的，是准备进攻；措辞强硬而摆成前进姿态的，是准备后退；轻车先出动，部署在翼侧的，是在布列阵势；没有约会而

来讲和的，是另有阴谋；敌人兵卒奔走而摆开兵车列阵的，是期待同我决战；敌人半进半退的，是企图引诱我军。

企业经营管理同样也必须将情报信息工作提高到战略高度。

韩国文化产业振兴院的情报信息工作

韩国在1997年遭受亚洲金融危机打击后，决定大力发展文化产业。为此，韩国政府专门成立了韩国文化产业振兴院。韩国文化产业振兴院是归属于韩国文化体育观光部的事业单位，其工作包括协助韩国政府制定文化产业政策，开展文化产业统计调查和趋势分析等实证研究，为文化企业提供投资指引和信息服务，还提供文化产品制作、流通和出口等服务。韩国文化产业振兴院在美国、中国、欧盟和日本都设有办事处，主要工作是了解所在国文化产业动向，收集市场信息，宣传推广韩国文化产品，为韩国文化企业与所在国政府和企业建立信息和经贸联系。韩国文化产业在21世纪突飞猛进，与韩国文化产业振兴院所做的情报信息工作是分不开的。

日本企业的情报信息工作

日本企业的情报信息工作十分出色。日本资源匮乏、地少人多、企业竞争激烈，为了生存发展，日本企业使出浑身解数收集各类资讯。前面讲到的日本综合商社在信息收集方面的能力就非同一般。

日本6家最著名的综合商社是三井物产、三菱商社、伊藤忠商事、丸红商事、住友商社和双日（日商岩井、日棉）。这6家商社在世界各地设有多家分支机构，其工作之一就是搜集各国的资讯。

根据日本综合商社研究专家白益民的研究，日本综合商社的情报工作效率很高，"大约5~60秒钟即可获得世界各地金融市场行情，1~3分钟即可查询日本与世界各地进出口贸易商品品种、规格的资料，3~5分钟即可查出国内外1万多个重点公司的各年度生产情况，5~10分钟即可查出各国政府的各种法律、法令和国会记录，5分钟即可利用数量经济模型和计算机模拟画出国内外经济变化带来影响的曲线图。各大商社的情报部门再利用这些情报信息开展各种各样的信息服务，如信息编译、咨询，以及竞争对手及其市场占有率、产品质量、品种、价格的动态分析等。"[①] 三井物产还拥有一个先进的综合情报系统——三井全球通信网，掌握世界各地的经济动向和贸易上需要的信息。日本外务省国际情报局还经常与商社驻外办事处互通信息。

白益民还指出："综合商社情报部门总部都设在日本本部，由一位副总经理负责。他统一搜集并分析国内外汇总来的情报信息，并把精选出的情报提交给有总经理和董事出席的上午碰头会进行讨论。日本商社情报工作有一个显著特点就是重视对全体员工的情报教育。各商社招聘来的工作人员都要接受三年的包括情报技能在内的岗位培训，以及搜集情报训练。凡驻海外办事处人员大都有搜集情报的任务。在搜集情报方面，各大商社不仅有专职的情报人员，而且注重营造一种人人抓信息的氛围，让每个职员都成了企业的信息员。"

以铁矿石业为例，我们来看看日本的综合商社是怎样收集关键性经济情报的。

宝钢是我国改革开放后建立起来的钢铁业重点企业，三井物产通过其关联企业石川岛播磨和东芝，与另外一个关联企业新日铁一起向宝钢提供设备。1992年开始，三井物产正式与宝钢合作，帮助宝钢开拓日本市场，后来又与宝钢成立钢铁物流公司——宝井。在与宝钢合作的过程中，三井物产通过干部互派、信息交流等方式掌握了宝钢的产量、产品种类、价格、市场等重要信息。

情报收集上来以后，商社还设有专门的研究机构进行研究分析，并提出战略建议，比如三井财团有"三井物产战略研究所"，

[①] 白益民，袁璐. 交叉持股、综合商社：神秘的日本财团这样成为渗透全球的巨无霸[EB/OL]. http://www.vccoo.com/v/674894?source=rss，2016-02-25.

三菱财团有"三菱综合研究所"。这些商社提出的战略建议往往能被日本政府采纳，成为国家经济战略的有机组成部分。

日本综合商社在情报信息的收集、研究方面的能力令人惊心，它提示我们：商场如战场，商战之激烈残酷丝毫不亚于军队对决，"知己知彼，百战不殆"的原则用得最好是日本企业而非我们自己。

改革开放以来，越来越多的中国企业开始在情报信息工作方面奋力直追，取得了很好的效果，华为就是其中的典型。

华为的业务1997年进入俄罗斯；1998年进入印度；2000年进入中东和非洲；2001年迅速扩大到东南亚和欧洲等四十多个国家和地区；2002年进入美国。从1987年创立，华为不断超越包括西门子、诺基亚、阿尔卡特、朗讯、北电网络、摩托罗拉等在内的同行。

大型电信设备行业是瞬息万变的行业，技术发展迅猛、产业环境变化莫测，稍一懈怠马上就会被后来者超越。因此任正非一直呼吁"要让听得到炮声的人呼唤炮火"，可见他对市场信息的重视。任正非不仅注重情报信息的收集，更重视对情报信息的加工提炼，使之得以服务于华为的全球竞争战略。

在华为的情报信息工作中，"蓝军"机构设置是一个重要创新，蓝军将情报信息的加工提炼变成一种实战性和对抗性的战略演练，将任正非提倡的"自我批判"落到了实处。

蓝军是华为战略(营销)部的一个部门，是华为的核心职能平台之一。蓝军的设立来源于军事演习的思路。蓝军指军事演习中扮演假想敌的部队，通过模仿对手的作战特征与"红军"(代表正面部队)对抗。华为的蓝军也是这样，按照任正非的说法，"蓝军想尽办法来否定红军"。

任正非对蓝军寄予厚望："要想升官，先到蓝军去，不把红军打败就不要升司令。红军的司令如果没有蓝军经历，也不要再提拔了。你都不知道如何打败华为，说明你已到天花板了。"[①] 在华为的设计中，红军代表现行战略发展模式，蓝军代表主要竞争对手或创新型的战略发展模式。蓝军的主要任务是唱反调，虚拟各种对抗性声音，模拟各种可能发生的信号，甚至提出一些危言耸听的警告。通过自我批判，为公司高层提供战略性意见和建议，保证华为走在正确的道路上。

2008年，华为计划将子公司华为终端(也就是手机制造业务)出售给贝恩资本，正是蓝军发现了终端的重要性，并提出了云计算结合终端的"云管端"战略，华为董事会研究了蓝军的建议，终止了对华为终端的出售。

"知己知彼"思想对企业经营管理的启示如下。

第一，情报信息工作在企业经营管理中是一项战略性工作，企业一把手必须高度重视。

第二，在全新格局下，中国企业的情报信息工作站位要高，要从正在崛起中的大国的视角去观察、思考自己以及世界同行的情况，并做出正确研判。

《孙子兵法》"势"论的价值

前面我们讲到，洪兵认为《孙子兵法》核心观点可以概括为十三个字：胜、力、利、道、形、势、柔、知、专、度、奇、变、致。在这十三字中，笔者将它们分为三个层面，其中"胜"和"力"是第一层面，谈论的是军事对决的目的及手段。"势"是第二个层面，它与"形"一道属于力量运用的外在因素。而"柔"属

[①] 马晓芳.揭秘华为"红蓝军"[N].第一财经日报，2013-11-26(7).

于第三层面，是力量运用的具体方法，也就是具体的战略艺术，包括"知""专""度""奇""变""致"六个方面。

从上述分析可以看出，势在《孙子兵法》思想中处于枢纽位置，是军事博弈中力量运用的依凭，战略艺术表现的抓手。那么，势是指什么状态？它与形是什么关系呢？

在《孙子兵法》中，一共有四篇讲到势。

《计篇》：

> 计利以听，乃为之势，以佐其外。势者，因利而制权也。

结合郭化若的翻译，这一段的意思是，分析利害条件，使意见被采纳，然后就造就有利的态势，作为外在的辅助条件。势就是利用有利的情况，灵活应变，掌握作战的主动权。

《势篇》：

> 激水之疾，至于漂石者，势也；鸷鸟之疾，至于毁折者，节也。故善战者，其势险，其节短。势如彍弩，节如发机。

郭化若翻译这一段的意思是，湍急的水飞快地奔流，以至于能冲走石头，这就叫势；鸷鸟迅飞猛击，以至能捕杀(小鸟小兽)，这就叫节。所以善于指挥作战的人，他所造成的态势是惊险的，所发出的节奏是短速的。惊险的势就像张满的弓弩，短速的节奏就像击发弩机。

《势篇》：

> 故善战者，求之于势，不责于人，故能择人而任势。任势者，其战人也，如转木石。木石之性，安则静，危则动，方则止，圆则行。故善战人之势，如转圆石于千仞之山者，势也。

郭化若翻译这一段的意思是，善于作战的人，要依靠善于造成有利的态势以取胜，而不苛求将吏的责任，所以要能选择将吏，去利用各种有利的态势。所谓"任势"，是说善于选用将吏指挥作

《孙子兵法》中对势的相关论述

战，就像滚动木头、石头一般。木头、石头的本性，放在安稳平坦的地方就静止，放在险陡倾斜的地方就滚动；方的会静止，圆的会滚动。所以善于指挥作战的人所造成的有利态势，就像转动圆石从八百丈高山上滚下来那样，这就是所谓势呀！

《虚实篇》：

> 故兵无常势，水无常形，能因敌变化而取胜者，谓之神。

结合郭化若的翻译，这一段的意思是，作战没有固定刻板的战场态势，没有一成不变的作战方式，就像水没有固定的形态一样，能根据敌情变化而取胜的，就叫作用兵如神。

《地形篇》：

> 远形者，势均，难以挑战，战而不利。……夫势均，以一击十，曰走。

吴九龙主编的《孙子校释》翻译这一段的意思是，在远形地域上，双方地势均同，不宜挑战，勉强求战，就不利。……凡是地势均同而以一击十的，必然败逃，叫作"走"。

其中《地形篇》中说的势是指具体的地势，与《孙子兵法》中战略意义上的势关系不大，此处不展开讨论。

综合其他三篇关于势的描述，我们可以得出结论：势就是态势、形势、气势、局势、优势、威势等意思，它是军事博弈中力量运用的依凭，战略艺术表现的抓手。

势与形是不同的，形是素常固有的东西，势不是自然固有的，而是将帅通过多方努力创造出来的。势的形成包括借势、蓄势、造势、用势(也就是《孙子兵法》中所说的任势)。

因此，势是战争博弈中最高统帅必须高瞻远瞩、精心谋划、缜密实施的战略布局，是体现最高领导者政治智慧、战争谋略的关键之处。一个国家、一支军队能否在未来占据有利地位，能否在未来军事博弈中占据先机,在很大程度上就取决于这种势的蓄积、营造和使用。

国际象棋思路与围棋思路

中华人民共和国成立后,中国和苏、美两个超级大国以及其他国家展开了多方面、多层次的竞争博弈。通过反复的博弈,世人越来越发现,中国与其他国家的竞争中体现出来的战略思维方式与其他国家尤其是西方发达国家有很大差异。说得直观一点,西方人在战略上是类似于国际象棋的思路,以猛冲猛杀为基本手段,最后谁杀的敌人多而自己剩下的兵多谁就胜利。中国人在战略上类似于围棋的思路,不以杀敌多少为标准,而重在战略布局,善于站在全局高度看待敌我友多方形势,通过造就对我方有利的形势来取胜。

围棋思路的关键在高瞻远瞩,看清整个世界的发展趋势,看清敌我友在世界大势中各自的地位和所拥有的资源,然后谋势、蓄势、造势、任势。在这一过程中并不是不要打仗,而是尽可能地运用综合国力,也就是运用势去制衡对手。在万不得已的情况下也可以动用军队作战,但一定要把战争规模控制在有限范围内,通过有限战争达到我方的战略目的。

美国战略家中,基辛格和布热津斯基对中国的战略思维方式有相当的了解认知。基辛格在2011年出版的《论中国》中说:"《孙子兵法》中'势'的概念,意为全局战略形势中的'潜在力量'。美国人倾向于制定包含十项不同内容的议程,并将其作为互不相干的问题逐一处理。而中国人则把这视为一盘棋。美国人总是急于求成,因时间流逝而焦躁不安。而中国人重视耐心。"基辛格还指出:"中国谈判家们的外交策略是将政策、军事和心理因素交织在一起,综合为一个总体战略设计。"① 所谓"将政策、军事和心理因素交织在一起"就是"借势""蓄势""造势"和"任势"之意。

2012年初,布热津斯基出版了《战略憧憬——美国和全球实力的危机》一书。在这本书中,布热津斯基认为世界中心正"从西方转到东方",中国和美国的力量对比已经发生了重大变化。他认为,中国善于从长远处着眼并勾画未来,政策前后连续,这是中国的优势所在,而美国"太专注于目前的危机,太缺乏长远视角""受困于一种短视的精神状态"。布热津斯基对中美力量对比的认识,对中国在战略思维优势上的评价,我们认为基本上是客观公正的。

马云创立的阿里巴巴从B2B开始,接着进入C2C,然后进入互联网第三方支付(支付宝),再进入B2C,到2013年,阿里巴巴已经建立起比较完整的互联网商业生态系统。也就是在这个时候,马云比别人看到更远,出手更快。他的新一轮布局造势开始了。马云看到的机会是大数据,他的新一轮布局谋势全部围绕大数据进行。

<small>阿里巴巴围绕大数据的布局谋势</small>

2011年5月,麦肯锡全球研究院《大数据:创新、竞争和生产力的下一个新领域》报告认为:大数据可以在任何一个行业内创造更多价值。2012年奥巴马政府宣布投资2亿美元拉动大数据相关产业发展,将"大数据战略"上升为国家战略,将大数据定义为"未来的新石油",是另一种国家核心资产。2013年被国外媒体称为"大数据元年",这一概念迅速成为热词,风靡世界。

触角敏锐的马云也注意到了大数据这一"新能源"。和别人不同的是,他没有大声喧哗,而是悄悄地开始进行他的大数据产业布局。

马云的大数据产业布局完全根据阿里巴巴已有资源和企业基因

---

① 悲歌.《论中国》:基辛格博士的中美关系处方[EB/OL]. http://www.360doc.com/content/12/1219/21/4919327_255163373.shtml, 2012-12-19.

进行，因此，从一开始就具有强劲的生命力。

2013年5月，阿里巴巴集团、银泰集团联合复星集团、富春控股、顺丰集团、三通一达(申通、圆通、中通、韵达)、宅急送、汇通，以及相关金融机构合资组建菜鸟网络科技有限公司，共同打造"中国智能物流骨干网"(简称CSN)项目。

马云组建菜鸟网络，一个重要原因就是阿里巴巴电商平台产生海量的物流业务。中国物流、快递企业规模小、分散经营的特点造成物流成本高、企业效率低、用户体验不佳。菜鸟网络的目标就是利用互联网技术，建立开放、透明、共享的数据应用平台，为电子商务企业、物流公司、仓储企业、第三方物流服务商、供应链服务商等各类企业提供优质服务，支持物流行业向高附加值领域发展和升级。最终促使建立社会化资源高效协同机制，提升中国社会化物流服务品质，打造中国未来商业基础设施。

马云通过合资组建的方式，将中国主要的物流企业聚集在一个平台上，弥补阿里巴巴在物流方面的短板，同时通过这一平台，获得了极为重要的数据资源。

为了使阿里巴巴的物流数据战略获得坚实的基础，马云还投资了海尔电器旗下日日顺物流、圆通速递。日日顺的优势在于大件配送，网点遍布全国，深入县、乡、村级地区，2013年12月，阿里投资日日顺物流，获得9.9%的股权。截至2017年5月，阿里持股日日顺已达34%。2015年5月，阿里巴巴投资圆通快递，获得12%的股权。

目前，菜鸟网络已经成为全世界最大的物流数据平台公司，中国70%以上的快递包裹在菜鸟平台上运行。而菜鸟网络也形成了一个商业生态，创造了两百多万个的就业机会和数千亿元的经济贡献。

菜鸟网络在战略上有三个重点：全球化、农村和大数据云计算，这三大战略在菜鸟网络初见成效后就陆续推进，与菜鸟网络的建设相互支撑。跨境网络大大提高了国际电子商务的物流速度，农村物流让两万多个村庄的消费者跟上了现代生活方式，ET物流试验室引领物流技术前沿，先后推出了智能化仓库、配送机器人小G等。

在物流领域布局谋势的同时，马云战略投资了银泰百货、苏宁、百联、三江购物等线下实体业态，进而演化为"新零售"的战略布局。在这些投资中，对银泰百货的投资尤为重要。

阿里巴巴和银泰的合作始于2013年，当时银泰以线下35个实体店相关资源支持天猫一年一度的促销。后来，银泰全国29家门店支持支付宝钱包付款。

2014年7月，阿里巴巴对银泰进行战略投资。2017年1月，阿里巴巴联同银泰商业创始人沈国军发起对银泰的私有化建议，最终以272亿港元对价完成交易，5月银泰退市。银泰退市后，阿里巴巴实现对银泰控股，持有银泰75%的股权。

通过战略投资银泰等线下百货业，阿里巴巴建立了实施新零售战略的支撑体系，马云"新零售"战略的试验可以在这些企业中率先推行。

正是因为有了这一系列稳健布局，阿里巴巴在2016年中开始发力，公布其新零售战略。2016年7月，阿里成立"五新执行委员会"，由CEO张勇出任委员会主席，以协调阿里生态内全部力量全力投入建设"五新：新零售、新制造、新金融、新技术、新能源"，阿里称将建成完整的新经济基础设施，所谓"新能源"就是指大数据。2016年11月11日，阿里巴巴CEO张勇对新零售进行了阐述：新零售就是用大数据和互联网重构"人、货、场"等现代商业要素形成的一种新的商业业态。

"德银报告"称，天猫新零售战略领先亚马逊。ZDNet刊发报道《零售行业阿里巴巴领头，亚马逊追赶》称：在为零售业寻找升级道路方面，阿里巴巴与亚马逊如今在一条赛道上，阿里从概念到实操都更有成效。

2017年6月，亚马逊宣布以约137亿美元的天价收购全食超市，被美国当地媒体认为是"亚马逊偷师阿里巴巴"。亚马逊是美国第一大电商巨头，亚马逊向阿里巴巴学习的举动带动了华尔街股票市场对阿里巴巴股票价值的重新认识。2017年8月8日，阿里巴巴集团市值突破4000亿美元，成为亚洲第一家市值超越4000亿美元的上市公司，全球4000亿美元以上市值公司有苹果、谷歌、微软、亚马逊、脸书、伯克希尔·哈撒韦。

新华社2017年8月1日发表评论，将"新零售"提到"中国方案"的高度，认为"新零售"方案由马云和阿里巴巴提出，是其在相关领域持续探索实践的必然。

到2017年，马云围绕大数据和云计算的布局谋势基本成型。

马云在2017年说："九年前，阿里巴巴从电商企业转型到数据厂商，内部曾出现争辩，最终还是做了转型的决定。因此，集团内部已有九年的时间没有称自己作电商企业。"[1] 马云的布局谋势能力由此可见。

---

[1] 宏观资本. 马云又有新目标？"线上线下购物融合"成新零售趋势. [EB/OL]. http://news.hexun.com/2017-09-15/190884860.html，2017-09-15.

第七讲　佛家文化——精神彻悟后的最高智慧

佛教的起源和佛学基本思想

对佛家思想的基本评价

工商管理中佛学思想的体现

佛学智慧与吴清友及其诚品书店

佛教的起源和佛学基本思想

佛教思想成为中国人思想性格的有机组成部分

佛学思想对中国人影响至深，鲁迅在《中国小说史略》中指出"六朝尤其是唐以后的文学作品，其中源于佛教的成语，几乎占了汉语史上外来成语百分之九十以上。"汉语中很多耳熟能详的词语其来源都是佛学，如"觉悟""境界""涅槃""报应""孽缘""尘缘""智慧""缘分""刹那""顿悟""现象""过去""有情""无情""平等""障碍""解脱""因果""彼岸""慈悲""生老病死""心猿意马""当头棒喝""现身说法"等。

具体举例，汉语中原来有"天下"一词，却没有"世界"这个词，《楞严经》卷四中说，"世"即迁流之义，"界"指方位，这样才有了"世界"这个词。"实际"一词也来源于佛学经典，《金光明最胜王经》卷一有"实际之性，无有戏论"。"不可思议"则出自《维摩诘所说经·不思议品》"诸佛菩萨有解脱名不可思议"。"皆大欢喜"出自《金刚经》"皆大欢喜，信守奉行"。"玄关"原是指佛教的入道之门，"宗旨"原指佛教的教义……

可以说，佛学思想已经渗透到中国社会的各个方面，成为中国人思想性格的有机组成部分。因此，对佛学思想的来源略做探讨，将佛学基本思想稍做梳理是必要的。

中国佛学思想来源于古印度，其创始人是古代中印度迦毗罗卫国的释迦族人乔达摩·悉达多，他与中国的孔子大致生活在一个时代。

乔达摩·悉达多与其所传基本教义

乔达摩·悉达多是净饭王的太子，其母亲摩耶夫人生下他七天后去世。早年的乔达摩·悉达多过着锦衣玉食的生活，但当他看到了人生中的生老病死、烦恼痛苦，深感困惑，决心彻底参悟。

在娶妻生子后的19岁（另说25岁、29岁），乔达摩·悉达多离家修行，经过禅定和苦修却都无法达到觉悟，最后在31岁(另说35岁)时，他终于在一棵菩提树下悟道。此后，乔达摩·悉达多在印度各地传法，80岁时逝世。乔达摩·悉达多后来被尊称为释迦牟尼，意即"释迦族的圣人"。

释迦牟尼认为现世人生的本质就是痛苦，人生之苦可以概括为"生、老、病、死、爱别离、怨憎会、求不得、五阴盛"。人生之所以那么痛苦，就是因为人有"贪、嗔、痴、疑、慢"五毒。这五毒从本质上可以归结为人的基本欲望：财富欲、权势欲、情欲。

释迦牟尼认为，一切物质现象都可以归纳为四种基本要素，即坚性的"地"、湿性的"水"、暖性的"火"、动性的"风"，谓之"四大"。而"四大"是"五蕴"中的"色蕴"。所谓"五蕴"就是"色、受、想、行、识"，色蕴属于物质界，也就是四大，后四蕴属于精神界，其中"受"是对外境的感受，"想"是对外境的想象，"行"是对外境所生的种种心念，"识"是很多识聚合在一起。佛家认为世间一切事物都由五蕴和合而成，万物又都是由因缘和合而成，是种种要素刹那依缘而生灭，不存在人格化的造物主，不存在一切事物的主宰者，也没有独立的永恒的实在自体。因此，在佛家看来，物质世界和精神世界从本质上说都是虚幻空无的。

佛教在其发展过程中分成不同派别，其中大乘佛教又分为空、有二宗。空宗的代表性经典，中国所见以玄奘翻译的六百卷《大般若经》为最，还有《金刚经》《心经》。

在印度空宗佛学理念中，"空"是彻底的，是万事万物的根本属性，因此《心经》说"诸法空相"，这种"诸法空相"空到什么程度呢？

佛学理念的"空"

《心经》：

　　空中无色，无受想行识，无眼耳鼻舌身意，无色声香味触法，无眼界，乃至无意识界。无无明，亦无无明尽，乃至无老死，亦无老死尽。无苦集灭道，无智亦无得，以无所得故。

意思是，不仅是我们的六根(眼耳鼻舌身意)、六尘(色声香味触法)、十二因缘(无明、行、识、名色、六入、触、受、爱、取、有、生、老死)这些"性空缘起"的外部世界、假有的事物是空的，是无意义无价值的，而且佛祖释迦牟尼所体悟的四圣谛(苦、集、灭、道四条人生真理)、修道成佛也是空的。

一个人的智慧只有这样达到了这样的境界，才可能"心无挂碍"，才能"无有恐怖，远离颠倒梦想，究竟涅槃"。

《心经》的这种思想在《六十华严经卷上·摩天宫菩萨说偈品》也有体现，"诸法无自性，一切无能知；若能如是解，是则无所解"。圣严法师的解释是，一切现象没有固定不变永恒的本质，也没有一定不变永恒的真理让我们认知。假如有谁能理解到这样的事实，也就没有什么大道理可以被了解说明的了。

普通人总认为"我"与外在世界都是实体，是永恒存在的，这就是"我执""法执"。沉溺于"我执""法执"就会在六道轮回中遭受无穷尽的煎熬、折磨，无法解脱。为了消除这种迷误，佛家提出"诸行无常""诸法无我""涅槃寂静"三个命题，被称为三法印。《金刚经》中说"一切有为法，如梦幻泡影，如露亦如电，应作如是观"，表达的就是"诸行无常""诸法无我"的意思。

那么，如何获得佛学智慧、悟道成佛呢？佛家提出"修证了义"。因性起观叫作"修"，也叫"观照"。"证"就是大势至菩萨所讲的"不假方便，自得心开"，也就是"证悟"。

佛家认为，眼、耳、鼻、舌、身、意，这些是心与物接触的根本，故称六根。六根所接触的对象色、声、香、味、触、法，被称为六尘。六根接触六尘境界，能够不起心、不动念、不分别、不执

佛学提出的"修正了义"

著，也就是像马鸣菩萨讲的，真正离言说、离名相、离心缘，就叫"观照"。样样清楚是慧，不起心动念是定，这就是佛教所说的定、慧双修。

佛家认为人类的种种苦难主要来源于贪、嗔、痴三毒，要消除三毒必须要戒、定、慧三种手段。

在戒、定、慧三学中，慧是根本，戒和定是达成慧的必要条件。没有慧，戒和定就失去了方向。没有戒和定，则很难达到慧的目标。所谓戒，就是持戒，就是要止恶修善。所谓定，就是禅定，就是要让内心处于平和宁静的状态，使自己能够领悟无上正等正觉(阿耨多罗三藐三菩提)。

佛家最高智慧是阿耨多罗三藐三菩提(无上正等正觉)，一旦修到如此境界，修炼之人一定心就开了，于是浑身的细胞都激活了，于是原本紧张的肌肉放松了，于是发出会心的微笑，自然就呈现出菩萨面相：满面红光、满脸慈悲、满心欢喜、满腹善意……

后来，佛学大师们觉得戒、定、慧三学还是抽象了一些，于是进一步发展成为"六度"，也就是"六波罗密"。波罗密是"到彼岸"的意思，也就是"度"的意思，就是度过了此生的劫难，达到了幸福的彼岸。

"六波罗密"是六种修炼本心悟道成佛的程序和方法，它们是：布施、持戒、忍辱、精进、禅定、智慧。在六波罗密中，佛学将戒具体化为布施、持戒、忍辱、精进四个程序，这四个程序几乎每一个都能让人脱胎换骨。只有经历了这样的修炼，才可能达到禅定，才可能"无有恐怖，远离颠倒梦想"(《心经》)，才可能"不惊不怖不畏"(《金刚经》)，才可能最终达到无上正等正觉(阿耨多罗三藐三菩提)的智慧高度。

和三学一样，布施、持戒、忍辱、精进四个程序中，时刻要让

从戒、定、慧到"六波罗密"

禅定和智慧与你同在。戒、定、慧和六波罗密一样，从来都是三位一体或六位一体的。

因此，所谓佛，就是智慧的人，就是了解彻悟人生人性的人。因为彻悟，所以慈爱。因为彻悟，所以悲悯。因为彻悟，所以宽容。因为彻悟，所以仁厚。

佛的本质是智慧。

佛学经典浩如烟海，这里我们只介绍四部在中国传播最广的经典：《金刚经》《心经》《法华经》和《坛经》。

《金刚经》全称《能断金刚般若波罗密经》，是初期大乘佛教的代表性经典之一。"金刚"是比喻，即金刚石，它最光明、坚硬，也最珍贵。金刚指金刚心，能破根本无明，超越生死此岸，到达涅槃。"般若"即智慧，"波罗密"是"到彼岸"之意。《金刚经》以鸠摩罗什的译本流传最广。

大乘佛教分为空、有二宗，空宗的代表性经典是"般若经"。"般若经"的核心思想是"缘起性空"，《金刚经》也如此。它从"对外扫相"和"对内破执"两个角度讲"空"。《金刚经》的"对外扫相"思想集中体现在"一切有为法，如梦幻泡影，如露亦如电，应作如是观"偈句上。《金刚经》的"对内破执"思想集中体现在"应无所住而生其心"上。据传，六祖慧能就是因为听到有人念诵《金刚经》"应无所住而生其心"而悟道的。

《心经》全称《般若波罗密多心经》。"多"在梵文中是语尾词，如同文言中的"矣"。《心经》一共260字。和《金刚经》一样，《心经》也是从"对外扫相"和"对内破执"两个角度讲"空"。《心经》以"色不异空，空不异色；色即是空，空即是色；受想行识亦复如是"来对外破五蕴身，以"心无挂碍"来破心执。

《法华经》全称《妙法莲华经》，是释迦牟尼佛晚年在王舍城灵鹫山所说，为大乘佛教初期经典之一，鸠摩罗什译。"妙法"指的是一乘法、不二法，"莲华"比喻佛法之"妙"。《法华经》主张一切众生皆有佛性，通过修行克服各种贪欲，转迷为悟，人人都可以觉悟成佛。南北朝到隋朝时期的高僧智者大师将大乘佛教基本精神和中国传统文化(特别是儒家心性学说)有机结合，以《法华经》为据，创立了天台宗，又称"法华宗"。六祖慧能将法华宗这一倾向推到极致，体现在《坛经》中就是"即心即佛""顿悟成佛"，倡导"即世间求解脱"，主张把入世和出世统一起来，主张"佛法在世间，不离世间觉，离世觅菩提，恰如求兔角"。

对佛家思想的基本评价

作为一种思想体系，佛学思想自东汉明帝时期传入中国，经过数百年的文化冲突、磨合，最终被中国文化接纳，成为影响中国民众思想性格的重要思想，这说明，来自印度的佛学思想既有与中国本土思想相容的部分，也有不同的部分。印度佛学在中国本土传播、发展的过程，就是中国传统文化对印度佛学学习、吸收消化、扬弃发展的过程。对进入中国的佛学思想，我们可以从以下几个方面加以评价。

第一，作为外来思想体系，佛学具有中国本土思想所极度缺乏的思维缜密精致、体系完整宏大等优势。

> 佛学在思维方式和思想体系上有弥补中华文化短板的优势

从思维方式上说，中国传统文化注重对经验的总结，注重直觉顿悟，注重对右半脑的运用和开发。在表述方式上，多以格言、形象、隐喻等方式简洁、直观而又不失深刻地表达对宇宙自然和社会人生的理解，因而我国古代典籍多以短篇简章呈现和流传。

佛学思想源于古印度，其思维方式缜密精致，体系完整宏大。

从东汉明帝时期到玄奘法师完成他的佛典翻译事业，在六百多年的时间里，中国文化界通过对印度佛典的翻译、研读，深刻体会到印度佛学在思维方式和思想体系上的优势，这对弥补中国文化短板有着重要意义。

第二，印度佛学与中国本土文化有相互容纳、相辅相成的部分。

> 佛学思想与中国本土文化的相互容纳、相辅相成

从智慧高度上说，中国本土思想的《易经》和道家思想与佛学都是站在终极的宇宙人类的高度观照自然与人生，都具有宏阔的视野与深刻的穿透力。佛学的核心理念"慈悲""普度众生"与《易经》"积善之家必有余庆，积不善之家必有余殃"，儒家"仁者爱人"，道家"上善若水"的思想在根本诉求上是一致的。

佛家认为，世间万物都会经历"成、住、坏、空"四劫，也就是一个世界成立、发展、破坏、虚空，然后又转变为另一世界的成、住、坏、空。宇宙自然和人类社会都逃不过这一基本规律。正因如此，每一个个体和组织都应当抱有谦卑谨慎之心，时刻控制约束欲望的膨胀。佛学对人生意义、人类价值的深刻体察，对在滚滚红尘中摸爬滚打的芸芸众生来说，是一剂上好的清凉剂，一副解毒药。它提示我们在名利博弈的人生长跑中，要保持内心的明澈、温馨、超然，从而才能实现人生圆满、基业长青。

在这方面，中国传统文化有共同的认识。《易经》和道家都认识到宇宙自然和人类社会的变动不居，认识到人类在宇宙自然面前的有限性。但中国传统文化对宇宙自然和人类社会的看法立足点是肯定的，人生态度是积极有为的，这与佛学思想对宇宙自然和人类社会偏于否定、偏于消极是不同的。因此，中国本土文化在吸收佛学思想时是有所扬弃的。

> 佛教的中国化

从佛教在中国的传播史看，南北朝时期是传播、发展的关键时期。而这正是中国南北分裂、社会动荡、生灵涂炭的时期，悲惨不

幸的时代是佛教的传入和被吸收的背景。从敦煌壁画以及这一时期的历史记载看，这一时期是中国社会对佛学思想信仰最虔诚的时期。

经历了南北朝的苦难后，随着国家的统一、社会经济的发展，整个社会逐渐恢复自信，中国本土文化对现世世界的肯定、人生态度的积极等民族性格自然占了上风。因此陈隋之际的智者大师，初唐之际的六祖慧能，都有意无意地将佛学思想与中国本土文化相结合，使佛教中国化。

这种中国化的佛学思想成为此后中国文化的有机组成部分，为中国社会的精英阶层和普通民众看待世界、解决人生困惑提供了思想框架。

与中国本土思想相比，佛学对世界的空幻本质认识得更彻底，思维上更加精致，境界更加深幽微妙，这为中国精英阶层面对人生苦难时提供了本土思想所不具备的解释能力和心理调适能力。中国精英阶层在唐朝之后大多有良好的佛学修养，中国当代很多商界精英对佛学日益关注，其根本原因也正在于此。

下面我们以苏轼为例，看看佛学思想在他应对人生灾难时的作用。

苏轼与佛学思想

苏轼早年就"奋励有当世志"，入仕后，多次呼吁"方今之世，苟不能涤荡振刷，而卓然有所立，未见其可也""居今之势，而欲纳天下于至治，非大有所矫拂于世俗，不可以有成也"。但"乌台诗案"让苏轼九死一生，由此被一路贬谪。李泽厚在《美的历程》中说，苏轼在乌台诗案后，思想感情由"具体的政治哀伤"，发展而为"对整个人生、世上的纷纷扰扰究竟有何目的和意义这个根本问题的怀疑、厌倦和企求解脱与舍弃"[①]。

苏轼生活在一个佛缘很深的家庭。苏轼的父母、弟弟苏辙、妻

---

① 李泽厚. 美的历程[M]. 合肥：安徽文艺出版社，1994.

子王闰之、侍妾朝云都笃信佛教，与苏轼交谊深厚的宗兄唯简法师，被宋仁宗皇帝赐紫袈裟，并赐号宝月大师。苏轼从十几岁开始就接触佛教，此后一直都与高僧有密切交往。据学者考证，与苏轼交谊深厚的高僧不下百人。他曾说"默念吴越多名僧，与予善者常十九"，苏东坡在苏杭结识的禅师，有清顺、守诠、仲殊、道臻、可久、垂云、思聪、惠思、怀琏、善本、道荣等。元丰二年(1079年)，苏东坡贬谪黄州后，大量阅读佛学经典，与高僧佛印了元建立了深厚的情谊。"乌台诗案"后，苏轼对佛家经典的研读以及与高僧的交往，使他建立起儒释道融会贯通的人格模式，为他抵御人生灾难、化解精神危机提供了有效帮助。清代刘熙载《艺概·诗概》中说："东坡诗善于空诸所有，又善于无中生有，机栝实自禅悟中来。"

苏轼诗文中的佛学思想

苏轼用佛学思想化解精神危机在他的诗词文中体现得很充分。

元丰二年，苏轼被关押在御史台狱中，写下了《予以事系御史台狱，狱吏……遗子由》，其二云"梦绕云山心似鹿，魂惊汤火命如鸡"。在黄州时，写下了冷清凄凉的《卜算子·黄州定惠院寓居作》。

缺月挂疏桐，漏断人初静。谁见幽人独往来，缥缈孤鸿影。

惊起却回头，有恨无人省。拣尽寒枝不肯栖，寂寞沙洲冷。

《后赤壁赋》中"划然长啸，草木震动，山鸣谷应，风起云涌。予亦悄然而悲，肃然而恐，凛乎其不可留也。"这一段及后面的内容，更像一个心理试验报告，把作者对时代文化不可逆转的衰落的恐惧、凄凉、痛苦以一种类似于心灵感应的方式精微具体地表现了出来。

面对人生灾难和精神危机，苏轼以一种融通儒释道的方式去化解，比如《前赤壁赋》中的表述。

客亦知夫水与月乎？逝者如斯，而未尝往也；盈虚者如彼，而卒莫消长也。盖将自其变者而观之，则天地曾不能以一瞬；自其不变者而观之，则物与我皆无尽也，而又何羡乎！且夫天地之间，物各有主，苟非吾之所有，虽一毫而莫取。唯江上之清风，与山间之明月，耳得之而为声，目遇之而成色，取之无禁，用之不竭。是造物者之无尽藏也，而吾与子之所共适。

这里的思想，既有佛家对于世间万物都是"不生不灭，不垢不净，不增不减"的认识，也有中国儒道"天人合一"的观念。

绍圣元年(1094年)六月，苏轼被贬至惠阳(今广东惠州)，途经大庾岭时他写下了《子由自南都来陈，三日而别》。

一念失垢污，身心洞清静。浩然天地间，唯我独也正。

今日岭上行，身世永相忘。仙人拊我顶，结发授长生。

这是苏轼在被贬谪黄州后遭遇的第二次被贬，而且当时他已年近六旬，那时的岭南是荒僻之地，很多人被贬到这里后都因为不适应当地水土、心情抑郁而死去。比如唐代著名文学家柳宗元，被贬到柳州(今广西柳州)后四十七岁抑郁而终。苏门四学士之一秦观，被贬到岭南雷州(今广东雷州)，五十二岁时死于藤州(今广西藤县)。但是苏轼用佛家智慧将世间一切有为全都化解为虚无的方式，化解了人生中的极大痛苦。他的《信笔再书》在这一点上表现得更为典型，这是他被贬谪海南时的作品，"环视天水无际，然伤之曰：'何时得出此岛耶？'"他在环视中突然领悟到一个道理"天地在积水中，九州在大瀛海中，中国在少海中。有生孰不在岛者？"这种"退一步天地宽"的人生智慧有效地化解了精神焦虑。

苏轼在黄州写下《黄州安国寺记》，其中有"归诚佛僧，求一洗之……则物我相忘，身心皆空。"苏轼的归诚佛僧，是以之化解现世的苦痛。

苏轼用佛学思想化解人生焦虑具有典范意义。这一案例提示我们：在追求世俗功业的时候，要意识到这些世俗功业的相对性。个人的人生起伏、成败得失、挫折不幸，都是因缘和合的结果，要有顺运随缘的胸怀与智慧，要应时而动，乘势而起。

第三，佛学思想具有两面性。

<small>不能只认识佛学思想的一个方面</small>

从根本上说，佛学是一种厌世的思想体系，对世俗社会抱持着坚定的弃绝态度。但吊诡的是，佛学同时又对自己所倡导的学说秉持着坚定信念，对滚滚红尘中轮回的芸芸众生抱持着慈悲仁爱之心，以永不衰竭的热情与努力去普度众生。佛学的深刻智慧正是存在于佛学思想体系中的这种相互矛盾之处。只认识到佛学的一个方面，是盲人摸象。

勇猛精进与勘破尘世、慈悲救世与弃绝红尘、积极与消极、出世与入世，在佛学中是水乳交融的一体状态。

佛学弃绝俗世滚滚红尘的同时又发下宏愿要拯救在红尘贪嗔痴泥潭中滚打摸爬的芸芸众生，地藏菩萨言"地狱不空，誓不成佛"表达的正是这种慈悲仁爱之心。

<small>清末民初时期佛学的兴盛</small>

清末民初时期曾经出现了佛学在明清衰落后的一次复兴，涌现出杨仁山、欧阳竟无、印顺、太虚等佛学名家。而此一时期的佛学思想有两个很重要的特点，就是具有强烈的政治色彩和入世精神，也就是说，佛学在清末民初的兴盛，与中国知识分子的救世情怀大爆发有密切关系。通过对佛学的研究传扬，相当部分的知识分子从佛学中找到了救国救民的思想武器和精神支柱。这样的人物有太虚、巨赞、杨度等，而谭嗣同是最典型的例子。

1896年，谭嗣同在南京候补江苏知府，与著名佛学家杨仁山居士结缘并研习佛学。他的代表作《仁学》就是此时写成的，以佛教理念镕铸新学，提倡变法维新。

梁启超对谭嗣同《仁学》有如下评述。

《仁学》何为而作也？将以会通世界圣哲之新法，以救全世界之众生也。(康)南海之教学者曰："以求人为宗旨，以大同为条理，以救中国为下手，以杀身破家为究竟。"《仁学》者，即发挥此语之书也；而烈士者，即实行此语之人也……舍其身，以为众生之牺牲，以行吾心之所安，盖大仁之极，而大勇生焉……故佛说"我不入地狱，谁入地狱？"……烈士发为众生流血之愿久矣。……此烈士先众人而流血也。况有《仁学》一书以公于天下，为法之灯，为众生之眼，则烈士可以无愧于全世界也乎……。

因此，我们就可以理解，为什么在戊戌变法失败后，康梁都出走避难，但谭嗣同坚决留下来慷慨赴死，并留下《狱中题壁》"我自横刀向天笑，去留肝胆两昆仑！"的名句。

以佛学的出世精神，做救国救民的入世事业，是谭嗣同学佛的出发点和归宿地。

佛学思想中国化过程对企业经营管理有以下启示。

佛学思想中国化过程中始终贯穿着"中学为体，西学为用"的精神，以中国传统文化为根基，积极吸收佛学思想中有意义有价值的方面，摒弃其消极、悲观的方面，使之融入中华文化，成为影响中国社会和塑造中国民众思想性格的思想。

在现代企业经营管理中，对佛学思想的吸收也应当遵循这一原则，吸收其积极因素、摒弃其消极因素，打造出圆融成熟的现代管理理念。

工商管理中佛学思想的体现

佛家思想对企业的经营管理有如下作用。

第一，以慈悲精神打造企业价值观，用良知引领企业发展。

佛家思想的慈悲精神

基于对苦难的深刻体认，佛家思想的根本宗旨是慈悲，佛祖的目标是普度众生。这种思想和儒家的"仁者爱人"、道家的"上善若水"是一致的，这也是儒释道三教能够融合的原因。在佛学理论中，所谓"慈"就是慈爱众生并给予快乐；所谓"悲"就是同感其苦，怜悯众生，并拔除其苦，用世俗语言表达，就是通过对他人的关爱帮助，实现整个社会的和谐发展，人人幸福快乐。

河北柏林寺住持明海法师认为所谓"佛缘"，可分为以下几种。

【一】心中有佛是佛缘

【二】放弃非分的欲望是佛缘

【三】平和地面对生活是佛缘

【四】对己对事负责是佛缘

【五】拥有美好的信念是佛缘

【六】行智慧之事是佛缘

【七】善于忍耐是佛缘

【八】宽容待人是佛缘

【九】懂得爱与感恩是佛缘[1]

说到根本，佛学是教导众生慈悲、良善、感恩、真诚、平和、自省、对己对人负责任，一个人每时每刻履行这些人世间的良善品行，就具有了佛缘。

对企业家来说，佛家思想并不要求企业放弃盈利的目标，而是要求企业家在经营管理企业时，通过为他人、为社会提供有价值的产品和服务，在激烈的竞争中脱颖而出，获得市场认可，然后获得收益。在这个机制中，为他人、为社会服务是目的，而如何更好地服务、如何胜出是手段、是途径，最终胜出获得收益是自然而然的

佛家思想与企业盈利的关系

---

[1] 明海. 什么是佛缘. [EB/OL]. http://www.xuefo.net/nr/article26/257368.html. 2015-06-19.

结果，是为社会服务后收获的副产品。

"万通六君子"中被称为真正在潜心修炼、了解佛学真谛的是低调、谦和的易小迪。

> "万通六君子"中的易小迪

新浪财经记者2010年曾经采访过易小迪，有这样一段对话。

新浪财经：当时可能万通包括你在海南其实是很芝麻的一个人物，很多风云人物都是起起伏伏，你们几个兄弟能够最后坚持下来回到北京，在商业课堂里你有没有什么总结的东西？

易小迪：核心讲不要把追求利润放在第一步，甚至不要放在重要的一步。而是把事情做好，把企业做好。怎么做好并不重要，我们总觉得那时要把企业做大，要做成一个让人尊重、羡慕的企业，真的没有把最大的精力放在算账上，算账的企业都死在海南了。①

易小迪的这些话是以他的行动来证明的。1995年初，"万通六君子"分家，易小迪分得广西一个百货公司。1996年百货公司倒闭。按照通行的做法，公司可以宣布破产，债务就成为不良资产，个人无须还债。易小迪认为还债是最起码的诚信问题，他选择设法将债务还清。

易小迪有一句话已经达到了佛学智慧的高度：价值观决定人的高度。

晚清民族工商业巨头叶澄衷以其诚信宽厚的性情，在穷途时获得难得的机缘，由此发家。发家后，他又发扬慈悲精神，大力举办公益事业，培养了众多人才。宁波商帮中流传一句话："做人当如叶澄衷。"

> "做人当如叶澄衷"

叶澄衷1840年生于浙江宁波镇海。叶家世代务农，叶澄衷6岁丧

---

① 丁蕊. 重访六君子易小迪：悲观主义者[EB/OL]. http://finance.sina.com.cn/roll/20100407/00087698429.shtml, 2010-04-07.

父，靠家族亲戚资助9岁入私塾读了半年书，11岁当牧童。虽然出身草根，但叶澄衷为人诚实善良而又精明能干，在因缘和合之下，他迎来了人生的转机。

叶澄衷长大后到了上海，在黄浦江上驾舢板供应外轮所需物品。一次，一名叫哈利的英国洋行经理搭乘时年17岁的叶澄衷的小舢板，离开时哈利将一个装有几千美元的提包遗忘在了船上，叶澄衷一直等在码头，原物奉还。哈利大为感动，遂资助叶澄衷在虹口美租界开设了上海第一家专门售卖五金零件、废旧铜铁以及洋货杂物的五金行号"顺记"，叶澄衷由此起家。《清史稿·孝义传》这样记录叶澄衷的发迹："西人有遗革囊路侧者，成忠守伺而还之，酬以金不受，乃为之延誉，多购其物，因渐有积蓄。"

此后，叶澄衷依靠自己的诚信宽厚和精明能干，创造了一个涵盖五金、煤铁、煤油、火柴、缫丝、航运、地产、金融等领域的"商业帝国"，富甲上海滩，并成为宁波商帮领袖。1899年，叶澄衷去世时留下800万两白银私人资产，相当于当时清政府财政收入的十分之一。

早年的贫困生活让宅心仁厚的叶澄衷在创业成功后将目光投注到慈善公益事业中。每当灾荒发生，叶澄衷便积极组织募捐活动，因此获得了清政府"乐善好施""勇于为善"的匾额嘉奖。

对待企业的员工，叶澄衷做得更加贴心。叶澄衷的"顺记"五金商号在全国有四十多家连锁店，雇员近千人。为了帮助员工度过天灾人祸，叶澄衷拨出两万两白银，建立慈善机构"怀德堂"，救济贫寒的员工家庭。

叶澄衷的慈善事业更典型地表现在他对公益教育的投资上。1871年，叶澄衷在上海一次慈善会议上坦言"兴天下之利，莫大于兴学"。几年后，叶澄衷开设了培训夜校"商务学馆"，聘请外籍教师，教授为期一年的会计、商务、报关和英语等课程，费用全免。学生既有"顺记"的员工和学徒，也有大量社会青年，毕业后全部安排到"顺记"实习，如此既有效解决了企业人才短缺的难题，也为社会培养了人才。

1871年，叶澄衷在家乡宁波镇海创办"叶氏义塾"，为贫寒人家的孩子提供免费教育。叶氏义塾的学生中有包玉书、包玉刚、邵逸夫、李达三等后来的名人。

1899年，叶澄衷捐资兴建中国第一所私立新式学校"澄衷学堂"，即上海澄衷中学前身，蔡元培曾任校长。叶澄衷创办公益教育事业的宗旨在《澄衷学堂章程》中可以看到："训蒙以开发性灵为第一义。教者了然于口，听者自了然于心。即或秉质不齐，亦宜循循善诱，不必过事束缚，以窒性灵。"正因为秉持着这种开放的精神，澄衷学堂培养了四万余学子，其中有李四光、胡适、竺可桢、钱君匋等一大批后来卓有成就的学生。

从叶澄衷的传记资料看，叶澄衷并无修习佛学的经历，但他在企业经营管理上的表现以及在慈善事业上的举措实实在在地践行了佛家的慈悲精神，而这种慈悲精神也使他获得了良好的社会声誉，拥有了比别人更开阔的心胸视野、更高的智慧，打造出了庞大的"商业帝国"。

值得一说的是，叶澄衷公益教育事业的受惠者之一邵逸夫，在一个世纪后，以同样的慈悲精神成就了自身商业智慧的升华，完成了从华人娱乐界巨头到华人慈善家标杆的华丽转身。

邵逸夫，从娱乐界巨头到慈善家

邵逸夫1907年生于浙江宁波镇海，是叶澄衷的正宗同乡，早年曾就读于叶澄衷创办的叶氏义塾。邵逸夫和家中三位哥哥在20世纪20年代就进军电影界，成立"天一影业公司"，从20年代到50年代，他们转战上海、香港等地，最终邵逸夫将影视事业的基地设在了香港，成就斐然。1958年，邵逸夫在香港成立了邵氏兄弟香港有限公司，该公司全盛时期员工超过1300人，先后拍摄了1000多部电影，每天有100万观众光顾他的影院。邵氏公司拍摄的电影获得过金马奖、金像奖等几十项大奖。邵氏公司最盛时培养了大批大明星、大导演和名编剧，包括胡蝶、阮玲玉、李丽华、林黛、陵波、李翰祥、邹文怀、张彻等。

1967年邵逸夫在香港创建电视广播有限公司(TVB)，也就是著名的香港无线电视台，并于1971年开设了被誉为"港星摇篮"的训练班。TVB出品有《上海滩》《射雕英雄传》《神雕侠侣》《鹿鼎记》等电视剧，培养了刘德华、梁朝伟、汪明荃、刘嘉玲等明星。可以说，从20世纪60年代到80年代，邵逸夫"影视帝国"的作品在相当程度上就是香港影视文化的代表，就是港澳台甚至东南亚流行文化的风向标。

在107年的生命旅程中，邵逸夫前期将主要精力用于创业创新，积累企业财富。1973年，66岁的邵逸夫设立邵氏基金会，向香港苏浙公学捐赠50万港元，这是邵逸夫第一笔郑重其事的捐赠，是他潜藏于内心深处的慈悲精神的初次外显。1983年，邵逸夫三哥邵山客中风昏迷，邵逸夫深感人生变幻、世事沧桑，也因此，如何让财富发挥更大的作用、产生更积极的效益成为他此后关注的焦点。

1985年1月，邵山客去世前两个月，邵逸夫捐出1.06亿港元作为慈善用途，1986年再次捐出1.2亿港元。同时邵逸夫开始集中向内地捐款。1985年以来，邵逸夫通过邵逸夫基金向内地教育捐建教育教学设施，截至2012年金额近47.5亿港元，建设各类教育项目6013个。

2002年，邵逸夫设立"邵逸夫奖"，包括天文学、生命科学与医学、数学科学奖项，颁奖原则是不分种族、国籍和宗教信仰。邵逸夫奖单项奖金高达100万美元，比诺贝尔奖还要高。由于该奖的设计科学合理、组织严密、评审水准高,不少人拿了邵逸夫奖之后很快就拿了诺贝尔奖。

鉴于邵逸夫的慈善成就,1988年,美国旧金山市将每年的9月8日定为"邵逸夫日"。

1990年,中国科学院将发现的2899号行星命名为"邵逸夫星"。1998年,邵逸夫获香港特别行政区政府颁发的GBM(大紫荆勋章)勋衔。2005年,邵逸夫成为"中华慈善大会"首批"中华慈善奖"得奖者之一。2008年,中华人民共和国民政部授予邵逸夫"中华慈善奖终身荣誉奖",赞扬他长期致力于慈善事业的精神。

"一个企业家最高的境界,是慈善家",这是邵逸夫由娱乐业巨头转身为慈善家的根本动力,也是他人生智慧升华的证明。

第二,打造企业家的不动心,使其能在变幻莫测的商业环境下保持定力,做出正确决断。

> 佛学打造不动心

佛学的一个核心目标就是要在变化万端的社会人生中打造不动心,保持人内心的安宁平和,继而普度众生,能够修炼到这种境界,就是佛。《金刚经》中有下面的说法。

凡所有相,皆是虚妄。

离一切诸相,则名诸佛。

若复有人,得闻是经,不惊不怖不畏,当知是人甚为稀有。

不应住色生心,不应住声香味触法生心,应无所住而生其心。

《心经》也说,因为"诸法空相",因此修习佛法之人"依般若波罗密多故,心无挂碍。无挂碍故,无有恐怖,远离颠倒梦想,究竟涅槃。"

对佛学的这种认识,如果我们抛弃其否定现世世界的消极方面,其实是有启发意义的。它告诉我们:只要是尘世中人,如果过度关注一己欲望,都难免会"住色生心",也难免心有挂碍,也就有

"恐怖"和"颠倒梦想"。这样，在关键时刻就必然会决策错误。

金庸著作《天龙八部》，就用一个"珍珑"棋局的故事，以寓言的方式将这种人生真谛形象生动地表现出来了。

金庸小说中的寓言

《天龙八部》第三十一章《输赢成败 又争由人算》有一情节，说的是逍遥派掌门无崖子花了整整三年的时间摆出一个"珍珑"棋局，邀请天下英雄来破解。

金庸所写的这个珍珑棋局，其实就是一个人生隐喻。金庸写道："这个珍珑变幻百端，因人而施，爱财者因贪失误，易怒者由愤坏事。段誉之败，在于爱心太重，不肯弃子；慕容复之失，由于执着权势，勇于弃子，却说什么也不肯失势。段延庆生平第一恨事，乃是残废之后，不得不抛开本门正宗武功，改习旁门左道的邪术，一到全神贯注之时，外魔入侵，竟尔心神荡漾，难以自制。"它隐喻的是：人生中总会面临最凶险复杂、最引人沉迷的局势，此时，当事人一旦贪嗔痴三毒未能尽除，在机缘和合的情况下，必然招致灭顶之灾。

这段故事的最终，解开这个棋局的却是毫无棋力的虚竹，正因为他完全不在棋局中，也就没有卷入是非恩怨、得失利害；同时，因为一心抱持慈悲救人之念，胡乱一招，反而开出了一片新天地。此处隐含一个意思：当局者迷。

因此，金庸在小说中借人物之口说："这局棋本来纠缠于得失胜败之中，以致无可破解，虚竹这一着不着意于生死，更不着意于胜败，反而勘破了生死，得到解脱。"

股市中的鲜活现实

如果说珍珑棋局仅仅只是金庸的寓言，那么下面的案例则是鲜活的现实。

股市大概最能显示人类的贪婪、癫狂、恐惧，它可以令人由理性冷静到狂喜、到疯癫、到沮丧、到恐惧、到绝望……正是在这样的场域中，心力的修炼才显示出其价值。

佛家说的八风不动正是强悍心力的正解。所谓"八风"，指的是"利、衰、毁、誉、称、讥、苦、乐"，这四顺四逆，是所有芸芸众生每日每时都能体验到的，而在股市中体现得尤为突出。

香港凯基证券运营总监邝民彬有如下的说法。

我2012年分散投资于股票、基金、外币，综合来看，约有10%～15%的回报率。其实如果你每一年能取得15%的回报，五年已经超过一倍了。我的要求比较保守，不追求最高的。有人想赚尽，但我信佛，所以我的理念是追求满足即可。这种令人满足的回报率不会有高风险。

我要强调的是，股市是金钱游戏，是很无常的，如果过分投入，会沉迷在那里。而人沉迷的时候判断往往是比较主观的。

有人把股市当赌场，但我当股市是道场，这里让我学习了很多，懂得了更多的道理，这对于丰富个人的智慧很重要，最后也可以让我赚得更多，不仅是金钱，而且还有"道"。

在股市交易中，"买入靠技术，卖出靠心态"。[1]

南华投资基金经理王舰为克服人性弱点，每天早上跑步，边跑步边默念"克服主观，顺势而为，轻仓小量，严格止损"。这样不断从点滴做起，改变自己的行为习惯。[2]

中国公募基金华夏基金前总经理范勇宏同样是这种具有超卓智慧的企业家。2013年，范勇宏撰写了回顾自己基金业职业生涯的著作《基金长青》。范勇宏写道："西方人较理性，东方人好赌，这在一定程度上解释了中国股市为什么经常出现过山车行情。资本投资的核心是预期，有预期就是提前行动。对所谓的市场主流意见要

---

[1] 舒时．邝民彬．国五条影响有限　狩猎港股见好就收[N]．第一财经日报，2013-03-09(6)．
[2] 何安．50岁的期市老将王舰：偶尔的冲动会带来灾难[N]．第一财经日报，2013-03-09(6)．

习惯地问几个'为什么'。"他还写道:"在熊市中,面对持续惨烈的下跌,基金经理也容易产生恐慌心理,行业个股下跌超出基金经理预期时,平时自信的基金经理也会对自己的分析判断能力产生严重怀疑,容易对市场主流观点产生依赖心理,倾向于减少自己的判断,改为随大流。"①

正因为有这样克服环境影响的定力,2007年10月16日,中国股市牛市最后疯狂的前一天中午,范勇宏临时召集投策会,强制要求减仓;2009年11月1900点以下低位,投策会强制要求加仓,这样的决定需要智慧,更需要勇气。

也正因为这种修为,范勇宏在自己任上将华夏基金打造为中国公募基金知名品牌,还培养出了中国"最牛基金经理""股神"王亚伟。而王亚伟也深得范勇宏真传,在投资生涯中极为重视心性修炼。

王亚伟说:"和做人一样,投资也是有不同境界的。""我的理解是,投资是件很寂寞的工作,很多时候是自己对自己心灵的拷问,会遇到很多困难,股价的涨跌,也会对我们的心灵产生很大的压力和影响。""我们要力争发现一些重大的趋势,包括宏观面的,或者公司经营层面的,在困难堆积如山的茫茫前程中寻找一条坦途,尽可能回避一些非常痛苦的选择。"②

王亚伟说,一个好的基金经理要修炼到"不以物喜,不以己悲",要让自己的内心能保持清静,只有把"性格""品位"和"思想"这三重心门打造到一定境界,才能抵御住投资和人生中无处不在的致命诱惑。

王亚伟分析自己在投资上的优势,除了方法之外,他更强调性

---

① 范勇宏.基金长青[M].北京:中信出版社,2013.
② 投资银行在线.投资是寂寞的工作,要去把握容易挣的钱[EB/OL]. http://www.sohu.com/a/169204918_618571, 2017-09-03.

格：稳重、坚定、善良、不怕困难……

王亚伟可能未必信佛，但他所推崇的投资境界与佛学追求的人生境界有异曲同工之妙，都是强调在世事变幻、人生沧桑中保持心理定力，获得绝高智慧。

在世界资本市场发展史上，那些凭借内幕消息、暗箱操作、欺诈等手段操纵市场、呼风唤雨的资本大鳄，最终都走上了其兴也勃其亡也忽的毁灭之路。比如，制造了1719年法国"密西西比泡沫"的约翰·劳，美国资本市场早期三个市场操纵者菲利普斯、杜尔和利特尔，美国20世纪80年代以垃圾债券发家的迈克尔·米尔肯，庞氏骗局的麦道夫等人，都在无限风光后惨淡收场。

对于资本市场的风云变幻，巴菲特说过："直到潮汐退去，你才知道谁在裸泳。"[1] 多年的市场拼搏，巴菲特参透了股市价格变化的虚幻性，他说："如果你是池塘里的一只鸭子，由于暴雨的缘故水面上升。你却以为上浮的是你自己，而不是池塘中的水。"[2] 正因为如此，他打造出了超强的定力，"在别人癫狂时冷静，在别人恐惧时冒险"[3]，坚持价值投资，规避了很多风险，走上了成功投资之路。

巴菲特的坚持

1988年至2000年，美国股市出现一轮波澜壮阔的大牛市，股市上涨幅度之大超过历史上任何一次行情。道琼斯指数从1988年的1616点一直上涨到2000年的11908点，其中美国最大的20家公司的市盈率均超过了100倍。但物壮则老，本身就充满泡沫的股市上涨势头在2000年3月戛然而止，大部分没有实际价值的互联网股票一年内跌去了90%以上的市值。互联网概念破灭后，美国资本市场又开始包

---

[1] 保罗·巴雷特，罗伯特·伯纳，彼得·科伊，等. 华尔街之殇[J]. 商业周刊，2008(10)：32-36.
[2] 贾森·茨威格. 池塘里的鸭子[J]. 读者，2015(16)：32.
[3] 罗杰·洛温斯坦. 巴菲特传[M]. 蒋旭峰，王丽萍，译. 北京：中信出版社，2013.

装房地产概念，不断炒高房产价格，最终导致2007年蔓延全球的次贷危机……

在这些股市泡沫中，巴菲特坚持"不熟不做"。对股价奇高的高科技股，巴菲特认为自己不熟悉，坚持审慎原则不贸然投资，由此避免了股价泡沫破裂带来的致命打击。

正因为坚持价值投资，巴菲特提出了护城河理论。所谓护城河，就是保障一个企业获得长期稳定发展、超过市场平均增长水平的核心竞争力。护城河一般基于专利技术、服务质量或产品质量。巴菲特投资的企业，都有较深较宽的护城河。但即使是这些巴菲特经过审慎研究，认为优秀的公司，一旦公司经营管理出现问题，或者被认为公司未来增长空间到了天花板，巴菲特就马上出货。

从20世纪60年代开始至2008年，巴菲特一共投资了两百多家公司，其中他持有公司股票超过3年的只有22家。巴菲特之小心谨慎、对股市风险之敏感由此可见。

第三，破除"我执"，释放创造潜力。

佛学的破除"我执"

佛学认为，常人有贪、嗔、痴、慢、疑五种毛病，这五种毛病会使我们造作恶业，就像毒药一样，故称为五毒，沉溺于五毒之中，就是"我执"。佛学的这一观点是建立在"缘起性空"的基础上的，在世界观上有其消极性。但如果我们将其消极部分剥离，吸取其破除"我执"的心性修炼的部分，在企业经营管理中就有很大的运用空间。

柏林寺住持明海法师在《禅与企业管理》的演讲中有如下说法。

禅宗之法又叫"心法"，这个心法不在文字当中，只能在当下的心底上去实证它。[1]

---

[1] 明海. 禅心三无[M]. 北京：三联书店，2010.

当我们的心在没有任何依靠、没有任何理论可凭借的情况下，陷入一种类似于绝境的状态，而后天所学得的种种知识、观念、习惯性思维，乃至情绪反应等等，全然无效，不得不放下，这个时候，我们心里本有的智慧就会自然而然地生起。这个就是心法。在这种没有任何东西可以执着和依靠的状态下，我们的心往往能解决一些难以解决的问题。当我们的心彻底摆脱了一切理论知见、思维习惯、一切套路的束缚之后，它是空灵的，具有无限创造的可能性。①

在《管人管事与管心》一文中，明海是这样说的。

无常实际上是这个世界的生命力之所在：机遇在无常这儿，挑战也在无常这儿；世界的可爱在这儿，世界的缺陷也在这儿。我们要训练自己接受无常，以及无常带给我们的两方面的影响。一方面是负面的影响，直面困难，直面变化和挑战，才能把事情继续做下去。无常也有正面的作用，正是因为无常，我们才有机遇、出路，才有生机和希望。所以接受它的负面影响，把握它给予我们的正面的机会，这是一个聪明的管理者应该做的。①

明海的意思是，完全可以将"无常""我执"等观念在积极意义上运用于企业的经营管理，放下此前自己急功近利的念头、抛弃路径依赖，以一种完全开放、平和的心态面对经营管理中的难题，使创造性能力在这种开放、平和的心境中涌现，从而获得解决问题的智慧。

美国人麦克·罗奇在相当程度上就是将这种佛学智慧运用于企业经营管理获得成功的一个例子。麦克·罗奇生于1952年，以优等

麦克·罗奇对佛学智慧的运用

---

① 明海. 禅心三无[M]. 北京：三联书店，2010.

成绩自普林斯顿大学毕业。读大学期间，麦克·罗奇曾前往美国白宫，接受由总统亲自颁发的总统学术大奖章，也曾接受由普林斯顿大学威尔森国际事务学院颁发的麦肯奈尔学术奖。1983年，麦克·罗奇成为藏传佛教受戒僧人，1995年获得了格西学位。

麦克·罗奇把佛学中勇猛精进、慈悲救世、积极向上的方面结合到他的商业实践中做了充分的发挥。为了让注重实际、强调竞争的现代人能够理解玄奥精微的佛学思想，他对一些关键性的佛学概念做了通俗性转换，如将"业力"和"空性"转换为"铭印"和"潜能"。铭印可以理解成为此前种在意识里的种子，而当下的情况就是之前种下种子的结果——因果。

麦克·罗奇的佛学智慧让他取得了如下经营业绩：1981年至1998年，麦克·罗奇任职于安鼎国际钻石公司，将该公司由负债做到了年销售额1亿美元。2009年，公司被巴菲特旗下的珠宝集团Richline收购时，年营业额达到2.5亿美元。

麦克·罗奇将他的经历和感悟写成《能断金刚——超凡的经营智慧》一书，这本书在全球已有25种语言的译本。麦克·罗奇同时是亚洲经典学院、钻石山大学、亚洲经典输入计划、东方之星、全球家庭流亡救助、三宝社区援助中心及金刚商业学院的创办人。

"蓝血十杰"的失败原因

无视"无常"沉溺"我执"与"法执"，会导致企业经营管理的僵化和路径依赖，最终招致彻底失败。美国企业史上，"蓝血十杰"始而成功、最终败亡，正是这一观点的最佳注脚。

蓝血十杰是第二次世界大战期间美国陆军航空队统计管制处的十位后勤补给军官，他们是查尔斯·桑顿、罗伯特·麦克纳马拉、法兰西斯·利斯、乔治·摩尔、艾荷华·蓝迪、班·米尔斯、阿杰·米勒、詹姆斯·莱特、查尔斯·包士华和威伯·安德森。蓝血十杰将数据化管理方法用于战争，大大提高了后勤补给效率，为盟军节约了数十亿美元的耗费。

二战结束后，十杰进入福特汽车公司的计划、财务、事业、质量等关键业务和管理控制部门。他们在福特公司掀起了管理变革，使福特公司摆脱了此前依靠直觉和经验进行管理、决策的弊端，扭亏为盈，重铸辉煌。他们在福特公司建立了财务控制、预算编列、生产进度、组织图表、成本和定价研究、经济分析和竞争力调查等制度和相应的机构，这些制度和机构构成了现代企业管理体系的基本要素，他们因此被誉为美国现代企业管理的奠基者。

中国人民大学商学院教授黄卫伟认为："蓝血十杰对现代企业管理的主要贡献，可以概括为，基于数据和事实的理性分析和科学管理，建立在计划和流程基础上的规范的管理控制系统，以及客户导向和力求简单的产品开发策略。"[①]

但十杰在运营数据管理获得成功后走上了数据崇拜之路，20世纪70年代，蓝血十杰倡导的管理模式开始出现弊端。对数据的过度崇拜、对成本的过度控制、对企业集团规模的过度追求，导致对企业的过度管理和对创造力的遏制，使得福特等美国大企业陷入困境。而十杰中的大部分人也在这一过程中由辉煌走向落寞。

十杰中，罗伯特·麦克纳马拉是一个典型。

麦克纳马拉大学期间就以数学成绩优秀著称，1939年他毕业于哈佛商学院，获得工商管理硕士学位。1940年，麦克纳马拉在哈佛商学院担任会计学助理教授。1941年美国参战后，麦克纳马拉担任一门给美国陆军航空队后勤和经理军官开设的会计分析课程的讲师。1943年他被招入美国陆军航空队，从此直到战争结束，他都在美国陆军航空队统计管制处工作，主要工作是分析美国轰炸机部队

---

① 黄卫伟. 为什么我们今天还要向"蓝血十杰"学习？[EB/OL]. http://www.sohu.com/a/194145058_283333，2017-09-23.

的作战效能和战果。他为了收集分析数据，给作战部队设计了专门的标准化统计表格，并根据分析结果提供改进装载弹药和油量的方案，这些基于统计分析的方案使轰炸机部队运力和战力翻倍，仅仅是军备采购方面就在1943年节省了36亿美元。

二战结束后，麦克纳马拉任职福特汽车公司，他将在军队中使用的数据分析方法运用于企业管理中，使福特公司的管理效率大为提高，1960年他被任命为福特公司总裁。

1961年，麦克纳马拉担任美国国防部长，继续推行他依据数据分析进行战略决策和战略实施的工作方式。但这次的数据思维、数据决策导致了美国在越南战争战略上的重大失误。

1961年到1968年麦克纳马拉担任美国国防部长期间，美国对越南的政策从开始的小规模干涉，到向越南南方提供军事援助与顾问，到逐步提供小型部队和空军力量，到最后大规模战争，整个决策过程麦克纳马拉都深度参与，而且他的意见起到了重要作用。

在整个决策过程中，麦克纳马拉贯彻数据化思维，他决策的核心是效能问题，而衡量战争效能的方法就是被消灭的敌人数量。为了获得决策的关键数据，他要求下属持续不断地提供最新数据。尽管大多数前线的军官对这种方法持怀疑态度，但因为麦克纳马拉本人深信不疑，因此也就不断迎合，因而所提供的数据中，含有不少水分。

麦克纳马拉就凭借这些数据，为了迫使越南北方屈服，将战争不断升级。从1961年到肯尼迪总统1963年遇刺，美国驻越军人从几百人增至一万多人，到1968年麦克纳马拉卸任国防部长时，美国总计向越南派兵超过50万人。1975年越南战争结束时，美军5.8万人丧生，30多万人受伤，耗资4000多亿美元。越南战争被称作美国历史上"最失败的冒险"。

在企业经营管理中运用佛学智慧，需要注意以下几个问题。

第一，拥有佛学智慧需要足够的人生阅历和良好的领悟能力，佛学智慧的获得往往是因缘和合、水到渠成的结果。在智慧尚未圆融成熟前，我们能做的更多是持续不断地心性修炼。

第二，运用佛学智慧进行企业的经营管理，一定要抛弃佛学中的消极、悲观因素，在积极进取的原则上吸纳其有益成分。

第三，将佛学"无常""我执"的理念转化为批判精神。佛学智慧中最重要的一点就是正视世间万物的"无常"，破除"我执""法执"。从积极方面理解这种智慧，实际上就是一种不停歇的批判精神。不仅批判他人，也不断自我批判。在这方面，华为对所有能改善企业经营管理的方法、制度、措施都积极学习吸收，但同时也始终保持批判精神。

佛学智慧与吴清友及其诚品书店

中国台湾诚品书店曾被《时代》杂志亚洲版评选为"亚洲之最"的"最佳书店"，设于高雄大远百购物中心的诚品书店，还曾获得"2004年亚洲最具影响力设计大奖"。经过二十多年的运营，诚品书店成为华人世界的文化地标，作家、媒体人南方朔评价说："诚品之于文化台北，就仿佛埃菲尔塔之于巴黎，它们都带领着城市走往想象和期待的方向。"[1]

诚品书店是其创始人吴清友的杰作，诚品的成功，与吴清友的佛学信仰有关，是吴清友参透人生真谛后奉献文化的结果。是不求功利的文化追求，成就了诚品书店的崇高声誉，创造出诚品的创新

---

[1] 李欣频. 诚品副作用[M]. 北京：电子工业出版社，2017.

商业模式。

> 诚品书店创始人吴清友

吴清友1950年出生于中国台湾台南县将军乡马沙沟，1972年毕业于台北工专机械科(今台北科技大学)。毕业后，吴清友入职诚建公司当业务员，该公司专营饭店餐厨设备与咖啡机。31岁时，吴清友成为诚建公司的老板。由于吴清友公司的产品质量和服务过硬，诚建公司的业务量和利润迅速提升。1988年，吴清友创富生涯第一个高峰期到来，也正是在这一年吴清友开始了人生转折。

1988年，本来就有先天性心脏扩大症的吴清友病发，这让38岁的他看到了生命的无常，也促使他思考生命的意义。吴清友的父亲出身贫寒，经过奋力拼搏，位居公司董事长，但后来由于经营失败，重新回归贫寒生活。父子两代的际遇让吴清友彻悟，更看到了文化的价值，他认为爱、善、美的不断精进，可以使自己活下去，可以让生命更加精致、更加奇妙。

> 诚品商业模式

于是，不求回报、不求经济利益的诚品书店应运而生。

1989年，第一家诚品开业。诚品的英文名是Eslite，为古希腊文"精英"之意，也就是说，诚品一开始走的就是精英路线。比如诚品敦南店，一楼是生活家饰精品及一家法国餐厅，价位都很高。二楼代理经营世界性艺术精品及精品服饰。书店在地下一楼和二楼，以经营精品人文艺术专业书籍为主，包括建筑、美术、音乐、文学与摄影等主题。

在诚品开业后的15年里，一方面声誉日隆，另一方面则一直亏损。吴清友一边坚持其文化理想，一边不断研究商业环境，分析经营情况，逐渐创造出别具特色的诚品商业模式：以诚品的高端图书和相关的文化活动、展览为号召，塑造诚品高端、精致的品牌形象，围绕诚品品牌打造商业生态，将业务拓展到文具、音像产品、高级工艺品、设计师品牌时装、时尚首饰以及各式餐饮等领域。目前在诚品的营业收入中，书店收入占三成。

诚品是一家有灵魂、有精神操守、有价值观、有立场的书店。对吴清友来说，在很大程度上，诚品不是一个商业机构，而是寄托了他灵魂的生命再造。因此才有吴清友名言："没有钱，诚品活不下去。但我心里同时也非常明白，如果没有文化，我也不想活了。"[1]

吴清友的人生经历使他彻底醒悟：欲望无穷、世事无常，而精神、文化永存。可以说，诚品是基于佛缘的商业创新获得成功的案例。

关于创新，吴清友是这样理解的："我个人对于创新有两个观点，在本质上的创新是最重要的，本质上的创新就是一种信念、价值理念的创新，之后才是形式上的创新，形式上的创新大概是营运模式、策略定位、竞争策略的创新。那我比较希望这个创新也同时应该具备两个条件，创新一定要为我们的社会、顾客、产业带来一个正面的价值。第二，创新当然也必须为个人和企业带来竞争的差异，当今的中国我认为从一个生存到生活到生命这个过程当中，生存我们要讲品质，生活我们要讲气质，生命我们要讲本质和价值。我很不认同企业的经营就看一个PE的高低，就看一个EPS的高低来衡量这一家企业是否成功。"[2]

吴清友诚品书店创新成功对企业经营管理的启示如下。

第一，企业经营管理的最高境界是超越盈利。

企业经营管理的首要目的是企业生存，而盈利是生存的前提。

---

[1] 吴清友. 我与诚品书店的25年[J]. 中欧商业评论，2014(9)：35.
[2] 吴清友. 企业需能为客户提供利益[EB/OL]. http://finance.sina.com.cn/hy/20120510/113312036562.shtml

但企业度过了生存期后，必须有更高的追求。所有杰出企业经营管理的最高境界都是超越盈利。吴清友诚品书店创新成功说明，超越了盈利的企业经营，既可以赢得良好的声誉和社会效益，也可以带来良好的经济效益。

第二，杰出企业家必须既具备慈悲良善之心，又有不断解决市场痛点、创造客户价值的创新能力。

第八讲　禅宗思想——中国式创新精神

六祖慧能与南禅宗的创立

六祖慧能创立南禅宗的革命意义

禅宗思想是一种世俗性思想和平民化思想

禅宗思维方式的特点：直觉顿悟与自由创造、突破颠覆以及删繁就简

禅宗与乔布斯

本章所讨论的禅宗，特指慧能所创立的南禅宗。在这里讨论禅宗，主要从管理学角度出发，因此，我们会使用现代性的学术语言来分析佛学思想，以免陷入佛学精密繁复的思想迷宫中。同时，与禅宗有关的神秘主义的内容我们都不涉猎。

六祖慧能与南禅宗的创立

禅宗如何脱颖而出

汉传佛教本来有八大宗派，传承至今的有禅宗、净土宗等宗派，而禅宗更是目前中国汉传佛教的主流宗派。究竟为何禅宗能够在初唐时期开花结果并一直传承盛行，究其原因，我有以下几点理解。

第一，中国文化发展到初盛唐已经进入了彻底成熟期，诗歌、散文、书法、绘画、音乐、舞蹈都在初盛唐时期达到了巅峰。由于此前的积淀，这一时期中国文化的创造力达到了最旺盛、最圆融的阶段。这样一个时代稍有文化敏感度的人都会感受到这种创造力的滋润和影响，都会自然产生出文化自信和文化创造激情。

第二，从佛学角度说，从东汉初年印度、中亚、中国翻译家对印度佛学经典的翻译介绍，到唐代玄奘法师西行印度取经并组织团队进行中国历史上最后一次大规模译经，是中国对印度佛学虔心学习的重要阶段。就在玄奘法师圆寂前三年(公元661年)，慧能在湖北黄梅五祖弘忍的道场领悟了南禅宗的真意，创造了南禅宗这一全新宗派。玄奘的圆寂和慧能创立南禅宗在时间上的交接，正是以一种看似巧合的方式提示我们：中国佛学已经从印度老师那里出师了，我们已经长大成人、独立发展了。慧能的出现与南禅宗的创立完全是水到渠成、自然而然的结果。

第三，之所以学富五车的玄奘这类佛学学术精英无法更切实地将印度佛学本土化，主导中国佛学思想的创新，恰恰是因为这些佛学学术精英浸淫佛学经典过深、时间过长。印度思维缜密、精确、细致，同时也笨重、烦琐、累赘，而这种思维方式与中国本土的思维方式截然不同。于是，一个没有受过系统教育的底层人物——慧能——以其过人的禀赋在某个契机中彻悟了印度佛学的根本目的，并将这种目的与中国本土的文化资源有机结合，南禅宗应运而生。慧能的脱颖而出，恰恰就在于他没文化，在机缘和合的时候，他就可能凭借他的生活常识、禀赋创造出全新的东西。

第四，中国文化注重问题的关键，喜欢直奔主题。中国的古代典籍几乎都是短章简篇，《易经》《论语》《道德经》《孙子兵法》等典籍字数多在数千到一万多字。短章简篇，从思维方式上看，是注重直觉、领悟；从表述方式上，中国人很喜欢采用创造性的表达方法以激发接受者的创造性解读。

把这些背景说清楚之后，下面我们来看看慧能的身世、经历和南禅宗创立的过程。

慧能的父亲姓卢，本在范阳(今北京附近的涿州市)为官，后来被贬谪流放到新州(今广东新兴县)。慧能于贞观十二年(公元638年)出生，幼年时父亲去世，母子移居南海(广州)，长大后慧能以砍柴为生。

有一次慧能去卖柴，听到有人在读《金刚经》，当听到"应无所住而生其心"时，慧能"心明便悟"。他听说这本经是从五祖弘忍那里得到的，便决定前往黄梅弘忍的道场学佛。

《坛经》中记载，当弘忍知道慧能来自偏远地方，而且还想成佛，就故意说："你从蛮荒之地而来，是个南蛮，怎么可能成佛呢？"慧能回答说："人即有南北，而佛性即无南北。獦獠身与和尚不同，佛性何有差别？"这段对话将慧能的自信表达得淋漓尽致。

弘忍一看，这小伙子非同一般，很可能有慧根。于是将他收留，让他到厨房舂米——并非正式和尚，只是做寺庙里的杂役。

六祖慧能

弘忍原本想将衣钵传给学问深厚的弟子神秀，但慧能的到来让他改变了主意。弘忍决定采用"打擂台"的方式最后确定接班人。弘忍让寺庙所有人等都将学习佛学的心得以偈的方式呈给他。

神秀信心十足，马上呈上了他的作品。

身是菩提树，心如明镜台，时时勤拂拭，莫使惹尘埃。

弘忍的评价是"见即未到，只到门前，尚未得入"。于是让神秀重写一个，如果合格，就传授衣钵。但神秀做不出来。

慧能听说后，做了一个偈请人写在墙壁上。

菩提本无树，明镜亦非台。佛性常清净，何处惹尘埃？

弘忍看到后，当着众人的面说"此亦未得了"。但当晚三更时分，弘忍让慧能到法堂，对他讲解了《金刚经》，并向他传了顿悟之法和法衣，对他说："汝为六代祖。衣将为信禀，代代相传。法以心传心，当令自悟。"又说："慧能！自古传法，命如悬丝！若住此间，有人害汝，汝即须速去。"在临别前，又特别嘱咐慧能回到南方老家后，要隐姓埋名，到风头过去后再出来弘法度人。

慧能连夜离开黄梅，一路向南，后面数百人追赶，要夺走他的法衣。只有一个原本是将军的和尚最后追上了慧能，他不想要法衣，只想听慧能讲授领悟到的佛法。于是，慧能在逃难路上第一次说法。

慧能回到岭南后，遁迹于猎户群中至少五年。直到乾封二年(公元667年)，风头过去后，慧能出现在广州法性寺，听到两个和尚在辩论：风吹幡动时，到底是风在动还是幡在动？慧能说：既不是风动，也不是幡动，而是你的心在动。印宗法师听说后，大为吃惊，得知慧能是弘忍的弟子，便亲自为慧能落发，并为他授具足戒。自此，慧能开始公开传播他的思想。

六祖慧能创立南禅宗的革命意义

现在我们回到关键问题上：弘忍为何要把禅宗的接班人岗位交给慧能而不是学问深厚的神秀？这个问题也可以这样问：慧能的创新之处在哪里？他把印度佛学的哪些内容吸收了？哪些内容抛弃了？

弘忍为什么不选择神秀

我们认为，五祖弘忍在以打擂台的方式确定六祖人选之前，很可能心中已倾向于慧能了。让大家呈上偈颂只不过是走一个形式而已。而联系整部《坛经》、联系禅宗在慧能之后的发展，我们可以这样理解弘忍对神秀和慧能偈颂的评判。

第一，弘忍对神秀偈颂的评价"见即未到，只到门前，尚未得入"。他的意思是，神秀只是将印度佛学的宗旨用汉语重新叙述了一遍而已，并没有结合中国的文化背景、民众状况和心理需求进行创造性的转化和创新性发展。事实上，神秀偈颂的核心意思是完全符合释迦牟尼思想的。释迦牟尼认为，人之所以烦恼、之所以作恶，就是因为人类与生俱来、根深蒂固的欲望，对这种欲望的固执坚守就是我执。我执就会带来烦恼、造就罪孽。因此，佛家有"有情皆孽"的说法。要想彻底摆脱烦恼、远离罪恶，就要将人类的基本欲望彻底消除，这样就可以从有着七情六欲、在滚滚红尘中滚打摸爬的俗众转化为满心慈悲、透体光明、普度众生的佛。而要彻底消除人类的基本欲望，就要做艰苦的精神修炼，这正是神秀说"时时勤拂拭，莫使惹尘埃"的根源。

第二，慧能的价值正是在神秀停步的地方继续往前探索。人的基本欲望确实是带来烦恼、造就罪恶的原因，但如果将人的基本欲望彻底消除，这个世界将变成无意义的世界。而这一关键点，正是佛学在中国始终无法成为社会主流思想的根本原因，也是到慧能创立南禅宗之前佛学无法在中国扎根的原因。

佛学的传入与广泛传播，有中国本土文化需求的原因在，也有佛学思想与中国本土思想相互容纳的原因在。

> 中国社会有对佛学的需求

从中国本土文化需求的角度看，中国古代人民生活艰难，正所谓"兴，百姓苦。亡，百姓苦。"佛学思想符合人民从痛苦中求解脱的需求。

> 佛学思想与中国本土思想有相容之处

从佛学思想与中国本土思想相互容纳的角度看，中国本土思想也认为人的基本欲望是带来烦恼、造就罪恶的原因。比如对金钱欲、权力欲、情欲这些基本欲望，儒家的看法最有代表性。《礼记·礼运》中说："饮食男女，人之大欲存焉；死亡贫苦，人之大恶存焉。"意思是，人们都喜欢更精美的食物、更俊美的异性，都不喜欢死亡贫穷。毫无疑问，对于欲望的负面影响的认知，儒家与佛家是一致的。

> 儒家和道家并不完全否定对金钱、权力等的追求

但中国本土思想的一个重要原则是"叩其两端执其中"，对任何事物的分析、判断都严守中庸之道，既看到它的弊端，也看到它的积极方面。比如，儒家认为只要是合乎正道是完全可以追求金钱的。《论语·里仁》记载孔子的话"富与贵，是人之所欲也，不以其道得之，不处也；贫与贱，是人之所恶也，不以其道得之，不去也。"这句话后来就被进一步凝练为"君子爱财，取之有道"，成为中国人的普遍认同。再比如，对于权力欲，儒家主张"学而优则仕"，学习学好了、心有余力就应当到社会上担任公职，为社会服务。儒家"格物、致知、诚意、正心、修身、齐家、治国、平天下"的士大夫"内圣外王"的追求也被广为认同并历久弥新。重点就在于，追求权力并不绝对是坏事，关键在于追求权力的初心是什么、得到权力后要干什么。如果追求权力是"为天地立心，为生民立命，为往圣继绝学，为万世开太平"，那么这种追求是有意义有

价值的。对于情欲，儒家也认为要辩证看待。孔、孟都看到了情欲的强烈和根深蒂固，也看到了情欲膨胀可能对社会造成的危害，"吾未见好德如好色者也""人少则慕父母，知好色则慕少艾"。但儒家也并不主张彻底灭绝人们的情欲，而是主张"发乎情，止乎礼义"，用社会规范引导、约束情欲，使之朝向对社会有益的方向发展。

道家也同样如此。道家只说"清心寡欲"，并没有说"绝欲"。清心寡欲的目的是为了宁静致远、淡泊明志，是为了"有所为有所不为"，是要"无为而无不为"，是为了实现更伟大的目标。道家是"君王南面之术"，它的旨趣也不仅仅是精神性的追求，也同样有着切实的现世功用目的。

因此，中国文化是一种极其重视世俗社会价值的文化体系，这样一种价值理念和佛家所说的对人类欲望的彻底消除的旨趣格格不入，而这也是佛学思想在中国受到诟病的地方。

在慧能看来，人的基本欲望不需要彻底灭绝，只要把它们控制在合理合法的范围内，它就可以是好的。在机缘和合下领悟到这个道理，自觉自我约束，心怀慈悲关爱、普度众生之心，就可以得道成佛。

> 慧能认为人的基本欲望并不需要彻底灭绝

慧能《坛经》中说："我此法门从上已来，顿渐皆立无念为宗，无相为体，无住为本。……无念者，于念而不念。……于一切境上不染，名为无念。……是以立无念为宗。即缘迷人于境上有念，念上便起邪见，一切尘劳妄念从此而生。"在"无念""无相""无住"三个概念中，无念是根本性的。慧能所说的无念和《大乘起信论》中的无念有所不同，后者的无念指的是对人的基本欲望的彻底消除，由此达到与真如之心相契合的精神境界。慧能所说的无念不是要人不思不念，心如死灰，而是要人在现世世界中照常从事各种活动，但对任何事物都不产生好恶、取舍的念头，这样就可以重现人的本来面目，也就是"佛性常清静"的境界。

> 印度佛学思想对现世持否定态度

印度佛学的"空"是绝对的,"有"是相对的,是虚幻的、暂时的。印度佛学思想对世界的看法从本质上是悲观、绝望的,对现世是持彻底否定的态度的。之所以印度佛学会持这种态度,和印度特殊的自然环境、地理位置、气候条件有关。印度处于南亚次大陆,是一个热带国家,夏季最高气温接近50摄氏度。印度气候分为旱季和雨季,雨季雨水泛滥,容易造成大洪水;旱季又会造成严重旱灾。在这种严酷的自然环境就是佛学经典反复讨论苦的来源、苦的种类、摆脱痛苦的各种方法的根本原因。印度佛学的终极追求就是"涅槃",所谓涅槃就是不生不死的状态,就是身体虽然仍然存在,但所有的欲望彻底消除,这样人就感受不到无穷无尽的痛苦、烦恼,也就不会制造罪孽了。

> 中国文化包含积极乐观的成分

中国文化与印度文化在根本旨归上截然不同。虽然中国人也深感人生之不易,中国特殊的自然环境和地理位置也使中国人饱受洪涝灾害、内乱、外敌入侵等自然和人为的灾难,但中华民族从远古时代开始,就树立起一种自强不息、乐观向上的民族性格。体现在传统文化上,《周易》是居安思危、自强不息、与时俱进,儒家是"知其不可而为之",道家是"无为而无不为",法家是创新开拓、积极进取。其中被公认有消极倾向的是道家,但道家对世界的看法从本质上说仍然是积极的、肯定性的。道家认为,世界产生于"无","无"产生了"有",然后产生宇宙自然人类社会的万事万物,这就是"道生一,一生二,二生三,三生万物"。道家所说的"无",并非是什么都没有,而是什么都不是,是指宇宙自然最本初的状态,也就是"混沌"状态。因此,道家所说的"无为",不是什么都不做,而是强调凡事都要遵循根本大道,有所为有所不为,顺势而为、循序渐进。正因为抱持这样的信念,中国人在任何时代、任何艰难困苦的时期,都不会放弃希望,都会在泥淖低谷中找到活下去的精神力量。李泽厚把中国文化称为"乐感文化",根本道理就在于此。

慧能对印度佛学的革命正在于此,他将印度佛学的"空"改造为类似于道家的"无",从而使得本来以寂灭为根本的印度原创佛学改造为肯定生命意义、不排斥世俗价值的中国佛学。慧能的革命性思想创新契合的是中国传统文化的"叩其两端执其中"的中庸性格,而将印度佛学追求极致、追求纯粹的价值取向做了重要的修正。

慧能对印度佛学的革命

在慧能看来,佛学的根本宗旨在于摆脱烦恼、远离痛苦、慈悲为怀、普度众生,能够实现这个"初心"就是佛。对印度人来说,要实现这个初心就要断绝所有欲望。而对热爱世俗生活、善于苦中作乐的中国人来说,只要把人类的基本欲望控制好了,就可以摆脱烦恼、远离痛苦,如果再修炼到慈悲为怀、普度众生的境界,那就肯定得道成佛了。

需要指出的是,慧能所创立的南禅宗,在事实上将以寂灭为根本之乐的印度佛学改造为肯定生命意义、不排斥世俗价值的中国佛学,但从禅宗的理论上是不能明说的。在理论表述上,慧能也好,此后的著名禅师也好,都要维护印度佛学万法皆空的说法,否则,禅宗作为中国化佛学的独立地位将彻底丧失。

禅宗强调的是"佛性常清静",也就是在表面上仍然维持印度佛学的心性修炼的根本旨归:通过修炼断绝人的基本欲望,回复安宁洁净的本心,从而得道成佛。

同时,慧能创立的"不立文字,直指人心"的顿悟之法,使禅宗思想的表述无法做到精确、明白,这种模糊状态正好为中国的"中庸之道"在佛学中国化上提供了最佳的呈现方式,从而将慧能的佛学革命可能带来的冲击降低到了可以忽略不计。

在这次佛学革命中,慧能和弘忍是一对绝佳的搭档,弘忍慧眼识英雄,看到了慧能思想中蕴藏的"破坏性创新"的伟力。弘忍也深知在当时北禅宗如日中天的环境下,慧能贸然出头必定会招致致命性打击,因此让慧能远避南方隐姓埋名,再待机而出。

慧能佛学革命对企业经营管理的启示如下。

第一,创新要结合本土、本企业的实际,创新是为了解决本土、本企业存在的问题,是为了使社会经济,使企业向更完善、更高级的境界进化跃迁,因而要避免为创新而创新。

第二,创新要考虑生存、发展的可能性,要注意策略。创新往往意味着对现有思想观念、社会体制机制、企业管理体制模式的突破甚至是破坏,因此,熊彼特将创新称为"破坏性创新"。由于这样的原因,创新往往会招致社会或企业成员的抵制。为了使创新能够顺利落地,创新活动的主导者必须充分考虑创新可能面临的处境,做好舆论宣传工作,削减创新阻力。在阻力过大时,可以采取必要策略,不突出创新思想与原有思想的冲突,使创新思想和措施先行落地,然后再逐步统一思想。

禅宗思想是一种世俗性思想和平民化思想

禅宗思想有两个价值取向。第一,印度佛学是一种弃绝世俗价值并且有着较为明显的消极悲观印记的思想体系,而中国的禅宗思想则是对世俗社会有着很大包容性的积极乐观的中国式佛学思想。第二,禅宗将高深的佛学思想以一种平民化的方式普及到普通民众心中。下面分别论述。

中国社会对世俗价值的追求十分执着,中国人热爱现世世界,热衷于通过各种方式改善个体、家庭、社会和国家的状态。这种价值观是中华民族经历数千年历史不断发展壮大的重要原因,也是未来中国发展的重要动力。对此，慧能曾有一偈："佛法在世间，不离世间觉，离世觅菩提，犹如觅兔角。"就是强调修炼佛法并不是要远离世俗人间，而是要在现世世界中领悟佛法的博大精深，在娑婆世界中悟道成佛，以菩萨之心、慈悲心怀救助世人、改善世界。慧能的这一思想在民国时期被太虚法师等高僧大德进一步发展为"人间佛教"思想，经过八十余年的弘扬、践行，得到佛教界和社会的广泛认同，成为当今海峡两岸佛教界共同高扬的旗帜，被誉为"20世纪中国佛教最可宝贵的智慧结晶"。因此，中国的禅宗思想比起印度佛学来，就更加积极开朗、乐观向上。

禅宗思想的平民化倾向源于慧能自身的平民出身。因为出身平民，慧能最了解平民的思想、平民的愿望。因此，他坚决果断地将玄奥艰涩的印度佛学转化为通俗易懂、自然灵动的中国禅宗，将他的学习心得普及到千百万普通民众心中。

> 禅宗思想是一种平民化思想

禅宗的平民化倾向有两个文化资源，一个是中国社会结构特点，一个是道家传统。

按照钱穆《国史大纲》的说法，中国典型的贵族社会、贵族文化在春秋时期发展到巅峰以后就渐次消失了，此后中国形成"平铺的社会"，也即平民社会，特点是贵族阶层被消灭，除皇位世袭外，官吏不能世袭，政权也向社会普遍公开。钱穆甚至认为"若要讲平等，中国人最平等。"这样的社会特点就使得中国不同社会阶层之间的变易十分频繁，俗语说"富不过三代"，就是对这种现象的体认。这样一种始终在变化的社会，使得平民成为社会主流人群，也使得平民中的佼佼者拥有一种贵族社会中难得的自信。陈胜所言"王侯将相宁有种乎？"实际上说出了中国民众的心声。因此，慧能的平民化禅宗思想自然很容易获得广泛的认同。另外，道家传统也是禅宗平民化取向的重要思想资源。道家鄙视儒家的君臣父子的等级观念，批判儒家礼仪制度的繁文缛节，尊重民众的思想、愿望，这种思想在政治上的体现就是汉初黄老哲学的应用。

<small>禅宗发展中的农禅形态</small>

慧能思想的世俗性和平民化，在禅宗此后的发展中就体现为农禅形态，禅宗的和尚必须参加农业生产，在日常农耕生活中禅修，领悟佛法真谛。中唐时期的百丈怀海，根据禅宗发展情况制定了"禅苑清规"，提出了"一日不作一日不食"的口号，使农禅完全扎根于中国大地。

从佛教史上看，印度佛教僧侣接受施主供养，不托钵而自炊者则被认为违反佛制。禅宗之前的中国佛教僧尼也是依靠布施供养。慧能之前，已有四祖道信、五祖弘忍开始组织僧人参加农业生产，但发展为农禅形态则是在慧能之后。农禅形态使禅宗获得了强大的生存能力，也使禅宗度过了唐武宗毁佛运动等佛教低谷期。

还有一个现象可以说明禅宗世俗性和平民化的特点。南禅宗尽管在初唐已经出现，却是在中唐以后才兴起的。因为安史之乱将原来的世家大族摧毁殆尽，与士族关系密切的北禅宗以及其他汉传佛教的宗派基本都遭受了致命打击，唯独南禅宗因其世俗性和平民化特征适应了安史之乱之后中国社会的世俗化和平民化环境，得到了更大数量信众的信奉，成为此后汉传佛教中主流宗派。

<small>任何创新都要深接地气</small>

禅宗的世俗性倾向和平民化的思想启示我们，任何创新都要深接地气，都要考虑普通民众的接受程度、接受方式和接受途径。

从印度佛学及其经典的主流表达方式看，以精致、繁复、严密、博大为基本特征，是典型的精英文化样式。

中国社会的贵族阶层从春秋战国时期开始崩溃，但整个社会彻底平民化要到唐朝安史之乱之后，与平民化紧密联系的世俗化也是在中唐及以后日益成为社会文化的主流。唐传奇、白居易《长恨歌》、晚唐两宋词、宋元杂剧、明清小说取代此前精英文化的代表性文化样式——诗文，社会文化旨趣日益关注普通民众的爱恨情仇、柴米油盐……慧能的思想创新也正是应整个中国社会的转型而生。

同时，也正因为中国社会从中唐之后进入了彻底的平民化社会，因此发展到20世纪末，中国人与互联网精神在无意之中最为投缘、最为契合。

尼古拉·尼葛洛庞帝在《数字化生存》中提到，数字化生存有四个特征：分散权力、全球化、追求和谐、赋予权力。四个特征中"分散权力"和"赋予权力"是一个问题的两个方面，讲的都是原本集中在精英手中的权力日益分散到普通民众手中，也就是社会的更加彻底的平民化。这一特征在世界范围内在互联网及相关产业领域里表现得最好的是美国和中国，而从现在起到未来很长时间里，表现最好的将是中国。

美国表现好的原因是互联网的核心技术在美国，互联网最早的成功应用在美国。同时，在欧美国家中，相对于贵族传统根深蒂固的老大欧洲，美国是深具平民精神的国家。因此，在很长一段时间里，美国仍然是互联网产业的龙头老大。中国表现好的原因是，中国社会有着最彻底的世俗化和平民化传统，中国人关注的是互联网在中国社会中可以解决什么问题，可以为企业、为普通民众带来什么价值，这种根深蒂固的平民精神使中国的互联网企业从最初的"Copy To China"发展到了"Copy From China"。

关于创新要接地气，我们还可以看看下面的例子。

因为中国社会的平民化特点，中国人追求价廉物美、喜欢免费、喜欢讨价还价，这在很长一段时间里被认为是一种缺点，但随着中国互联网产业将这些特点转化为运营模式、商业模式，产生了出人意料的效果。与世界其他国家相比，中国互联网产业将"免费"发挥到了极致：QQ免费、微信免费、支付宝免费、微信支付免费……看似这些互联网企业赔本赚吆喝，事实上阿里巴巴和腾讯都借此策略实现了"无为而无不为"。

以微信为例，因其免费使用，截至2017年第二季度，微信和WeChat合并月活跃用户数达9.63亿。从2011年1月21日微信上线，在6年多的时间里，微信不断创新，针对用户需求提供新产品和新服务。

2011年8月，微信增添"查看附近的人"的陌生人交友功能。

2011年10月1日，微信发布3.0版本，加入了"摇一摇"和"漂流瓶"功能。

2012年4月，微信的4.0英文版更名为"Wechat"，之后推出多种语言支持。

2012年8月18日，开通微信公众平台。

2013年8月5日，微信5.0上线，"游戏中心""微信支付"等商业化功能推出。

2017年1月9日0点，微信第一批小程序上线。

庞大的用户规模为微信的商业化提供了坚实的基础。对用户而言，微信也为普通民众提供了巨大的价值：免费通信、社交、迅速便捷地查寻资讯、便捷消费、支付，微信平台创业……

正是因为看到了微信模式的巨大威力，脸书于2015年开始模仿微信做公众平台，WhatsApp、Line和Viber等也纷纷学习、模仿微信的功能，进行商业化创新。

禅宗思维方式的特点：
直觉顿悟与自由创造、突破颠覆以及删繁就简

慧能所创立的南禅宗在思维方式上有两个特点：直觉顿悟与删繁就简。这两个特点在本质上是一件事，但因为产生了不同的结

果，因而我们在这里分别讨论。

禅宗的这个"禅"字本来是从梵文"禅那"音译而来，意为"静虑""思维修"，它是指一种精神的集中，一种有层次的冥想。南禅宗的思维方式和禅那不能说完全没关系，禅那中的"静虑"指心灵的宁静、精神的集中，这与南禅宗在直觉顿悟时的状态是有相通之处的。但南禅宗的直觉顿悟强调的是随顺自然、灵动活泼，强调"无念""无心"，与禅那有意识的冥想和思索是不同的。

南禅宗的直觉顿悟肯定与庄子的"心斋""坐忘""朝彻"等心性修炼的方法有关。

<small>南禅宗与庄子</small>

《庄子·人间世》中虚构了孔子和颜回的一段对话，提出了"心斋"这一概念。

> 仲尼曰："若一志，无听之以耳，而听之以心，无听之以心，而听之以气。听止于耳，心止于符；气也者，虚而待物者也。唯道集虚。虚者，心斋也。"
>
> 颜回曰："回之未始得使，实有回也；得使之也，未始有回也；可谓虚乎？"

陈鼓应《庄子今注今译》是这样翻译的，孔子说："心志专一，不用耳去听而用心去体会，不用心去体会而用气去感应。耳的作用止于聆听外物，心的作用止于感应现象。气乃是空明而能容纳外物的，只要你到达空明的心境，道理自然与你相合。'虚'（空明的心境），就是'心斋'。"颜回说："我在没有听到'心斋'道理的时候，实在不能忘我；听到'心斋'道理之后，顿然忘去自己，这样可算达到空明的心境了吗？"

《庄子·大宗师》中借颜回之口提出了"坐忘"的概念。

> 颜回曰："堕肢体，黜聪明，离形去知，同于大通，此谓坐忘。"

陈鼓应《庄子今注今译》是这样翻译的，颜回说："不着意自己的肢体，不卖弄自己的聪明，超脱形体的拘执、去掉智巧的束缚，和大道融通为一，这就是坐忘。"

《庄子·大宗师》中则借女偊之口提出"朝彻"的概念，并对道家的心性修炼做了描述。

> 吾犹守而告之，三日而后能外天下；已外天下矣，吾又守之，七日而后能外物；已外物矣，吾又守之，九日而后能外生；已外生矣，而后能朝彻；朝彻，而后能见独；见独，而后能无古今；无古今，而后能入于不死不生。杀生者不死，生生者不生。其为物，无不将也，无不迎也，无不毁也，无不成也；其名为撄宁。撄宁也者，撄而后成者也。

陈鼓应《庄子今注今译》是这样翻译的，我告诉他而持守着，持守三天而后能遗忘世故；已经遗忘世故了，我再持守，七天以后就能不被物役；心灵已经不被物役了，我又持守着，九天以后就能无虑于生死；已经把生死置之度外，心境就能清明洞彻；心境清明洞彻，而后能体悟绝对的道；体悟绝对的道，而后能不受时间的限制。不受时间的限制，而后才能没有死生的观念。大道流行能使万物生息死灭，而它自身是不死不生的。道之为物，无不一面有所送，无不一面有所迎；无不一面有所毁，无不一面有所成，这就叫"撄宁"。"撄宁"的意思，就是在万物生死成毁的纷纭烦乱中保持宁静的心境。

从上述三段引文看，庄子心斋、坐忘、朝彻的心性修炼方法与印度佛学的禅那有明显的相通之处，都是指通过心性修炼，使精神进入安宁、放松的状态，以获得体悟。

南禅宗的"顿悟"

南禅宗并不仅仅只是对道家心性修炼方法与印度佛学"禅那"方法的简单继承。无论是印度的禅那还是庄子所说的心斋、坐忘、朝彻，都有较高的门槛，比如印度的禅那有十分复杂的修持方法和程序。而《庄子·大宗师》中女偊说要想朝彻必须有"圣人之道"和"圣人之才"，而且即使具备了这种罕见才华的人也需要经过九天的修炼才能达到无虑生死的境界。

慧能的革命性在于，他将烦琐复杂的印度禅那做了简化，使凡夫俗子和文人雅士都能够了解佛学的根本宗旨和禅宗开悟的要诀。具体表现是，印度禅那和慧能之前中国禅宗的"渐悟"都有专门的修持方法和程序，慧能将这些全部忽略，转而强调对佛学精神本质的个性化的、独特的、深刻的、圆融的领悟，这就是南禅宗所说的"顿悟"。

为了便于后学迅捷便利地掌握南禅宗的要诀，在《坛经·付嘱品第十》中，慧能交代门人："若有人问汝义，问有将无对，问无将有对，问凡以圣对，问圣以凡对。二道相因，生中道义。"这段临终嘱咐深刻地体现出南禅宗的草根性、平民性，它将文人雅士的玄妙感悟归结为基本公式。而令人慨叹的是，此后南禅宗的传人极为准确地理解了慧能的这一"秘诀"，南禅宗禅师们为启发后学，创造了无数公案，其要旨都离不开慧能的临终嘱咐，这里略举几个例子。

《五灯会元》中唐代赵州从谂禅师"庭前柏树子"公案。

  僧问：如何是祖师西来意？师曰：庭前柏树子。曰：和尚莫将境示人？师曰：我不将境示人。曰：如何是西来意？师曰：庭前柏树子。

禅宗的顿悟强调每一个个体要依靠自己的阅历、知识结构、领悟力获得对佛学的独特理解和把握，禅师们要做的是激发后学的创造性，故而避免直接给出答案。

《景德传灯录》中唐代大珠慧海禅师"饥来吃饭，困来即眠"公案。

> 一位律师问大珠慧海修道是否还用功，大珠说："用功。饥来吃饭，困来即眠。"这位律师不理解："一切人总如是，同师用功否？""不同。""何故不同？""他吃饭时不肯吃饭，百种须索；睡时不肯睡，千般计较，所以不同也。"

这个公案强调的是，禅宗的顿悟从来都不是躲到深山老林幽僻之处苦思冥想，而是在活生生的日常生活工作中随顺自然、放松自在，在机缘和合之际自然领悟佛学真谛。慧能本身就是底层劳动者，在教育不普及的古代社会，慧能代表着主流人群，而中国传统文化是极端重视实践的文化，这两个因素结合起来就使中国禅宗必然走上"佛法在世间，不离世间觉"的道路。

我们再来看《五灯会元》中记载的唐代龙潭崇信禅师点化德山宣鉴禅师的"外面黑"公案。

> 一夕侍立次，潭曰："更深何不下去？"师珍重便出。却回曰："外面黑。"潭点纸烛度与师。师拟接，潭复吹灭。师于此大悟，便礼拜。

这个公案用点烛后吹灭的身体语言启发德山宣鉴：点亮自己的内心只能依靠自己，无法从外界获得力量。

南禅宗与创新

中国禅宗从慧能开始就具有强烈的自主性、自由创造和创新的特质，这是中国传统文化创新创造的文化基因在初盛唐之际自然发展的结果。因此，我们认为，慧能的最重要的价值在于，他通过将印度禅那创造性地改造为直觉顿悟，凸显出中国本土的创新创造精神，为中国此后的文化创新提供了重要的思想方法和操作程序。

与自主性、自由创造和创新相联系的必然是颠覆与破坏。前面已经讲到，慧能将印度佛学的"空"改造为类似于道家的"无"，将本来以寂灭为根本诉求的印度原创佛学改造为肯定生命意义、不排斥世俗价值的南禅宗佛学。慧能"佛性常清净"的思想，釜底抽薪地消解了印度佛学的思想基础。只不过在慧能的时代，印度佛学的正统思想实力还十分强大，因此，慧能"菩提本无树"偈颂表达这种颠覆性思想是很模糊的。到了后世，随着南禅宗成为中国佛学主流，禅师们就将南禅宗本身包含的对印度佛学的颠覆表现得很清晰了，比如《景德传灯录》中的一段。

　　唐朗州德山院宣鉴禅师，一日上堂说："我这里，佛也无，法也无，达摩是个老臊胡，十地菩萨是担粪汉，等妙二觉是破戒凡夫，菩提涅槃是系驴橛，十二分教是点鬼簿，拭疮纸，佛是老胡屎橛。"

在中国禅宗中，那些著名禅师公开"呵祖骂佛"，从某种意义上说，南禅宗思想具有创新思想体系、创新创造思维方法和操作模式。

也正因为如此，禅宗影响了文学家、艺术家和哲学的创作，如王维的田园诗、苏轼诗的词文、朱熹的理学、王阳明的心学等。而禅师们在表达他们的禅学思想时，也出口成章、诗意盎然、创意无限。

《五灯会元》中有如下记载。

　　鼎州李翱刺史向药山玄化，屡请不赴，乃躬谒之。山执经卷不顾。侍者曰："太守在此。"守性初试急，乃曰："见面不如闻名。"拂袖便出。山曰："太守何得贵耳贱目？"守回拱谢，问曰："如何是道？"山以手指上下，曰："会么？"守曰："不会。"山曰："云在青天水在瓶。"

《大珠慧海禅师语录》有如下记载。

　　青青翠竹，尽是法身；郁郁黄花，无非般若。

《镇州临济慧照禅师语录》有如下记载。

　　孤轮独照江山静，自笑一声天地惊。

　　天衣义怀禅师云："雁过长空，影沉寒水。雁无遗踪之意，水无留影之心。"

禅宗的顿悟与格式塔心理学

禅宗三境界"落叶满空山，何处寻行迹""空山无人，水流花开""万古长空，一朝风月"中，"落叶满空山，何处寻行迹"是韦应物《寄全椒山中道士》一诗的最后两句，"空山无人，水流花开"是苏轼《十八大阿罗汉颂》中对"第九尊者"颂词的最后两句，"万古长空，一朝风月"则是《五灯会元》卷二唐代崇慧禅师对僧人"达摩未来此土时，还有佛法也无"问题的回答。三个境界分别由宋代的两位诗人、一位禅师表达出来，放在一起却水乳交融、毫无滞碍。

20世纪初在德国诞生的格式塔心理学揭示了顿悟的本质。格式塔是德语Gestalt的音译，意思是"完形"。格式塔心理学认为人在观察外界事物时，看到的东西不完全取决于外界，而是在人脑中有某种"场"的力量把刺激组织成一定的"完形"。自然而然地经验到的现象都自成一个完形，完形是一个整体相关的有组织的结构，本身就具有意义，可以不受以前经验的影响。完形决定人看到的东西是什么，而这就是"顿悟"。格式塔心理学家认为学习的过程是顿悟的过程，即结合当前整个情境对问题的突然解决。格式塔心理学奠基人韦特海默在《创造性思维》一书中，区别了两种类型的问题解决办法：一类是只有首创性和顿悟式的解决办法；另一类是不适当地应用老规则，因而不能真正解决问题的办法。所谓顿悟学习，就是通过重新组织知觉环境并突然领悟其中的关系而发生的学习。而创造性思维就是打破旧的完形而形成新的完形。格式塔心理学家认为，顿悟往往伴有一种令人愉快的体验。而通过顿悟获得的理解，不仅有助于迁移，而且不容易遗忘。

中山大学认知神经科学博士杨钒认为，从现代心理学的角度看，顿悟是对某一问题突然的理解和认识，它包括对一个刺激或情境的心理表征中元素的重组。顿悟与分析式思维(analytic thought)不同，顿悟时右脑激活程度大于左脑，分析式思维时左脑激活程度大于右脑。右脑激活高代表了注意广度的分散，可以激活一些与问题联系较小的意义，从而更好地找到最优解。

从以上理论，我们可以推论出：顿悟往往意味着对固有思维模式、固有思想规范的突破，顿悟与创新之间有着密切联系，而顿悟与创新往往意味着对原有思想体系或僵化了的体制机制的颠覆与破坏。

杨钋还指出，影响顿悟的因素有心情、心情与注意、认知控制三方面，总的说来就是：顿悟往往发生在心情舒适自然、注意力和控制力放松的情况下，这也就是为什么禅宗始终强调"平常心是道""行住坐卧，应机接物，尽是道""饥来吃饭，困来即眠"的原因。

格式塔心理学认为，顿悟的核心是把握事物的本质，而忽略掉无关的细节。禅宗将这一特点发挥到了极致。慧能的悟道来源于《金刚经》"应无所住而生其心"，人一旦领悟到自己可以有效地控制自己的欲望，使自己远离烦恼、痛苦，心怀慈悲，力行普度众生之使命，他当下就是佛。慧能将原本烦琐累赘、枯燥艰涩的佛学理论简化为直指人心、简便易行的精神顿悟，将灰色的理论转化为生龙活虎的精神创造。

禅宗的本质正是删繁就简：绚烂之极，归于平淡。

经历了人生绚烂与惊涛骇浪最终归于平淡的苏东坡，深刻地体悟到了禅宗这一宗旨。他说："凡文字，少小时须令气象峥嵘，彩色绚烂。渐老渐熟，乃造平淡。其实不是平淡，绚烂之极也。"他的《庐山》体现了这一人生顿悟。

庐山烟雨浙江潮，未到千般恨不消。

到得原来无别事，庐山烟雨浙江潮。

年轻的时候，向往着人生的绚丽境界"庐山烟雨浙江潮"，经过艰苦打拼，登上人生巅峰后，发现不过如此，世界不过是"庐山烟雨浙江潮"而已。这一体悟与《五元灯会》中记载的唐代青原唯信禅师的禅宗三境界具有异曲同工之妙。

老僧三十年前未参禅时，见山是山，见水是水。

及至后来，亲见知识，有个入处，见山不是山，见水不是水。

而今得个休歇处，依前见山只是山，见水只是水。

禅宗思维方式对企业经营管理的启示如下。

第一，创新革命，打破教条。

中国传统文化从商汤王开始就有"苟日新，日日新，又日新"的创新革命的思想，经过《易经》、儒家、道家、法家、兵家等思想的发扬光大，到初唐时代，终于进化升级为平民化的禅宗创新思想，从而普及到最广大的普通民众心中。中国文化的创新精神，中国现代企业经营管理在思想观念、体制机制、方法措施上的不断突破、不断自我更新，都与此有关。

第二，抓住关键，大道至简。

大处着眼，抓住问题关键，提出明晰思路，制订高效实用措施，创造性解决问题，这是禅宗的实质，也是顿悟的根本特征。中国历代杰出人物对此几乎都无师自通。正是因为深刻领会了"大道至简"的精妙，周鸿祎提出了"像白痴一样思考，像专家一样行动"的口号，并身体力行。所谓"像白痴一样思考"就是充分了解普通用户的需求，紧紧围绕用户需求进行产品创新和服务创新。所谓"像专家一样行动"就是在进行产品创新和服务创新的时候，必须将产品和服务的质量打磨到专业水平，在每一个细节上精雕细刻，将用户牢牢吸引到企业的产品和服务周围。正是遵循这一理念，周鸿祎的奇虎360从向用户提供免费杀毒服务入手，成功地吸引了4亿多忠实用户，建立了基于免费网络安全业务，通过在线广告、游戏、互联网和增值业务创收等获得营业收入的商业模式。

禅宗与乔布斯

美国苹果公司创始人乔布斯与禅宗有着不解之缘。在很大程度上，禅宗塑造了乔布斯的人生观和价值观，影响了他的企业创新理念和产品理念。

禅宗对乔布斯产生的影响

史蒂夫·乔布斯1955年出生，他的青少年时代正好是20世纪六七十年代美国文化变革最激烈的时代。这个时代的反越战运动、民权运动风起云涌，与"垮掉的一代"、摇滚乐等文艺创新结合在一起，给了这批20世纪五十年代出生的美国青年全新的精神冲击和思想启迪。在这一文化思潮中，禅宗思想也被部分美国人接受。

1972年，乔布斯高中毕业后进入里德学院学习，这是一所以自由精神及嬉皮士生活方式著称的学校。乔布斯在这所学校仅学习了6个月就决定退学，因为他崇尚更自由随性的学习方式。退学后的乔布斯并未离开里德学院，而是选择在学校旁听喜欢的课程。在这段时间里，他读到了日本禅师铃木俊隆的《禅者的初心》，这是乔布斯与禅宗最初的结缘。铃木俊隆是中国禅宗五大家之一曹洞宗在日本的传人，1959年到美国传授禅宗思想。1967年，应铃木俊隆邀请，日本禅师乙川弘文从日本到美国做他的助理。铃木圆寂后，乙川弘文于1971年来到洛斯阿尔托斯禅修中心。乔布斯在洛斯阿尔托斯禅修中心认识了乙川弘文，并拜其为师，学习禅修。

创办苹果公司前，乔布斯一直纠结于到底是专心禅修还是去创业的问题，他向乙川弘文禅师请教。乙川弘文给他讲了六祖慧能"风吹幡动"的故事，乔布斯大悟，1976年，21岁的乔布斯和26岁的沃兹尼艾克在沃兹尼艾克父母家中的车库成立了苹果电脑公司。

修习禅宗对乔布斯一生的事业影响极大。乔布斯终生保持了禅修冥想的习惯。

乔布斯的产品设计充满了禅意，他将禅宗删繁就简的风格发挥到了极致。乔布斯彻底革新智能手机的操作界面，提供一种KISS(Keep It Simple, Stupid，保持简单易用)界面，使用者"所见即所得"。苹果公司所有产品的外观都给人以简洁、精致、高端、大气之感，这种外观一经推出，全世界的同类产品都将其奉为圭臬，一时间电子产品"苹果风"风靡全球。

乔布斯1973年在里德学院修炼禅学时曾有下面的说法。

我对那些能够超越有形物质或者形而上的学说极感兴趣，也开始注意到比知觉及意识更高的层次——直觉和顿悟，这与禅的基本理念极为相近。[1]

2005年，乔布斯在斯坦福大学发表演讲时讲了下面的话。

你们的时间很有限，所以不要将时间浪费在重复他人的生活上。不要被教条束缚，……不要被他人的喧嚣遮蔽了你自己内心的声音、思想和直觉，它们在某种程度上知道你真正想成为什么样子，所有其他的事情都是次要的。

……

死亡可能是生命的最佳创新，因为它将彻底改变你的生命。死亡让老人消失，从而为年轻人让路。死亡很可能是人类最好的一项发明，它推进生命的变迁，旧的不去，新的不来。[2]

从这些表述中可以看出，乔布斯思想深受禅宗思想影响：重视直觉顿悟，敢于打破常规、突破教条、超越生死，拥有对生死的乐观积极的心态。

---

[1] 新浪佛学. 乔布斯与佛教禅学的因缘[EB/OL]. http://fo.sina.com.cn/xuefo/2015-08-12/doc-ifxftkps4190061.shtml，2015-08-12.
[2] 搜狐教育. 乔布斯在斯坦福大学毕业典礼的演讲[EB/OL]. http://learning.sohu.com/20130523/n376825833.shtml，2013-05-23.

敢于打破权威、勇于创新的精神在苹果1984年的广告中体现得淋漓尽致。

1984年，"苹果Ⅱ"系列电脑在经历了几年的热销后正在走下坡路，而1981年问世的IBM PC风头正劲。乔布斯需要用一种震撼性的方式传递出苹果的理念，塑造苹果与众不同的形象，以打破IBM PC的垄断格局。乔布斯选择了英国作家乔治·奥威尔的名作《1984》为背景来制作广告，反映苹果公司打破权威、勇于创新的雄心壮志。当年负责制作苹果1984年广告的Chiat/Day广告公司创意导演李·克劳回忆说："'1984'表达了苹果的理念和目标，即让人民而非政府或大公司掌握操纵技术，让计算机变得普通人可及而非控制人的生活。"[1]

"1984"广告展示了这样一个场景，一排排面无表情、机器人似的光头男子走进一个阴森森的大厅，坐在那里接受一个从巨大屏幕上映出的"大哥"模样人的训话。这时一个手握三尺铁锤，身材矫健的女子冲进了大厅，她身穿一条红色短裤和一件白色Mac背心，她身后有头戴钢盔、挥舞棍棒的警察在追赶。这位女英雄在一片惊呆的目光中跑到了大厅的尽头，使出浑身力量掷出铁锤，把映有"大哥"训话的屏幕砸得粉碎。这时，云开日出，光芒万丈，一个庄严的声音伴随着屏幕上的文字响起："1984年1月24日，苹果电脑将推出Macintosh，你会明白为什么1984年不会是小说中的1984年。"

该广告的电视版文字如下。

致疯狂的家伙们。他们不合时宜，我行我素。他们桀骜不驯，反叛忤逆。他们麻烦不断，惹是生非。他们像方孔中的圆桩，他们用与众不同的角度看待事情。他们既不墨守成规，也

苹果1984年广告体现的创新精神

---

[1] 陆坚. 再读1984传奇：写在苹果Macintosh诞生30周年[EB/OL]. https://news.cnblogs.com/n/198666/, 2014-01-20.

不安于现状。你尽可以引用他们，反对他们，赞美或者鄙视他们。不过你唯独不能漠视他们，因为他们改变着寻常事情。他们推动人类向前。也许有些人认为他们是疯子，在我们眼中他们却是天才。因为只有那些疯狂到认为自己可以改变世界的人，才能真正改变世界。

苹果1984年广告是一个经典案例，乔布斯把创新性思考以一种石破天惊的方式表达了出来，由此成为苹果文化中耀眼的徽章。"1984"广告在1984年1月22日第18届超级杯电视转播节目的广告时段播出后，赢得了空前的关注。美国的三大电视网和将近50个地方电视台都在超级杯结束后重放了"1984"广告，还有上百家报纸杂志评论"1984"广告现象和影响，这为苹果公司和Macintosh做了进一步的强化宣传。后来，"1984"广告赢得了戛纳电影节大奖和30多项广告行业的评奖，并被誉为20世纪最杰出的商业广告。

乔布斯禅宗式创新对企业经营管理的启示如下。

第一，打破权威、勇于创新、积极乐观是中国禅宗的核心思想，乔布斯将这种精神进一步升级为"活着就要改变世界"并身体力行，最终改变了全世界电子消费产品行业的格局，也影响了传媒产业的发展。

第二，"佛法在世间，不离世间觉"，注重现世的中国禅宗精神在乔布斯身上体现为对事业的不懈追求。

第三，乔布斯的产品设计体现的更多的是日本禅宗风格，日本禅宗的简洁、精致内化为乔布斯的心性人格。

第九讲　王阳明心学——思想如何转化为绝世功业

王阳明生平

王阳明的悟道历程

王阳明心学的内容：知行合一、致良知

王阳明心学的现世功用

王阳明心学的现代价值

稻盛和夫："二手"心学打造出来的日本"经营之圣"

王阳明生平

王阳明名守仁(1472—1529年)，因曾筑室于会稽山阳明洞，自号阳明子，故称阳明先生，亦称王阳明。

王阳明出生于浙江余姚一个显赫家庭，父亲王华是明宪宗成化十七年状元。王阳明从小就受到严格的儒家正统思想熏陶，树立起为国为民鞠躬尽瘁的思想信念。有一次与老师讨论何为天下最要紧之事，他认为"科举并非第一等要紧事"，天下最要紧的是读书做圣贤。正是秉持这种理想信念，王阳明十五岁就上书皇帝献策平定农民起义，未果，同年，他出游居庸关、山海关一个月，考察明朝边关情况。

王阳明早年深受宋明理学影响，遍读朱熹著作，为了实践朱熹"格物致知"之说，他下决心穷竹之理，"格"了三天三夜的竹子，因此病倒。

正德元年冬(1506年)，在一大批正直官员因弹劾皇帝宠信的宦官刘瑾被逮捕、廷杖、贬谪乃至杀害后，王阳明不顾个人安危，继续上疏，因此触怒刘瑾，被廷杖四十，谪贬至贵州龙场当龙场驿栈驿丞。王阳明的父亲王华受牵连，也被明升暗降。

尽管王阳明已被贬谪，但刘瑾仍未放过他，派人追杀，王阳明通过伪造自杀现场方躲过一劫。

正德三年(1508年)，三十七岁的王阳明在龙场悟道。

正德十一年(1516年)至正德十二年(1517年)，王阳明受命平定江西、福建、广东、湖南等地民变。

正德十四年(1519年)，王阳明平定宁王朱宸濠叛乱。

嘉靖元年(1522年)，父亲王华去世，王阳明回乡守制。

王阳明54岁时辞官回乡讲学,在绍兴、余姚一带创建书院,宣讲"王学",并在天泉桥留下心学四句教法:无善无恶心之体,有善有恶意之动。知善知恶是良知,为善去恶是格物。

嘉靖六年(1527年),广西思恩、田州卢苏、王受造反,总督姚镆束手无策。嘉靖皇帝再度启用王阳明前往平定。王阳明当时已患肺病,但他仍然接受了任务,只花了半年左右时间就解决了问题。

嘉靖七年十一月二十九日卯时(1529年1月9日8时),因肺病加剧,王阳明病逝于江西南安府大庚县青龙港(今江西省大余县境内)舟中。临终前,弟子问其遗言,他说:"此心光明,亦复何言!"

王阳明的悟道历程

王阳明悟道有一个艰苦漫长的过程,他三十七岁在贵州龙场的悟道,是此前长期紧张的思想探索、心性修炼在机缘和合的情况下大彻大悟的结果。悟道后的王阳明,人生进入了全新境界,实现了传统知识分子立德、立功、立言的人生理想。

我们认为,王阳明其实是一个专业的思想家、业余的军事家和政府官员。这句话的意思是:他是因为彻悟了宇宙人生的根本道理,由此获得了澄澈的胸怀、高度的自信,修炼出至高的智慧,于是,在因缘和合的情况下,他平定了一系列暴动、叛乱,成就了现世功业。

王阳明在现世层面上的成功是他的澄澈圆融思想的副产品,他的真正最成功的产品就是他自己:融会了儒释道,超越了生死,修炼出了不动心,创立了心学……

王阳明思想探索、心性修炼的第一阶段在二十一岁时。《王阳明年谱》中记载王阳明因格竹致病,"为宋儒格物之学……官署中

格竹致病

多竹，即取竹格之。沈思其理不得。遂遇疾。先生自委圣贤有分。乃随世就辞章之学。"

王阳明遵守朱熹格物之说不通，是因为儒家学说实际是一套伦理学加政治学，儒家的格、致、诚、正、修、齐、治、平之说讲的是一个从心性修炼开始，到实现现世功业的过程。在这一过程中，对儒家伦理、政治思想的理解、认同、践行是基础。而对儒家伦理、政治思想的理解、认同、践行在很大程度上是需要丰富的人生阅历、持续长期的内心体验的。在传统文化中，儒家与自然科学关系最远，王阳明希望通过对竹子的研究获得对儒家伦理政治思想的感悟，失败是必然的。

探索佛、道，而又回归儒家

王阳明思想探索、心性修炼的第二阶段在二十七岁时。《王阳明年谱》记载，"先生谈养生。先生自念辞章艺能不足以通至道。求师友于天下，又不数遇。心持惶惑。一日读晦翁《上宋光宗疏》有曰：居敬持志，为读书之本；循序致精，为读书之法。乃悔前日探讨虽博，而未尝循序以致精，宜无所得。又循其序，思得渐渍洽浃。然物理吾心，终若判而为二也。沈郁既久，旧疾复作。益委圣贤有分。偶闻道士谈养生，遂有遗世入山之意。"因为走朱熹的"格物致知"之路不通，王阳明转而研究佛家和道家思想。但王阳明根深蒂固的儒家修齐治平情结，让他在三十一岁时，放弃佛道思想，再度回归儒家。

从以上经历我们可以看到，在龙场悟道之前，王阳明对儒家、佛家、道家思想已经有了完整系统的研究，这为他在龙场悟道将儒、佛(主要是禅宗)、道思想融会贯通，创造出全新的儒家学说——心学——奠定了基础。

龙场悟道

王阳明思想探索、心性修炼的第三阶段是三十七岁龙场悟道。前面讲到，在贬谪路途中遭遇追杀，王阳明伪造自杀现场方逃过一劫。王阳明本来想就此避世隐居，但考虑到如果不到龙场就职，可能会进一步牵连父母。为了担当起为人子的职责，他还是到龙场就任。到达龙场后，自然条件的恶劣、政治前途的渺茫自不待说，更令王阳明焦虑的是，刘瑾很可能还会派人追杀。就在面临生死考验的时期，一个子夜时分，王阳明思想电闪雷鸣，心学就此诞生。《王阳明年谱》中有如下记载。

> 因念圣人处此，更有何道？忽中夜大悟格物致知之旨，寤寐中若有人语之者，不觉呼跃，从者皆惊。始知圣人之道，吾性自足。向之求理于事物者误也。乃以默记五经之言证之，莫不吻合。

对于这段记载，我的理解是，就在命悬一线、日夜焦虑的时刻，王阳明彻底想明白了，无论他是否担心焦虑都无法逃脱刘瑾的追杀，既然如此，就把这个问题搁置一边，考虑另外一个问题——如果死了，是否有意义？司马迁《报任安书》有言："人固有一死，或重于泰山，或轻于鸿毛。"为朝廷尽忠竭力，上疏论政，如果因此而死，这就是重于泰山，也就是孟子所说的"舍生取义"。文天祥诗云："人生自古谁无死，留取丹心照汗青。"如果没被杀死，那么就可以为朝廷再多做点事情。因此，不管是死是活，生命都有意义，短暂的一生也就没有白过。

需要说明的是，儒家的"舍生取义"思想一般人都耳熟能详，但到关键时刻能真正践行的凤毛麟角。王阳明是一个以纯正的儒家学者的身份，通过罕有的生死考验，将儒家思想的精髓瞬间彻悟的人。这就是为什么说"乃以默记五经之言证之，莫不吻合。"

下面一段《孟子·告子下》中的话，一般人都非常熟悉，而王阳明却是在经历了龙场悟道后才彻底明白其中真意的。

> 天将降大任于斯人也，必先苦其心志，劳其筋骨，饿其体

肤，空乏其身，行拂乱其所为，所以动心忍性，增益其所不能。

王阳明龙场悟道，创立心学，有如下的创新意义。

第一，王阳明通过强烈独特的巅峰体验，以直觉顿悟的方式，完整准确地将儒家修齐治平思想重述了一遍。

第二，王阳明的"致良知""知行合一"与朱熹理学的差异在于，王阳明心学更加强调理论的实践性，强调理论与活生生的生命体验融合为一，强调理论对现世世界的积极干预与全新改造。

第三，王阳明的心学凸显了儒学的信仰本质，使此后的中国仁人志士从王阳明心学中获得了精神滋养。

儒学是孔孟等人为那些慨然有"澄清天下志"的仁人志士准备的一套伦理—政治学说，但为了能够让这些仁人志士在理想不断被摧毁的现实中生存下去，儒学从孔子开始就具有强调信仰的成分，到孟子、《大学》和《中庸》阶段，更是将对信仰的强调提高到了前所未有的程度。因此，儒学从来都不仅仅是一套伦理—政治学说，它也同时是一个完整的伦理—政治信仰系统，它要求所有的士大夫不仅要从知识上了解它还要身体力行于每日每时的言谈举止中。儒家所提倡的"知之者不如好之者，好之者不如乐之者""知行合一"，都是基于此而言的。

唐君毅、牟宗三、钱穆、杜维明、刘述先等相当一部分儒家学者认为儒学是"人文的宗教"或"道德的宗教"。李泽厚认为，儒学不是宗教，但在历史上起着"准宗教"的作用。

孔子在被匡人围困时，以"天之未丧斯文也，匡人其如予何？"自我激励。

而孟子的"故天将降大任于斯人也，必先苦其心志，劳其筋骨，饿其体肤，空乏其身，行拂乱其所为，所以动心忍性，曾益其所不能。"则完全是信仰修炼到极致的巅峰状态。

王阳明思想探索、心性修炼的第四阶段是四十五岁以后。此阶段王阳明的政治军事功业以及学术思想都处于鼎盛期。四十五岁至五十岁，王阳明升任都察院左佥都御史，巡抚南赣汀漳等处，四十六岁平定江西、福建、湖南、广东四省交界地区的民变，四十八岁平定南昌宁王朱宸濠叛乱，四十九岁遭遇张忠、许泰等人的诬陷。

功业和学术鼎盛期

因张忠、许泰等人诬陷，王阳明平定宁王叛乱后不但无功，反而被怀疑与宁王朱宸濠有关系，王阳明再度面临生死考验。

在这次生死考验中，王阳明一边多方努力解决问题，一边讲学不辍。王阳明在《答友人》中回忆了当时的情景："往年驾在留都，左右交谮，某于武庙，当时祸且不测，僚属咸危惧，谓君疑若此，宜图所以自解者。曰君子不求天下之信己也，自信而已。吾方求之以自信不暇，而暇求人之信己乎？"

王阳明的学生王畿对此也有回忆，《龙溪先生全集》记载："先师自谓良知二字自吾从万死一生中体悟中出来，多少积累在……先师在留都时，曾有人传谤书，见之不觉心动，移时始化，因谓终是名根消煞未尽。譬之浊水澄清，终有浊在。余尝问平藩事，先师云，在当时只合如此作，觉来尚有微动于气所在，使今日处之更自不同。"

也就是在这种严酷环境下，王阳明的心学思想由"知行合一"进一步升华为"致良知"。

而王阳明的修炼功夫已至成熟阶段，黄宗羲在《明儒学案·姚江学案》中对此是这样描述的："江右以后，专提致良知三字，默不假坐，心不待澄，不习不虑，出之自有天则。"由此可见，王阳明的心学绝非纯粹的知识理论体系，而是始终与心性修炼、境界升华融为一体的。如果说在孔孟那里心性修炼还更多是一种儒家圣贤向往的境界，那么在王阳明这里，融合了道家和南禅宗直觉顿悟的方法，儒家所向往的成圣境界变成了现实。

> 思想成熟

王阳明思想探索的最后阶段是五十一岁至五十六岁时，此时王阳明思想已达到了纯熟化境。

王阳明悟道历程对企业经营管理有下面的启示。

第一，王阳明心学是事业发展的基础。因为有心学做底蕴和指导，王阳明完成了三次重大的军事行动，成就了立德、立功、立言的理想。从事工商企业经营管理同样如此。日本著名企业家稻盛和夫就著有一本书《经营为什么需要哲学》，专门讨论企业经营的价值观、方法论等问题。

第二，王阳明心学的诞生是和他的人生理想探索、事业发展紧密结合的、这一点对企业管理的启示是，企业管理者应当具备超越一己之私的胸怀和理想，应当在企业经营管理中不断总结经验教训，使自己的心性境界、智慧修为不断提升。

第三，王阳明心学强调实践，对企业管理而言，更应当注重把企业的文化精神、规章制度以及发展战略落到实处。

王阳明心学的内容：知行合一、致良知

> 王阳明创立心学的思想背景

王阳明心学是儒家思想在明朝中期的一次重大创新，心学将儒家思想中注重心性修为、重视信仰、重视实践的传统重新阐释，同时通过对禅宗思想和道家思想的融合，将中国传统文化中的创新基因激活，对明朝中期之后中国文化与中国历史都产生了深刻影响。

明朝中期，传统儒学已经失去号召力，文化失去创造性和创新能力。道家和禅宗在中国传统文化版图中一直都是非主流的思想体系，因而它们都保存了较为完好的批判精神和创新创造活力。

从道家来说，由于其在中国原创思想体系中一直扮演着儒家思

想的补充者和不懈的批判者的角色，因而少受摧折、扭曲。

从禅宗来说，佛学本来就是外来思想，更是补充的补充，也因此就有更多自由发展的空间。同时，六祖慧能创立的南禅宗，是对印度佛学的创新(更准确地说就是离经叛道)，更具有天不怕地不怕的自由创造精神。

王阳明的心学，能够解决明朝中期以来士大夫的信仰危机，解决儒家学说在新的历史时期的发展问题——程朱理学空疏清谈之弊。王阳明心学之所以能令人信服，就是因为它在现实层面，在刀光剑影的政治、军事博弈中展示出其威力，令倡导者、信奉者能够完成绝世功业。

王阳明心学主要由"知行合一"和"致良知"两大部分构成。 知行合一

知行合一的基本意思就是：知和行是相互联系、相互包含、难分彼此的，一个人如果对某件事情已经十分了解，那他就一定能把这件事情办得很好。如果夸夸其谈，一到实际工作就束手无策，那就说明他对他所说的事情仍然不了解。对此，《传习录》中记载："知是行之始，行是知之成。若会得时，只说一个知，已自有行在。只说一个行，已自有知在。"王阳明《答顾东桥书》中也说："知之真切笃实处即是行，行之明觉精察处即是知。"这些观点全部都是强调认识要付诸实践和实干。

致良知是王阳明晚期思想，他将心学初创期知行合一的思想进一步发展为致良知学说。 致良知

王阳明的致良知源于《大学》的"致知"和《孟子》的"良知"，又融合了道家和禅宗思想。

《孟子·尽心上》：

> 人之所不学而能者，其良能也，所不虑而知者，其良知也。孩提之童无不爱其亲者，及其长也，无不知敬其兄也。

意思是，人不需要学习就能够做到的，就是他的良善的本能，不用考虑就能了解的，就是他的良知。幼儿没有不爱他的父母的，到他长大之时，没有不敬重他的兄长的。

这一观点源于儒家的性善论，这一理论认为每一个人心中都有良善的基因。对此，王阳明的解释是："心自然会知，见父自然知孝，见兄自然知悌，见孺子入井自然知恻隐，此便是良知，不假外求。"

王阳明之所以要把心学初创期知行合一的思想发展为致良知学说，至少有两个目的。

第一，王阳明需要将知行合一以更通俗易懂、更直指人心的方式表达出来，以影响更多的民众。他说："近来却见得良知两字日益真切简易，朝夕与朋辈讲习，只是发挥此两字不出。源自两字人人所自有，故虽至愚下品，一提便省觉。若致其极，虽圣人天地，不能无憾。"王阳明的思维方式深受禅宗思想影响，他在龙场悟道就是典型的禅宗直指人心、明心见性的顿悟法。禅宗的顿悟思维方法来源于道家，都是强调在长期经验、思考、体悟基础上思想的创造性理解，这种理解往往是一通百通、一悟彻悟。

王阳明具有深刻的儒家使命感，他要做圣贤，因此，他要考虑他的理论的传播效果，于是致良知应运而生。

第二，在知行合一理论中，"知"还主要是认识论的概念，无法涵盖更广阔的领域。而"良知"包含了知的意思，但又远远超越了知的范围，将本体论、认识论、道德论和人性论融会贯通为一体。也就是说，良知既是世界的本体，又是认识的对象，还是道德的至高境界，更是人性修炼的终极目标。在王阳明心目中，良知能够生成天地万物，它是"造化的精灵，这些精灵，生天生地，成鬼成帝，皆从此出，真是与物无对。人若复得他，'完完全全'，无少亏欠。""良知者，心之本体，即前所谓恒照者也。"王阳明还将他的良知和《周易》的"易"联系起来"良知即是易，其为道也累迁，变运不居，周流六虚，上下无常，刚柔相易，不可为典要。唯变所适，此知如何捉摸得。"而且良知还是人的心理活动："心者，身之主也。而心之虚灵明觉，即所谓本然之良知也。"

这样一来，致良知理论确确实实比知行合一大大升级，王阳明心学的理论体系终于完全建立起来。

致良知是对知行合一的升级，因为致良知思想是在王阳明由纯粹的思想创新进入错综复杂的明朝中期政治、军事博弈场中，经受了重大身心考验后形成的，因此其内容更加深刻厚重，其境界更加圆融无碍。

王阳明建立起心学体系

王阳明对薛侃说："悔悟是去病之药，然以改之为贵，若留滞于中，则又因药发病。"对黄直也说："文字思索亦无害，但作了常记在怀，则为文字所累，心中有一物矣。"

在王阳明看来，超然境界不仅是排除一切紧张、压抑、烦躁等否定性情绪，对于任何意念都如此，人不应使任何意念情绪留滞于心，留滞就是有累，即受到感情情绪牵扰，无法保持自由活泼的心境。

要彻底达到心之全体流行无碍的境界，就要勘破生死，从根本上使人的一切好恶脱落殆尽，以实现完全自由自在的精神境界。这就是陈来所说，王阳明"从儒家的立场出发，充分吸收佛道的生存智慧，把有我之境和无我之境结合起来"①，也就是把儒家的积极有为的精神和佛道的"无我"无欲无求的人生智慧有机结合。在这一意义上，这种境界作为一种生死解脱的智慧具有宗教性或与宗教境界相通。

---

① 陈来. 有无之境——王阳明哲学的精神[M]. 北京：人民出版社，1991.

王阳明心学对企业经营管理有如下启示。

第一，在明朝中期中国文化缺乏感召力、缺乏创新力的背景下，王阳明心学首先解决自己的理想信念问题，接着帮助社会解决了理想信念问题和创新能力问题，从而在历史上和现实中都产生了重大影响。企业管理者在进行企业经营管理时，也必须解决企业经营管理的终极价值问题和创新问题。

第二，王阳明心学的核心是知行合一，也就是强调理论的实践性。企业经营管理是靠业绩说话的，如果企业的文化理念很好、发展战略很有创见、计划也很缜密，但无法落地依然是空谈。

第三，企业经营管理一定要学习王阳明用通俗易懂的话语来传递核心理念、凝聚人心、打造铁军团队。

王阳明心学的现世功用

王阳明一生的现世功业主要体现为平定湘赣闽粤内乱、宁王叛乱、广西边民暴动三大军事业绩。三次重大功业中，以平定湘赣闽粤内乱以及平乱后的综合治理最为典型。在这一过程中，心学一直发挥着重要作用。

正德十一年(1516年)八月，在兵部尚书王琼的推荐下，王阳明被任命为都察院左佥都御史，巡抚南(安)、赣(州)、汀(州)、漳(州)等地。王阳明所巡抚的地区是江西、福建、湖南、广东交界处，由于地方官吏横征暴敛，官逼民反，此地已有十多年的民变，落草为寇者占据大大小小的山头，明朝政府十分头疼。

王阳明相信所有人都心存良善，那些落草为寇的人是因为在特殊情况下被私欲蒙住了良善之心才走上了歧途。

王阳明恩威并用、软硬兼施，军事手段和政治手段、心理手段、社会方法综合运用，只花了一年零三个月，就彻底解决了为患十余年的民变问题。

正德十二年(1517年)正月十六日，王阳明开府赣州。他上任后马上开展调查研究，发现"官府举动未形，而贼已先闻"。于是，王阳明首先实施十家牌法，解决普通百姓与草寇的通风报信问题。

首先实施十家牌法

十家牌法的核心就是发动民众相互监督。具体做法是以家庭为单位，每十家编为一甲，每甲持有一牌，每户人家每天向甲长汇报当天的情况，遇有可疑人等立即上报官府。一家"窝藏"或者暗通"盗贼"，十家连坐。

解决了草寇与百姓的联系问题后，王阳明要取得剿匪的首捷，以鼓舞官军的信心。

消灭詹师富、陈曰能部

王阳明决定先从实力较弱的象湖山匪首詹师富打开缺口。首战詹师富，先胜后败，王阳明还受了伤。王阳明的部队十分沮丧，下属纷纷建议赶紧撤军，等两广援军。

王阳明的心学此时就发挥了威力。

心学的核心是要锻造坚韧无比的心理力量，是要在沧海横流之际、在生死威胁命悬一线之时、在普通人惊恐万状不知所措的时刻，依然保持内心的极度冷静和理性，依然让自己的创造潜力保持在最活跃、最灵动的状态，从而能对重大事务做出正确决断。

王阳明心学之所以光芒万丈，就是王阳明首先彻悟了这个道理，然后他再把这个道理运用于重大政治、军事事务中，并取得了现世功业。王阳明的心学是实实在在"管用"的理论、"管用"的方法。此后的心学信奉者，曾国藩、孙中山、西乡隆盛、稻盛和夫等皆如此。

就在大多数人建议撤军之时，王阳明认为，正因为一般人都会这样想，詹师富肯定也这样想，所以要将计就计，制造假象，假装撤军迷惑詹师富，到时机成熟时，出其不意大举进攻，詹匪可灭。

事实果如王阳明所料，1517年农历三月二十一日，詹匪被王阳明全部消灭。

1517年农历六月，王阳明用同样的心理战法，麻痹敌人，将大庾岭陈曰能部消灭。

平定横水、左溪、桶冈

仅仅半年间，为患多年的詹师富、陈曰能被消灭，引起了剩余草寇的极大震动。王阳明趁热打铁，在加紧军事攻势的同时，开始进行政治、心理攻势。

王阳明发布了《告谕巢贼书》，在这个文告中，王阳明恩威并用，所说道理入情入理。在这篇文告的感召下，赣州龙南的黄金巢、广东龙川的卢珂前来投诚。卢珂后来还成为王阳明平定谢志山、蓝天凤、池仲容部的重要力量。

1517年农历十月，王阳明决定进攻谢志山、蓝天凤盘踞的横水、左溪、桶冈。

在先攻打何处的问题上，王阳明与下属再次发生分歧。这一次，再度表现出了心学的威力。

下属们认为应该先打蓝天凤的桶冈，然后再打谢志山的横水、左溪。王阳明认为，无论从江西来看还是从福建来看，横水、左溪都属于心脏位置，桶冈只是附庸。因此先打横水、左溪，桶冈自然可下。而且，从谢志山、蓝天凤的角度看，官军离桶冈更近，一定会先打桶冈。因此，王阳明决定先打横水、左溪。事实证明，王阳明的决断又对了。王阳明拿下横水、左溪后，谢志山逃到了桶冈，与蓝天凤汇合。王阳明马上给蓝天凤写了一封劝降书，搞得蓝天凤心神不宁。就在蓝天凤神思不宁之时，王阳明再出奇兵，一举拿下桶冈。王阳明平定横水、左溪、桶冈，不足一个月，其用兵如神，由此可见。

在整个湘赣闽粤平乱期间，王阳明心学都发挥着重要作用。王阳明在给学生黄绾的信中则说："彼此但见微有动气处，即须提起致良知话头，互相规切……缘此数病良知之所本无，只因良知昏昧蔽塞而后有，若良知一提醒时，即如白日一出而魍魉自消矣。"

在戎马倥偬之间、命悬一线之际，正是内心最脆弱、最动荡不安、最可能崩溃的时刻，在这种时刻，任何的理性都无法完全让个体平静、安宁下来。此时，需要的是信仰，需要的是对自己、对人类普世价值(良知)的坚信与坚守。

王阳明《传习录》："虚灵不昧，众理具而万事出。心外无理，心外无事。"王阳明还说："人须要在事上磨，方立得住，方能静亦定，动亦定。"王阳明的这两句话，需要参照上面王阳明的真实经历，方能彻底领悟。

王阳明平乱过程中，一直秉持一个原则：按照儒家"仁者爱人""仁民爱物"的思想，引导误入歧途的人改邪归正，尽可能少地采用军事暴力手段。因此，王阳明在必要的军事镇压后，马上进行心理攻势、政治分化。在进攻桶冈时，也是先写信给蓝天凤，然后趁蓝天凤神思不宁之时出奇兵一举获胜。但桶冈胜利后王阳明并不高兴，他认为，如果不是急于取胜，让写给蓝天凤的信再发酵一段时间，蓝天凤很可能投降，这样就可以减少杀戮。

<small>平乱过程中的心理攻势</small>

王阳明在平乱过程中发现，凡是匪患问题严重的地区，都存在吏治腐败、地区交界统治力量薄弱、经济文化落后等问题。王阳明认为，"破山中贼易，破心中贼难"，要解决匪患问题，必须采用综合治理手段，整顿吏治、加强政权建设和基础组织建设、发展经济、振兴文教。

<small>平乱后的建设</small>

王阳明平定当地匪患后，在正德十二年(1517年)五月到正德十三年(1518年)五月间，向朝廷接连上疏，奏请设立福建平和县、江西崇

义县、广东和平县，以加强政权建设。这些请示陆续得到了朝廷批准，这些地方设县后的政权经济文化状况得到了明显改善。王阳明之后的继任者很多都仿效王阳明的做法，直到明亡前，这些地区共新设了8个县，大多是在平乱后设立的。

在基层组织建设中，王阳明将儒家的"德治"传统发扬光大，用创新性的方法将思想教育活动、文化传承与基层组织建设有机融合，较好地实现了"破心中贼"的目的。

正德十三年(1518年)四月，王阳明在所属各县设立社学。《年谱·附录一》记载："赣州城中立五社学，东曰义泉书院，南曰正蒙书院，西曰富安书院，又西曰镇宁书院，北曰龙池书院。选生儒行义表俗者，立为教读。"通过兴办社学，让儒学思想植根于基层民间教育，从娃娃抓起。为了将社学办出成效，王阳明亲自制订《社学教条》，并在所属各县颁行。《社学教条》提出了童蒙教育的纲目性条规，为成功兴办社学、实施道德伦理教化发挥了重要作用。

对于成年民众，王阳明通过推行《南赣乡约》，引导、教化刚被征服的"新民"。所谓新民是指由官府立籍登记、许其自新的受招之民，包括流民、逃民、畲瑶山民等。在推行《南赣乡约》过程中，王阳明借助十家牌法，以一定程度的强制性来达到预期目的，这就将基层组织建设和思想教育活动有机结合了起来。

《年谱一》记载："十月，举乡约。先生自大征后，以为民虽格面，未知格心，乃举乡约告谕父老子弟，使相警戒。"从这里可以看出，《南赣乡约》以心学思想为指导，结合当地现实情况，以格心为目的，引导民众自我约束、诚心向善。

《南赣乡约》共包括九个方面的内容：督促寄庄人户纳粮当差；禁放高利贷；禁因小忿投贼复仇；禁同约"通贼"；禁差役向民众索求财物；土著与新民相处和善；新民须改过自新；男女婚嫁

须从俭；禁大肆操办丧葬之事。通过这些具体细致的规定，使底层民众知敬畏、明善恶、懂规矩，将儒家的德治精神落到了实处。

王阳明心学现世功用对企业经营管理有如下启示。

第一，心学首先强调领导者心性修为的提升、不动心的打造，对于要承担企业经营风险的管理者特别是企业家来说，强大的心理能力、良好的品德修为是必不可少的。

第二，在进行管理工作中，应当秉持德治与法治相结合的原则，用创新性的德治方法解决企业管理问题。比如，对90后的员工，就不能简单使用对60后、70后、80后员工的管理方法。90后员工出生成长在更加开放、社会经济发展程度更高的时期，他们具有更开阔的视野、更高的平等权利意识、更强的个性。因此针对90后员工，就必须探索更加符合这代人特点的、更有效果的管理制度和方法措施。

王阳明心学的现代价值

第一，致良知——树立正确的三观。

树立正确三观

王阳明创立心学的根本宗旨就是要激活儒家文化的理想主义精神，将"为天地立心，为生民立命，为往圣继绝学，为万世开太平"的旨趣落到实处。

现实世界中，"道""术"兼备方可成功。有"术"无"道"，迟早玩完，有"道"无"术"，必然沦为空谈。

西方资本主义的发展，德国社会学家韦伯认为是因为西方民族把基督教精神成功地转化为资本主义精神，赋予了以效率、利益为重要诉求的资本主义以精神性指向，也在相当程度上缓解了资本主义因过度追求效率和利益而产生的弊端。

日本的资本主义则是将来源于中国的儒家思想与西方资本主义相融合，创造出"论语加算盘"的具有日本特色的资本主义精神。在涩泽荣一看来，《论语》代表的是企业家的理想人格和社会责任，是传统话语中的"义"；"算盘"则代表企业家对经济利益的追求和对工商管理的完善，是传统话语中的"利"，涩泽荣一创造性地将儒家思想与来自西方的现代资本主义精神做了嫁接，形成了日本式的资本主义精神。涩泽荣一又就此提出了"士魂商才"的概念。"士魂"就是一个人要有"士"的操守、道德和理想，"商才"就是他还要有"商"的才干与务实。

日本能够在明治维新后短短几十年间一跃而为东亚第一强国，打败了老大帝国清王朝和地跨欧亚的沙俄，正是基于这样的文化基础。而日本在第二次世界大战后又在几十年里再度成为世界发达国家，原因依然如此。

1977年诺贝尔物理学奖得主普里高津的"耗散结构理论"指出：自然世界在趋向混乱无序(热力学第二定律认为：自然界有增熵趋势)的同时，会产生出负熵流，从而使世界变得越来越有序，越来越进化。老子在两千五百年前也说过"反者道之动"，意思是物极必反。《易传·系辞》则说："易，穷则变，变则通，通则久。"这是指出，当一个国家、民族、社会混乱到了极点时，就一定会发生根本性的变化。

一个文明和谐、健康完善的社会，一定内心有信仰、社会有规则、国家有法治。对企业经营管理而言，在这种背景下，应当从王阳明心学中吸取有益养分，将企业建设成为有信仰有理想的经营性组织。

第二，高度文化自信。

王阳明是一个慧根极高的人，从小就立下了高远的志向。这种天赋和个性使他绝不可能为前人、定论束缚。

王阳明学说及修炼功夫主要要解决的是如何处理事业发展中因挫折、失败导致的焦虑、恐惧、忧伤、绝望等问题。换言之，就是在忧患中如何坚定信仰、安身立命，保持心态的平和、理智和正常。

因此，从理论上说王阳明的心学没有太多玄奥，说到根本就是心理调适、人格砥砺、境界修为的问题。

王阳明学说最精粹的地方在于他以其艰难诡异的人生经历，具体而微地展示了如何将儒家的自信坚忍与道、禅的逍遥自逸融合为一，锻造出以儒家为本，道、禅为用的积极向上而又极富弹性的心智模式，而为后世有为之士树立了一个既可远观崇拜、又可努力践行的榜样。

据《王阳明年谱》记载，王阳明对自己的修炼之功有如下评述。

> 某于此良知之说，从百死千难中得来。不得已与人一口说尽。只恐学者得之容易，把作一种光景玩弄，不实落用功，负此知耳。言良知须大悟，致良知须笃行。不经大疑大闷，不能彻悟本体，良知非习气中之直觉本能也。不落于身上切实体验，则只玩弄光景，不足以作为人格建立道德实践之原则。

这段话，就是知行合一的最好注脚。"事非经过不知难"，没到绝境时，是很难理解王阳明的精妙的。

王阳明心学中所蕴含的高度文化自信正来源于此。

第三，高扬思想自由创造的本性，使心灵对万物的感知、理解始终处于活泼灵动的状态。

高扬思想自由创造的本性

"六经注我"和"我注六经"是中国思想史上两种学术路径。该说法出自宋代哲学家陆九渊的《语录》，"或问先生：何不著书？对曰：六经注我！我注六经！"

所谓六经注我，就是强调自己思想的创造性、创新性，儒家六经是用来证明、阐释自己思想的，是自身思想的注脚。而我注六经则更强调对儒家六经的继承性解读，尽可能地还原六经的本意。

以王阳明的才华和改造世界的人生理想，他走上六经注我的道路是必然之事。但王阳明并非从一开始就走上六经注我之路的，而是在经历了长期紧张的我注六经不得后，以生命为抵押探究人生真谛，最终历经"狂风骇浪失棹橹"的生死考验才成为六经注我的大师。

在中国学术史上，我注六经的学者们着力于字词音韵训诂之学，主要是通过对经典的解读，还原经典的本意。六经注我则主要是思想家尤其是创新型思想家干的事，他们着力于提出自己对世界、人生的独到见解，经典主要是用来加强自己观点的论据而已。

从学术流派来看，纯粹的儒家学者更偏向于我注六经，因为儒家以保存、继承传统文化为己任。道家和禅宗(主要是南禅宗)更偏向于六经注我，道家偏向于思想的自由，默许乃至鼓励创新。

从思维方式上看，我注六经更接近渐悟，六经注我更接近直觉顿悟。

创立心学后的王阳明，整个人生进入了"随心所欲不逾矩"的状态。他几乎成为明朝中期的Superman(超人)，哪里搞不定就让老王去摆平，哪里起火就让阳明先生去灭火。

绵延江西福建湖南广东十多年的民变让王阳明一年两三个月基本解决。预谋八年之久的宁王叛乱，王阳明43天就平息了……

王阳明用兵如神，可以说是一位无师自通的军事天才。《明史》评价王阳明"终明之世，文臣用兵制胜，未有如守仁者也"。

王阳明之所以在军事上能如此神武莫测，说到根本就是他的整个精神状态已达到了"无为而无不为""变化之妙存乎一心"的境界。正因为已经达到了"应无所住而生其心"的状态，其精神的创造潜力被无限发扬光大，自信心被无限放大，同时又始终脚踏实地，不会自我膨胀、堕入歧途。

晚年王阳明的修炼功夫已臻绝妙之境，"默不假坐，心不待澄，不习不虑，出之自有天则"。

他又说："良知即是未发之中，此知之前，更无未发。良知即是中节之和，此知之后，更无已发。"

《中庸》中说"喜、怒、哀、乐之未发，谓之中。发而皆中节，谓之和。中也者，天下之大本也。和也者，天下之达道也。致中和，天地位焉，万物育焉。"这段话的意思是，当一个人达到了中和境界之时，他就可以让宇宙人世的万事万物各归其位，各自得到充分发展了。王阳明上述心得正是《中庸》修为思想的实践。

当一个人将宇宙人世的根本大道彻底领悟之时，当他充满着纯正理想而且对这种理想高度自信之时，他的精神状态一定是最高昂、最激越、最富于创造性的。此时，他是可以创造出人间奇迹的。

《征宸濠反间遗事》记载王阳明学生问用兵之术，王阳明说："用兵何术，但学问纯笃，养得此心不动，乃术尔，凡人智能相去不甚远，胜负之决，不待卜诸临阵，只在此心动与不动之间。"此话道出了王阳明心学的核心价值：对个体创造潜力的激发、对自由精神的高扬。

王阳明心学对个体创造潜力的激发、对自由精神的高扬，在他的弟子王艮身上体现得尤为突出。

王艮思想的一个核心内容就是成圣，《王心斋先生遗集》中，王艮说他二十九岁时："一夕梦天坠压身，万人奔号求救。先生独奋臂托天而起，见日月列宿失序，又手自整布如故。万人欢舞拜谢"。这种自作尧舜的意识出现的背景是晚明政治的极端混乱与黑暗，士人对朝政普遍失去信心，因此要寻找精神出路和救世良方。

在王艮看来，朝廷的当权者已完全失去了治理天下的能力和资格，因此在野的士人甚至匹夫也有资格成为治理天下的圣人。他说："飞龙在天，上治也，圣人治于上也；见龙在田，天下文明，圣人治于下也。唯此二爻，皆谓之大人。故在下必治，在上必治。"

虽然《论语·宪问》中记载孔子讲过"当仁，不让于师"，却从来没有讲过一个儒者能够自作尧舜，相反，孔子十分强调名分等级，《论语·泰伯》记载孔子说过"不在其位，不谋其政"。

王艮这种自作尧舜、当仁不让的精神，显然与传统儒家谨守君臣名分之别的理论有相当距离。这是对王阳明心学的新发展，是晚明启蒙主义思潮中重视个性、个体价值在儒家思想系统中的体现。而之所以在王艮这里结出果实，其中一个原因就是王艮出身底层，更少受到正统儒学的束缚，而保持着更多与下层社会相联系的思想的原生性与创造性。

务实苦干精神

第四，务实苦干精神。

王阳明心学高度重视思想的践行和计划的落实。他的三次重大功业，都是根据实际情况，因地制宜，务实苦干，创造性解决问题、圆满解决问题的典范。王阳明平乱，不是简单地军事剿灭就了事，而是要从根源上铲除滋生社会动乱、破坏社会安定的所有因素。因此，王阳明在平乱的整个过程中，都秉持战略思维原则，首先做好顶层设计，然后逐步落实，使匪患横行的地区逐渐走向安定和谐。王阳明的很多具体做法，如加强地方政权建设、加强基层组织建设、兴办社学、推行乡规，都是这种务实苦干精神的体现，也因其显著的成效被后人延用。

中国传统思想中，无论儒家、道家、佛家都有清谈、空谈的现象，坐而论道、不务实际在历史上不绝如缕。受此影响，企业家中也有这种不良倾向。

而王阳明是真正做到了有"道"有"术"的杰出思想家和政治家、

军事家，他的思想和功业对现代企业经营管理有很大的借鉴意义。

稻盛和夫："二手"心学打造出来的日本"经营之圣"

日本在第二次世界大战后从废墟中崛起，企业长盛不衰，其秘诀就是有"道"有"术"。很长一段时间里，中国学者和企业家关注的都是日本经济崛起、日本企业异军突起的"术"，比如关注日本企业怎样运用《孙子兵法》进行企业管理，日本式经营"三大神器"的终身雇佣制、年功序列制和企业内工会，丰田管理方式，稻盛和夫的"阿米巴经营模式"等，但对日本经济崛起、日本企业异军突起的"道"关注甚少。

稻盛和夫被誉为日本的"经营之圣"，他27岁创办京都陶瓷株式会社（京瓷Kyocera），后将京瓷打造为世界500强企业之一。2010年2月1日，78岁的稻盛和夫出任破产重建的日航董事长，到2011年3月底，创造了日航历史上空前的1884亿日元的利润。仅用了一年时间，稻盛和夫所领导的日航做到了三个第一：利润世界第一，准点率世界第一，服务水平世界第一。

由于稻盛和夫的盛名，中国出版界出版了他的一系列著作：《活法》《干法》《六项精进》《经营为什么需要哲学》《经营十二条》《稻盛和夫自传》等，很多企业也将他的阿米巴经营模式奉为圭臬，亦步亦趋地模仿学习。但遗憾的是，真正对稻盛和夫经营模式学到家的可以说凤毛麟角。关键的原因就在于，作为一名杰出的企业家，稻盛和夫也是有"道"有"术"的，如果将根本性的"道"忽略了，只急功近利地专注于技巧性、操作层面的"术"，无法成功就是必然的。

因为稻盛和夫的盛名，我在一直关注稻盛和夫的企业经营管理

> 日本企业异军突起的秘诀是有"道"有"术"

> 稻盛和夫的成就也是因为有"道"有"术"

> 稻盛和夫的"二手"心学

理念，上述中文版稻盛和夫的著作我基本上都阅读过，但一直没真正理解稻盛和夫经营理念的真髓。直到2016年五六月间，我在彻悟了王阳明心学后，才猛然醒悟：稻盛和夫是"二手"心学打造出来的日本"经营之圣"。

从稻盛和夫所有的表述来看，他并未读过王阳明的著作。稻盛和夫对王阳明心学思想的吸收，是通过日本倒幕英雄西乡隆盛这一中介实现的。西乡隆盛是阳明心学的忠实追随者，西乡隆盛曾经说过"修心炼胆，全从阳明学而来"。西乡隆盛主张，学习王阳明心学必须"自得于心"，不然就是"空读圣贤之书，如同观人剑术，无丝毫自得于心"。西乡隆盛思想的核心理念是敬天爱人。可以看出，西乡隆盛确实把王阳明心学"知行合一""致良知"思想精髓学到位了。西乡隆盛的训诫编纂成册，就是《南洲翁遗训》。

稻盛和夫说："我至今将《南洲翁遗训》置于案头，时时翻阅。每每能从中汲取生活道路上的珍贵启示。年纪愈长，经历愈多，从此书获取的教诲愈加铭刻于心。"

他还说："敬天爱人，敬畏上天，关爱众人。这词句优美、动听，触动人心。所谓敬天，就是依循自然之理、人间之正道——亦即天道，与人为善。换言之，就是坚持正确的做人之道；所谓爱人，就是摈弃一己私欲，体恤他人，持利他之心。"[①]

稻盛和夫幼时患肺结核，险些丧命，中学、大学以及就职考试，也是一路落第，但他最终成了两家世界500强企业的创始人，被誉为"经营之圣"。和王阳明相似的人生经历，让稻盛和夫对阳明精神的理解更加深刻，他将阳明心学运用到现代企业管理中，在实践中不断深化对阳明心学的理解，最终形成了自己的经营哲学。

---

① 葛树荣.稻盛哲学的思想坐标与文化土壤[EB/OL]. http://bschool.hexun.com/2014-05-07/164557316.html，2014-05-07.

王阳明认为"种树者必培其根，种德者必养其心"，稻盛和夫充分理解了这种精神，认为经商的本质在于与人打交道，经营之本唯有人心。

稻盛和夫说："人类是极其崇尚真、善、美的，那是因为人类心中存在具备真、善、美的出色的真我。正因为是心中具备的东西，所以我们才不停地追求。""遵从发自真我和灵魂的理性和良心""以理性和良心抑制感性和本能，积善行德，就能磨炼心智，达到醒悟的至高境界。"[1] 这些思想可以明显看出与王阳明心学的核心理念的一脉相承。稻盛和夫所说的"去污粉"实际上就是王阳明所提出的"善念发而知之，而充之。恶念发而知之，而遏之"的意思。

正是秉持"敬天爱人"的思想，稻盛和夫取得了企业经营的巨大成功。人们追问KDDI为何成功，稻盛和夫回答："是希望有益于国民的、无私的动机才带来这样的成功。"

正因为如此，稻盛和夫一直在宣讲"经营为什么需要哲学"，将信仰、价值观提升到至高无上的地位。

稻盛和夫在企业经营管理上最著名的就是开创了阿米巴经营管理模式，正是这种模式使原本既缺资金、又无积淀的京瓷从小变大、由弱转强，经历了4次全球性经济危机屹立不倒。20世纪90年代末期，亚洲金融风暴使日本很多大公司都受到影响，而原本名不见经传的京瓷公司则成为东京证券交易所市值最高的公司。学者们研究后发现，京瓷的经营方式与"阿米巴虫"的群体行为方式非常类似，于是将之命名为"阿米巴经营管理模式"。

阿米巴虫属原生动物变形虫科，虫体柔软，可以向各个方向伸

_{阿米巴经营管理模式与王阳明心学}

---

[1] 姜汝祥. 向稻盛和夫学习：良知即利润[EB/OL]. http://www.chinavalue.net/Management/Blog/2010-5-26/366660.aspx，2010-05-26.

出伪足使形体变化不定，故而得名"变形虫"。阿米巴虫最大的特点是可以随外界环境的变化而变化，不断自我调整以适应外部环境。这种虫子在地球上存在了几十亿年，是一种地球上最古老、最具生命力和适应力的生物体。

阿米巴经营管理模式的基本内容就是将企业划分为小的阿米巴，让每个阿米巴独立经营。阿米巴的全体成员都参与到经营中，实现赋权式经营。阿米巴模式的根本目的就是要激发全体员工的主动性和创造力，使企业在瞬息万变的环境中能够及时准确地应对，实现企业的永续经营。

为了实现这一目标，阿米巴经营管理模式分为经营哲学、组织划分和经营会计三大部分。经营哲学起到凝聚人心的作用，提倡"人人都是经营者"，引导企业成员团结一致共同经营。组织划分是将企业分成小的阿米巴，培养具有经营管理意识和能力的领导者，让每个阿米巴独立经营。经营会计让经营者通过会计核算报表能够及时、清楚地掌握企业经营情况，协助全体员工参与经营管理。

从稻盛和夫创造阿米巴经营管理模式的历程中，可以明显看出王阳明心学的痕迹。

稻盛和夫从鹿儿岛大学工学部毕业后，进入京都松风工业公司工作。因与领导在新产品开发问题上产生分歧，他与一同辞职的7位同事创办了京都陶瓷公司。当时，稻盛和夫没有资金，是信任他的朋友出资帮助他创办该公司，同时让他以技术投资的方式拥有公司股份。

朋友的信任让稻盛和夫深感压力，他暗下决心，不能辜负这种信任。那么怎样才能使企业稳步前进、健康发展呢？稻盛和夫认为必须凝聚人心，以人心为基础开展经营。而要凝聚人心，就必须是全体员工有共同的理想信念。稻盛和夫认为共同的理想信念其实就来源于孩童时代父母老师所教导的做人的最基本、最朴实的原则，如"要正直，不要骗人，不能撒谎"等。将这些最基本的原则、规则和必须遵守的事项当作员工日常生活的指针，作为经营判断的基准，就可以实现上下同心。

王阳明心学的知行合一和致良知讲的也是每个人心中都有基本的道德标准和善良的基因，重要的是要把这些基本的道德标准和善良的基因落实到每日每时的生活工作中。稻盛和夫事实上就在他的京瓷公司中将王阳明心学的这一基本理念落到了实处。

在阿米巴经营管理模式中，经营哲学属于"道"的部分，而组织划分和经营会计则属于"术"的部分，正是渗透着经营哲学的组织划分和经营会计使京瓷公司的经营管理达到了精细化、及时性的水平，使京瓷公司不断创造经营奇迹。比如，数据必须准确，数据的反馈要及时，对阿米巴的运行情况要了然于心，出现问题要及时纠正调整。

阿米巴经营管理模式中，经营哲学、组织划分和经营会计三部分是水乳交融、相辅相成的关系，这十分类似王阳明知行合一思想中"知"与"行"的关系：经营哲学是"知"，组织划分和经营会计是"行"。

阿米巴经营管理模式是一种量化的赋权管理模式，把大企业分为小团队开展经营管理，使企业保持大企业规模优势的同时又具备小企业的灵活性。同时，企业家通过一系列的措施，使企业由领导者的"个人修炼"发展为全体员工的"集体修炼"，让员工与企业成为"精神共同体、命运共同体、目标共同体、利益共同体"，释放员工潜能。

稻盛和夫阿米巴经营管理模式对企业经营管理有如下启示。

第一，人和组织一样，首先要有基本的价值理念，这是凝聚人心、打造团队的根本。

第二，企业经营管理中，必须有"道"有"术"，道和术水乳交融、相辅相成。

第三，企业经营管理的模式必须根据民族文化背景、企业特点创新创造，不能简单照搬。阿米巴经营管理模式是稻盛和夫运用王阳明心学在日本文化背景下的创新创造，这种模式适合于日本，不一定完全适合中国。我们能做的是，学习他的基本思路，探索适合我国国情、适合自身企业特点的企业经营管理模式。

第十讲　辉煌在未来

中国传统文化运用于企业经营管理中的优势与不足

企业经营管理中中国传统文化的创造性转化与创新性发展

中国传统文化在未来的发展前景

前面我们用九讲讨论了中国传统文化各家思想在企业经营管理中的运用，这些讨论是按照不同思想流派分别进行的，我们也主要是从肯定角度展开分析的。中国传统文化虽然在春秋战国时期分化为儒、道、兵、法等不同思想流派，但各家思想因为来源相同，也有共通之处，因此，传统文化运用到现代企业经营管理中，也有共同的优势和不足，正确认识这些特点，有利于将中国传统文化更好地运用于企业经营管理中。

中国传统文化运用于企业经营管理中的优势与不足

中国传统文化运用于企业经营管理中有如下优势。

第一，强调以身作则、修己安人，注重上下之间的情感沟通，有利于组织文化的建设。

第二，儒家思想民胞物与的精神，可以在组织内部创造出类似于家庭亲情式的氛围，这种家庭式的亲情关系特别在创业时期可以使企业凝聚人心，团结一致。

第三，中国传统文化强调中庸，其目标是和谐、平衡，有利于对偏激、恶劣言行的约束与制衡。

第四，传统文化强调柔性管理，强调灵活、机变，运用得法有利于适应多变的政治、商业环境。

但中国传统文化运用于企业经营管理中也有如下不足。

第一，过度强调领导者个人道德修养对管理的重要性，如果没有刚性制度约束的话，会导致个人崇拜，会因无法制约领导者权力而败亡，会造成人亡政息的恶果。

第二，儒家文化的核心是家族文化价值观，它的基本逻辑是由家族内部的伦理道德关系推演到政治领域和整个社会，这个特点容易导致管理的家族化和裙带关系。

第三，过度强调上下尊卑的身份地位差异，会导致管理层级僵化，不利于员工积极主动工作，不利于激发创新思想和行为。

美国行为学家和企管专家史考特·派瑞通过对全球七万多名经理人的研究得出结论，东西方经理人的主要差异在于风格，而不在于能力。如果把管理风格分成"父母型"和"成人型"两种，西方国家较多采用成人型的管理，重视授权、建立团队、共识等做法，员工和主管是制度管理的关系。东方国家盛行的是父母型的管理，企业领导者扮演父母的角色，员工担任忠诚、负责、顺从的孩子角色。史考特·派瑞的这个结论有较高的可信度，特别在我国一些受儒家文化影响较深的企业表现得更明显。

> 东西方经理人可分为"父母型"和"成人型"

在这方面，日本企业学习中国传统文化创造日本式经营的优点和不足值得我们借鉴。

> 日本式经营的优点和不足

被称作日本式经营"三大神器"的终身雇佣制、年功序列制和企业内工会，其核心的精神支柱在于"忠诚"与"人和"两大价值观，这实际上是儒家思想的日本现代工商管理中的呈现方式。这些经营管理模式在第二次世界大战后至20世纪80年代末发挥了积极作用，推动了一大批优秀日本企业的涌现。这些案例的优点前面章节中已经讨论得很多了，此处从略。下面我们重点谈谈日本式经营管理模式的弊端。

儒家文化有保守、内敛的特点，它强调威权、上下等级尊卑、和谐稳定，这种文化从倾向上说，利于守成，不利于开拓创新。由于中国传统文化是儒家为主导，道家、法家、兵家、佛家等思想作为辅助和补充，因此，儒家的保守性会受到其他几家思想的批评与制衡。从中国思想史看，儒家思想本身也在不断发展，不断从道家、法家、兵家、佛家等思想中吸取养分，不断自我更新、自我进化。比如，孔子的思想有较明显的保守倾向，强调君臣父子社会秩序的稳定，但到了战国时代的孟子，则更强调以民为本，肯定汤武革命，在一定程度上突破了君臣父子的思想禁锢。而王阳明心学更是从道家、禅宗思想中汲取了养分，创造出儒学思想的全新形态。

但日本的本土文化十分薄弱，其所吸收的中国传统文化主要局限于儒家文化和禅宗文化，而且深度和广度都有限。因此吸收了儒家文化建立起的日本式经营管理模式便存在明显缺陷，就是不利于内部竞争机制的建立，不利于优秀人才的脱颖而出，不利于在瞬息万变的竞争条件下胜出。

日本式经营管理模式曾经在20世纪七八十年代红极一时，受到美国管理学界的高度关注，美国学者以日式管理为基础提炼出企业文化理论。但这种日式管理的优点到了20世纪90年代以后逐渐衰减，其保守、僵化的缺点日益突出。曾经名满天下的日企如索尼、日产、三菱都因为日式管理的短板一一衰落。

下面我们以日产和资生堂为例，看看日本式经营管理模式的不足和自新之路。

在整个20世纪90年代，日产只有一年没发生亏损。1999年，法国雷诺以承担其54亿美元债务的代价获得日产36.8%的股份。1999年5月，戈恩出任日产首席运营官(COO)的管理者职务，并主导日产重组工作。

到达日产两周后，戈恩打破部门界限，建立了9个"跨职能团队"，分别负责与日产的业绩紧密相关的9个方面。跨职能团队成员来自不同的部门、公司、不同阶层。这些团队的建立使各部门、各阶层得以直接沟通，打破日本传统企业由上到下的沟通模式。戈恩通过这一纵横架构消除了日本企业文化的短板。同时，戈恩还通过一系列改革，破除日企中盛行的论资排辈、终身雇佣制、等级观念、缺乏创新等问题。戈恩只用了一年多时间，就使日产年盈利27亿美元。

日本化妆品品牌资生堂公司自2005年以来就开始改变终身雇佣制、年功序列制、平均主义薪酬等传统做法，采用包括全新的职场发展路径、薪酬和绩效评价方法的雇佣战略，使资生堂业绩不断提高。

但值得一说的是，日本企业中能够像日产、资生堂这样通过变革重获生机的仍然凤毛麟角，这也从另外一个方面显示出日本吸收中国传统文化后无法自我更新、自我进化的文化痼疾。

第四，中国传统文化所强调的相互制约的人际关系，对于管理创新有可能造成极大的阻碍。中庸的民族性格经常呈现出来的结果是"枪打出头鸟"，是对"敢为天下先"的压制。

第五，过度的灵活、机变，强调的是管理者的禀赋、悟性，它使管理停留在领导者个人的经验中，如同中医一样"变化之妙，存乎一心"，无法转化为可反复验证的、可操作的管理制度与模式。同时，不受限制的柔性管理有可能开启破坏制度的恶例。

中国传统文化从基本精神上来说不鼓励规范管理、制度管理，在实际管理过程中，明面上的制度和实际操作的规则是两回事。而这些实际起作用的规则相当大的部分是隐性规则，也就是社会学中所谓的非正式制度。

北大陈平原教授在体验了香港和内地高校的管理模式后指出，香港和内地两岸的高校，一个是用合约界定下来非常明晰的教授责任，一个是基本上是用友情和习惯构建起来的教授责任。"我已经在北大磨炼多年，我知道什么东西是可说不可做，什么东西是可做不可说。什么东西既不可做也不可说，什么我都明白，中间没有明言的，学校没有明确的规章制度的。"

<small>从高校管理模式看制度管理</small>

陈平原说的是高校的管理模式问题，事实上这类问题在我国的企业管理中也同样存在。

因此，我们认为，对中国传统文化吸收、扬弃，并将其精华与世界先进文化融会贯通，是未来中国的管理之路。

企业经营管理中中国传统文化的创造性转化与创新性发展

对家族企业模式的探索

在中国传统文化中，儒家文化是主导，对社会各方面的影响极深极广。儒家文化强调家族、家庭的价值，在企业经营管理中，往往体现为家族企业式的管理。但家族企业发展到一定程度，很容易出现对家族之外的优秀人才排斥、裙带化、管理混乱、效率低下等问题。因此，如何对传统文化的优势加以发挥，对弊端进行规避，是所有家族企业必须思考的问题。

在这方面，中国企业家正在积极探索走出一条家族企业的自我更新之路，重庆力帆和浙江方太就是这方面的代表。

重庆力帆集团从生产摩托车起家，后来进入到汽车制造行业。力帆创始人尹明善经历坎坷，从底层做起，深知中国职业经理人无论在职业道德、专业能力等各方面都有待大幅提高，因此认为完全将企业交给职业经理人，条件尚未成熟，同时，他也深知传统的家族企业容易产生弊端。为了解决上述问题，尹明善在用人上采取"八分人才，九分使用，十分待遇"的原则，努力做到贤亲并举——任人唯亲是为了稳定，任人唯贤是为了发展。

2017年10月30日，力帆股份举行第四届董事会第一次会议，选举牟刚为第四届董事会董事长，陈卫、王延辉为副董事长，79岁的尹明善正式卸任。在这次会议上，尹明善表示家族的股权只要稀释到仍然是这家公司的实际控制人,就可以了。

作为中国内地创始人企业家,尹明善能在家族利益和企业发展中寻求自我更新之路,其胆魄、见识值得赞赏。而浙江方太,则是创一代和创二代在家族企业自我更新中走出了另外一种路径。

浙江茅家的创一代是茅理翔,他的点火枪企业飞翔集团在1994年已经做到世界出口量第一,但因技术含量低、竞争激烈而面临困境,他希望儿子茅忠群回家继承家业。

出生于1969年的茅忠群1991年毕业于上海交通大学,获电力系统自动化专业、无线电技术专业学士学位,1994年获电子电力技术专业硕士学位。他最初的想法是出国留学或留在上海就业,在亲情感召下,他决定回家将家业推向更高的发展水平。

茅忠群深知家族企业的弊端,决定要用现代化的管理理念和方法来改造传统家族企业。茅忠群与父亲"约法三章":第一,必须跳出过往,另外成立一个独立品牌;第二,另起炉灶,老员工不要,亲戚不能进入;第三,公司方向性的决策,要由茅忠群说了算。得到父亲的同意后,茅忠群创立了方太公司,主攻厨房电器。茅理翔为了儿子茅忠群能够顺利接班家族企业,制定了"三三制"战略:带三年,帮三年,看三年。在这九年里,父子之间有冲突、有妥协,更多的是相互理解,最终逐步完成了家族企业的传承与发展。

茅忠群在创立方太之初就有意识地采用了西方先进管理方法进行企业经营管理。1999年启动跨国人才战略,从世界500强企业引进企业高管。为了能使中西合璧的团队顺利工作,茅忠群拟定了20条企业规章制度。但他发现,西方先进的管理方法到了方太后,由于未能与中国国情、文化对接,效果并不理想。茅忠群开始思考一个问题:如何将西方的管理方法和中国文化有机结合,打造出中国特色的企业经营管理模式?2002年,茅忠群前往清华、北大学习中国传统文化。经过五六年的学习思考，从2008年开始，茅忠群决定在方太实施儒家式管理。他将儒家的基本精神"仁义礼智信"写进了公司的价值观，还专门成立了相关的推进小组，计划用流程化方式把儒家思想落地。茅忠群的儒家式管理，以儒家思想为核心，同时兼容了佛家、道家、法家、兵家、周易等思想，并结合西方管理精髓，注重对员工信仰和文化的教育，是一套适合中国国情的企业管理模式。

在运用中国传统文化打造企业文化、培育员工信仰的同时，茅忠群还借鉴晋商的身股制以解决员工激励的问题。2010年开始，向所有两年以上工龄的员工赠送"干股"，员工依据自己持有身股的多少参与分红。经过20年的努力，方太儒家管理模式已经初步形成体系，其模式体现在16字方针中：中学明道，西学优术，中西合璧，以道御术。

企业管理要融合各家思想

在前面的八讲中，我们分别讨论了《易经》、儒、道、法、兵、佛等各家思想在企业经营管理中的应用。为了便于将不同流派的思想阐释清楚，我们在介绍各家思想时，分别引入了案例。但我们要清楚，中国传统文化从一开始就是一个完整的思想体系，虽然分化为诸子百家，但儒、道、法、兵、佛等思想又是有机融合的。因此，企业管理者在进行企业经营管理时往往是各家思想综合使用的。

比如，儒家的"仁者爱人"、道家的"上善若水"、佛家的"慈悲"、兵家的"不战而屈人之兵"、王阳明的"致良知"等，都有深刻的内在共同性。

我们以华为为例说明这一点。

很多企业家都具有"无为而治"的意识和能力，任正非在这方面体现得尤为突出，其对"无为而治"的理解也最为深刻，最有创见性。

任正非深知人治的不可靠性。他说："华为的变革就是对个人权威的消减过程，什么时候华为不依靠一个人几个人的影响力了，华为就真正成熟了。"①

实事求是地说，到目前为止，华为仍然离不开任正非，任正非的影响力对华为保持高速发展仍然是关键因素。我们这么说没有丝毫贬低任正非和华为的意思。

华为的欧洲竞争对手阿尔卡特董事长瑟奇·谢瑞克曾经和任正非讨论过电信设备制造行业和其他行业的不同，他说："我一生投资了两个企业，一个是阿尔斯通，一个是阿尔卡特。阿尔斯通是做核电的，经营核电企业要稳定得多，无非是煤、电、铀，技术变化不大，竞争也不激烈；但通信行业太残酷了，你根本无法预测明天会发生什么，下个月会发生什么……"谢瑞克的这个说法有很好的案例来证明：号称全球电信领域技术最强的朗讯科技，1999年1月市值高达1340亿美元，每股价格84美元，仅仅三年之后的2002年9月，就跌到了每股几十美分，被迫在2007年与法国阿尔卡特合并。合并后连续五年亏损，累计亏损124亿美元。欧洲另外两个电信设备巨头诺基亚和西门子在2006年将双方的电信设备业务合并，合并后的业绩未见好转。建立于1928年的摩托罗拉2001年达到巅峰，当时员工接近15万人，但到2003年裁员只剩8.8万人，2011年10月，摩托罗拉被谷歌公司以125亿美元收购。目前仍然是华为一个强有力竞争对手的美国思科，2000年市值一度达到5500亿美元，但美国互联网泡沫破灭后，思科股价一路走低，截至2017年12月8日，只有1860.78亿美元……

任正非自己也说，当年误打误撞进入电信设备制造行业，进来

---

① 田涛，吴春波. 下一个倒下的会不会是华为[M]. 北京：中信出版社，2012.

后才发现要在这个行业立足太艰难。这个行业属于高科技行业，市场属于全球市场，竞争对手几乎都是世界一流企业，无论在技术上、经济规模上、管理上，华为都处于绝对的劣势。在这样一个行业里要立足都艰难，更何况还要跻身世界前列？华为到现在为止仍然处于企业的爬坡期，它的文化、制度、团队都还需要进一步磨合、完善。这就是为什么任正非仍然处于管理前沿的重要原因。

但任正非知道，华为必须走上离开了某个管理强人仍能顺畅发展的道路，必须用文化、制度、机制、团队来实现"无为而治"。因此，任正非目前做的就是抓紧时间在上述方面夯实基础。文化、制度方面的建设，前面我们已经讲过了，这里我们再来看看任正非对普通员工文化素养提升的重视。任正非本人很喜欢看书，他一直对管理团队强调，应当广泛阅读，不要只限于电信行业，而应把读书范围扩大到人文、科学、艺术、宗教，通过广泛阅读开阔视野，培养创造性批判性思维。为此，华为举办了"华为文史哲"系列讲座，以此来引导、鼓励员工读书、提高素养。

华为文史哲系列讲座的部分题目有：《新教伦理与资本主义精神》《回到轴心时代》《无用之用——老庄的智慧》《周易与思维方式》《谈无说玄》《战争规律的特殊性与战争的本质》《战争指导规律与大战略》《基督教的源流基础与发展》《近代西方哲学》《古之兵柄，本出儒术——<孙子兵法>再认识》《中国文化的佛教——禅宗》《中西文化的比较》《中国文化的张力》《中医漫谈》……

从这些题目我们可以看到，不仅内容覆盖面广，而且中国传统文化的内容占有不小比例。

在企业的机制、团队建设方面，任正非也是不遗余力地倾注力量。

华为一位高管评价任正非："20年来，老板永远属于超脱的地位，却又随时跳下去，一头扎进基层，他总在搅起不平衡，但组织总会自动地、快速地趋向平衡，华为形成了自愈合机制……"① 任正非正确地给自己确立了一个定位，那就是作为最高领导人的超脱的、激励的、批判的、指导的地位，他通过这个定位来培育、锻造华为独一无二的永不停歇的自我批判自我鞭策的企业机制。应该说，任正非在这一目标上取得了很大程度的成功。

对华为高管团队的建设任正非更是高度关注。任正非希望华为"开放、妥协、灰度"的管理哲学能够被高管团队学习领会，并在这些高管脑中积淀下来，成为凝聚团队精神、打造高管队伍的精神武器。

从这些情况我们可以看到，华为的管理绝不仅仅只是道家思想在起作用，而是融合了传统文化中儒家、道家、兵家、法家思想，又将中国现代的革命文化、社会主义先进文化融会贯通之后的结果。当然，西方的管理理念、方法和制度的吸收消化，也是华为管理得以成功的重要原因。

中国传统文化在未来的发展前景

中国的企业管理走到今天，进入到一个全新的发展阶段。按照党的十九大报告的精神，我国将在2020年全面实现小康，从2020年起到21世纪中叶我国将分两个阶段发展：第一阶段是2020年到2035年，中国将基本实现社会主义现代化；第二阶段是2035年到21世纪中叶，我国将建成富强民主文明和谐美丽的社会主义现代化强国。

从目前中国的经济发展态势看，中国已经成为世界经济的引

---

① 田涛，吴春波. 下一个倒下的会不会是华为[M]. 北京：中信出版社，2012.

擎。国际货币基金组织和世界银行的统计数据显示，2013年至2016年，中国对世界经济的贡献率平均为31.6%，超过美国、欧元区和日本贡献率的总和。

"大众创业，万众创新"战略的实施，也使中国成为全球创新的领跑者。2010年以来，世界新创立的"独角兽"企业中超过四分之一来自中国。2017年，中国全球创新指数排名升至第22位，成为唯一进入前25名的中等收入国家。

2013年以来，我国发出共建"一带一路"倡议，发起创办亚洲基础设施投资银行，设立丝路基金，举办"一带一路"国际合作高峰论坛、亚太经合组织领导人非正式会议、二十国集团领导人杭州峰会、金砖国家领导人厦门会晤、亚信峰会。这些倡议和活动，倡导构建人类命运共同体，促进全球治理体系变革，大大提高了我国的国际影响力、感召力和塑造力，为世界和平与发展做出新的重大贡献。

2017年9月，第71届联合国大会通过决议，将"共商共建共享"原则首次纳入全球经济治理理念。而"共商共建共享"原则是习近平在2014年6月，针对"一带一路"倡议提出来的。

在这种全新的发展阶段，我国经济对外开放的程度更广更深。在自贸区建设方面，截至2017年3月，我国已建立上海、广东、天津、福建、辽宁、浙江、河南、湖北、重庆、四川、陕西11个自贸区。2017年5月，习近平在"一带一路"国际合作高峰论坛开幕式演讲中宣布，从2018年开始，中国将举办中国国际进口博览会，通过开放、共享中国市场，体现中国负责任的大国担当，促进各国开展贸易和开放市场，推动经济全球化深入发展和构建开放型世界经济，为推动构建人类命运共同体创造条件。

与此同时，中国企业走出去的步伐迈得更大、更快。2016年，中国对外投资飙升44%，达到1830亿美元。中国首次成为全球第二大对外投资国，比吸引外资多36%。中国还一跃成为最不发达国家的最大投资国，投资额是排名第二位的国家的3倍。

在这种情况下，中国企业与世界同行的互动交流、竞争博弈将日益频繁、日益常态化。在这一过程中，中国企业的经营管理将日益国际化。这就需要我们的企业经营管理者一方面要更全面深入地学习发达国家先进的管理思想、方法、制度，了解经贸对象国的国情，另一方面则需要将中国传统文化中管理思想的潜力进一步发掘，以此形成一种全新的企业经营管理模式。比如，在我国企业的海外拓展中，我们要积极学习吸收发达国家企业的相关经验和做法，同时也探索中国传统文化在企业海外拓展时可以发挥的文化优势：儒家的宽容、道家的顺势而为、佛教的众生平等和禅宗的平民化等，这些传统文化精髓可以使中国企业的海外发展走上更加圆融、和谐的道路。

还有一点在未来中国企业的经营管理中将会出现重大突破，那就是企业经营管理的创新将进入一个全面的阶段。

从晚清到2017年，中国企业经营管理的创新，大多集中于商业模式创新、管理创新、市场营销创新等方面，原创技术创新一直不是中国企业创新的长项与主流。

出现这一现象的原因很多，比如中国企业的底子薄，在创业阶段首先关注的是生存，缺乏原创技术创新的条件，中国自晚清到民国时期政局动荡、战争频仍，企业生存境遇十分恶劣。从传统文化的角度说，中国传统思想的根本诉求是经世致用，在企业经营管理中主流的做法就是追求立竿见影的效果，对需要较长时间才能见效的原创技术研发大多数企业都有不同程度的忽视。

但中国传统文化经世致用的精神在企业原创技术创新方面也可

以有积极影响。最近几年，一批中国企业在商业模式创新、管理创新、市场营销创新方面取得较好的市场地位后，开始在原创技术创新方面发力。阿里巴巴达摩院的成立就是一个标志，它表明中国传统文化经世致用的精神有极强的柔韧性和可扩展性，中国企业家已经由改革开放之初的急功近利状态自然演进到了高瞻远瞩而又脚踏实地的境界，中国企业家正在走上一条依靠原创技术创新实现产学研结合的全面创新之路。

参考文献

1. 傅佩荣. 解读易经[M]. 上海：上海三联书店，2007.
2. 傅佩荣. 傅佩荣译解大学中庸[M]. 北京：东方出版社，2012.
3. 杨伯峻. 论语译注[M]. 北京：中华书局，1980.
4. 杨伯峻. 孟子译注[M]. 北京：中华书局，1960.
5. 陈鼓应. 老子注译及评介[M]. 北京：中华书局，1984.
6. 陈鼓应. 庄子今注今译[M]. 北京：中华书局，1983.
7. 陈鼓应，赵建伟. 周易今注今译[M]. 北京：商务印书馆，2005.
8. 孙武. 孙子兵法[M]. 郭化若，今译. 上海：上海古籍出版社，2006.
9. 张觉. 韩非子译注[M]. 上海：上海古籍出版社，2007.
10. 赖永海. 金刚经·心经[M]. 陈秋平，译注. 北京：中华书局，2010.
11. 郭朋. 坛经校释[M]. 北京：中华书局，1983.
12. 邓艾民. 传习录注疏[M]. 上海：上海古籍出版社，2015.
13. 冯友兰. 中国哲学简史[M]. 北京：北京大学出版社，1997.
14. 冯友兰. 冯友兰文选[M]. 上海：上海远东出版社，1994.
15. 李泽厚. 中国古代思想史论[M]. 北京：人民出版社，1985.
16. 李泽厚. 中国近代思想史论[M]. 北京：人民出版社，1979.
17. 李泽厚. 中国现代思想史论[M]. 北京：人民出版社，1987.
18. 余敦康. 易学今夕[M]. 桂林：广西师范大学出版社，2005.
19. 余敦康. 周易现代解读[M]. 北京：华夏出版社，2006.
20. 曾仕强. 易经的奥秘[M]. 西安：陕西师范大学出版社，2009.
21. 张建启，莫林虎.《周易》智慧与战略思维[M]. 北京：人民出版社，2015.
22. 李零. 丧家狗——我读《论语》[M]. 太原：山西人民出版社，2007.
23. 李零. 兵以诈立——我读《孙子》[M]. 北京：中华书局，2006.
24. 洪兵. 孙子兵法与经理人统帅之道[M]. 北京：中国社会科学出版社，2005.
25. 宫玉振. 取胜之道——孙子兵法与竞争原理[M]. 北京：北京大学出版社，2010.
26. 吕澂. 中国佛学源流略讲[M]. 北京：中华书局，1979.

27. 葛兆光. 禅宗与中国文化[M]. 上海：上海人民出版社，1995.

28. 赖永海. 中国佛教文化论[M]. 北京：中国人民大学出版社，2009.

29. 圣严法师. 正信的佛教[M]. 北京：华文出版社，2015.

30. 明海. 禅心三无[M]. 北京：生活・读书・新知三联书店，2010.

31. 陈来. 有无之境——王阳明哲学的精神[M]. 北京：人民出版社，1991.

32. 钮先钟. 战略家[M]. 桂林：广西师范大学出版社，2003.

33. 乔良，王湘穗. 超限战[M]. 北京：解放军文艺出版社，1999.

34. 乔良. 帝国之弧——抛物线两端的美国与中国[M]. 武汉：长江文艺出版社，2016.

35. 郭咸纲. 西方管理思想史[M]. 北京：经济管理出版社，2004.

36. 陈春花. 经营的本质[M]. 北京：机械工业出版社，2012.

37. 陈春花. 管理的常识[M]. 北京：机械工业出版社，2015.

38. 陈春花. 中国管理10大解析[M]. 北京：中国人民大学出版社，2006.

39. 金一南. 苦难辉煌[M]. 北京：作家出版社，2015.

40. 吴晓波. 激荡三十年[M]. 北京：中信出版社，2008.

41. 吴晓波. 跌荡一百年[M]. 北京：中信出版社，2009.

42. 吴晓波. 浩荡两千年[M]. 北京：中信出版社，2012.

43. 文昊. 我所知道的金融巨头[M]. 北京：中国文史出版社，2006.

44. 傅国涌. 大商人——影响中国的近代实业家们[M]. 北京：中信出版社，2008.

45. 迟宇宙. 联想局[M]. 北京：中国广播电视出版社，2005.

46. 冯仑. 野蛮生长[M]. 北京：中信出版社，2007.

47. 王石. 道路与梦想[M]. 北京：中信出版社，2006.

48. 田涛，吴春波. 下一个倒下的会不会是华为[M]. 北京：中信出版社，2012.

49. 蓝狮子. 鹰的重生——TCL追梦三十年[M]. 北京：中信出版社，2012.

50. 范勇宏. 基金长青[M]. 北京：中信出版社，2013.

51. 苏小和. 从大历史看企业家[M]. 北京：东方出版社，2016.

52. 李开复. 向死而生：我修的死亡学分[M]. 北京：中信出版社，2015.

53. 阿里巴巴集团. 马云内部讲话[M]. 北京：红旗出版社，2010.

54. 陈海. 九二派——"新士大夫"企业家的商道与理想[M]. 北京：中信出版社，2012.

55. 史玉柱，优米风. 史玉柱自述：我的营销心得[M]. 北京：同心出版社，2013.

56. 黎万强. 参与感：小米口碑营销内部手册[M]. 北京：中信出版社，2014.

57. 周鸿祎. 周鸿祎自述——我的互联网方法论[M]. 北京：中信出版社，2014.

58. 李惠森. 思利及人的力量[M]. 北京：中国青年出版社，2007.

59. 陈伟. 日本商业四百年[M]. 北京：京华出版社，2011.

60. 白益民. 三井帝国在行动[M]. 北京：中国经济出版社，2008.

61. 涂子沛. 大数据[M]. 桂林：广西师范大学出版社，2012.

62. 涩泽荣一. 论语与算盘[M]. 刘唤，译. 哈尔滨：哈尔滨出版社，2007.

63. 稻盛和夫. 稻盛和夫自传[M]. 陈忠，译. 北京：华文出版社，2010.

64. 稻盛和夫. 经营为什么需要哲学[M]. 曹岫云，译. 北京：中信出版社，2011.

65. 稻盛和夫. 六项精进[M]. 曹岫云，译. 北京：中信出版社，2011.

66. 稻盛和夫. 经营十二条[M]. 曹岫云，译. 北京：中信出版社，2011.

67. 布热津斯基. 大棋局[M]. 中国国际问题研究所，译. 上海：上海人民出版社，1998.

68. 基辛格. 论中国[M]. 胡利平，等译. 北京：中信出版社，2015.

69. 李光耀. 李光耀论中国与世界[M]. 蒋宗强，译. 北京：中信出版社，2013.

70. 迈克尔·波特. 竞争论[M]. 高登第，李明轩，译. 北京：中信出版社，2003.

71. 迈克尔·波特. 日本还有竞争力吗？[M]. 陈小悦，孙力强，陈文斌，等译. 北京：中信出版社，2002.

72. 傅高义. 日本第一[M]. 谷英，张柯，丹柳，译. 上海：上海译文出版社，2016.

73. 吉姆·柯林斯. 基业长青[M]. 真如，译. 北京：中信出版社，2006.

74. 彼得·德鲁克. 管理的实践[M]. 齐若兰，译. 北京：机械工业出版社，2006.

75. 彼得·德鲁克. 创新与企业家精神[M]. 蔡文燕，译. 北京：机械工业出版社，2007.

76. 彼得·德鲁克. 卓有成效的管理者[M]. 许是祥，译. 北京：机械工业出版社，2008.

77. 彼得·德鲁克. 旁观者：管理大师德鲁克回忆录[M]. 廖月娟，译. 北京：机械工业出版社，2006.

78. 克莱顿·克里斯坦森. 创新者的基因[M]. 曾佳宁，译. 北京：中信出版社，2013.

79. 维克托·迈尔-舍恩伯格. 大数据时代——生活、工作与思维的大变革[M]. 周涛，等译. 杭州：浙江人民出版社，2012.

80. 凯文·凯利. 新经济，新规则[M]. 刘仲涛，康欣叶，侯煜，译. 北京：电子工业出版社，2014.

81. 凯文·凯利. 失控：机器、社会与经济的新生物学[M]. 东西文库，译. 北京：新星出版社，2010.

82. 尼葛洛庞帝. 数字化生存[M]. 胡泳，等译. 海口：海南出版社，1997.

83. 埃里克·施密特，乔纳森·罗森伯格，艾伦·伊格尔. 重新定义公司——谷歌是如何运营的[M]. 靳婷婷，译. 北京：中信出版社，2015.

84. 彼得·蒂尔，布莱克·马斯特斯. 从0到1——开启商业与未来的秘密[M]. 高玉芳，译. 北京：中信出版社，2015.

85. 雷切尔·博茨曼，路·罗杰斯. 共享经济时代——互联网思维下的协同消费商业模式[M]. 唐朝文，译. 上海：上海交通大学出版社，2015.

86. 崔仁浩. 商道[M]. 王宜胜，译. 北京：世界知识出版社，2003.